Für Ernst

Ein Menschenleben – ach, es ist so wenig,
ein Menschenschicksal aber ist so viel.

Franz Grillparzer, Weh' dem, der lügt!

1

Wo soll ich beginnen? Beim Anfang oder auf dem Weg zum Ende? Der Weg zum Ende ist bedrohlich, man lebt mit den letzten Kraftreserven in Angst, Verzweiflung, Gleichgültigkeit und manchmal – unbegreiflich – mit einer Spur von Hoffnung.
Zeit bleibt mir nicht mehr viel, so werde ich versuchen, von den hellen Dingen zu erzählen wie von den dunklen, vom Glanz und von den Katastrophen. Lothar sagte immer, das Leben bestehe aus Pausen zwischen Katastrophen.
Meine Erinnerung reicht – so glaube ich – bis in mein sechstes Lebensjahr zurück. Da war alles gut, freundlich und heiter. Meine ältere Schwester Gretl und ich waren behütet und beschützt. Es war ein schönes Elternhaus: Kärntnerring Nr. 8 im vierten Stock, vis-à-vis dem alten Hotel Bristol und schräg vis-à-vis der von uns allen, aber besonders vom Vater so geliebten Oper.
Volksschule. Innige Freundschaft mit Emma Mückl, Hausbesorgerstochter im Ersten Bezirk. Ausschlaggebend war wohl das Gabelfrühstück. Ich hatte immer eine Schinkensemmel, Emma Mückl dagegen eine trockene Semmel und eine Rippe Kochschoko-

lade. Wir tauschten natürlich und wurden unzertrennlich.
Schulschluß im Juni war es dann aus. Gretl und ich sollten im Herbst in ein feines Lyzeum kommen. Emma Mückl habe ich nie wiedergesehen. In dem feinen Lyzeum hatten Gretl und ich es schwer. Wir waren keine Aristokraten, keine Industriellentöchter, keine »Haute Juiverie« – wir waren Mittelstand, richtige Bürger mit stark künstlerischem Einschlag.
Mein Vater war einer der führenden Gesangspädagogen in Wien, Hofrat Professor Gustav Geiringer. Die anderen: Professor Forstèn und Frau Professor Rosa Papier-Paumgartner, die Mutter Bernhard Paumgartners. Sie waren alle drei an der Wiener Musikakademie. Später wurde der Komponist Joseph Marx Rektor der Akademie, und obwohl er viel jünger als mein Vater war, verband sie das Medium der Musik zu einer aufrichtigen Freundschaft.
Unsere Mutter war keine Frohnatur, obwohl sie sehr lachen konnte. Sie war eine sehr schöne Frau – im Juni geboren, ein Zwilling, die sind immer schön –, leider haben die übrigen Familienmitglieder die Gnade der Schönheit nicht mitbekommen.
Während der Volksschuljahre hatten Gretl und ich eine »Mademoiselle« im Hause, die uns vier Jahre das Leben vergällte, und vier lange Jahre trauten wir uns nicht, den Eltern etwas davon zu sagen. Sie war boshaft, sang immer viel zu laut, besonders wenn wir gebadet wurden. Meistens das Lied, dessen Refrain sie schmetterte: »Il est beau le printemps lorsqu'on à vingt ans«.

Die schlimmen Jahre mit Mademoiselle gingen zu Ende, das Leben in dem feinen Lyzeum begann. Es war auch nicht leicht – wie in meinem Leben nichts leicht war und alles immer nur »fast« gelang.
Meine Tage im Lyzeum waren gezählt. Ich hatte eine mir heldenhaft erscheinende Tat gewagt: Einer Mitschülerin wurde von einer der unbeliebtesten Lehrerinnen ein ihr verdächtig erscheinender Zettel weggenommen und auf den Katheder gelegt. Ich saß in der ersten Bank und nahm den Zettel in einer Sekunde, in der die Lehrerin gerade wegsah. Zum Katheder zurückgekehrt, bemerkte sie sofort den Verlust und verlangte den Zettel von mir zurück. Ich gab ihn ihr leicht zitternd.
Meine »Heldentat« hatte schreckliche Folgen. Ich wurde zur Leiterin, Fräulein Luithlen, bestellt. Diese rügte mich sehr und sagte zum Abschluß, daß ein Brief an meinen Vater unterwegs sei. Sie habe ihm nahegelegt, mich im Herbst in eine andere Schule zu schicken. Mein Delikt sei so eklatant, daß sie es den anderen Mädchen nicht zumuten könne, den Unterricht mit mir zu teilen.
Ich war bestürzt. Zu Hause versuchte ich mir nichts anmerken zu lassen.
Mein Vater war gut gelaunt. Wir waren allein – Gretl und Mama, einer Erkältung wegen, auf dem Semmering. Ich sagte nichts und wußte doch, daß der Brief am nächsten Tag kommen würde.
Ich konnte nicht schlafen. Verzweifelt stand ich um fünf Uhr auf und wartete. Vielleicht würde der Brief doch nicht kommen?

Er kam. Mein Vater trat in mein Zimmer. Das erste, was er sagte, war: »Hast du dich sehr aufgeregt, du Arme? Ich war nie für dieses Lyzeum. Das ist nur für Snobs und Parvenüs. Wir werden schon etwas Gutes für dich finden, und du wirst mehr Zeit für deine Klavier- und Violinstunden haben.«
Ich war selig.
Das und vieles andere habe ich meinem Vater nie vergessen. Vielleicht hat diese nichtige Episode zu meinem frühen Mißtrauen gegenüber Menschen beigetragen.
Meine Eltern entschlossen sich, mich in die Evangelische Schule am Resselpark zu schicken. Die drei Jahre, die ich dort war, sind in meiner Erinnerung nur positiv. Mit den Mädchen hatte ich sehr bald Kontakt. Die vorwiegend männlichen Lehrer waren fortschrittlich. Der Unterricht war ihnen wichtiger als Strafen. Kunstgeschichte war mein Lieblingsgegenstand. Vielleicht hätte ich dabei bleiben sollen. Immer habe ich bedauert, die Matura nicht gemacht zu haben.
Für Gesangsstunden war ich damals noch zu jung. Bei Gretl hatte mein Vater den Unterricht aufgegeben, da die Stimme für eine Laufbahn als Sängerin nicht ausreichte, und einen Beruf mußten wir ergreifen, so reich waren wir nicht, das heißt, soviel konnte ein Staatsbeamter damals nicht verdienen, auch mit noch so vielen Privatschülerinnen nicht. Bei mir schien es ähnlich wie bei Gretl – eine Lehmann, Kurz, Jeritza oder Kiurina konnte man nicht erwarten. Trotzdem sollte ich die Musik nicht aufgeben.

Für Violine war ich begabter, ich wurde sogar von Professor Rosé geprüft. Zitternd spielte ich eine Beethoven-Sonate, Papa begleitete mich. Rosé, streng und sachlich, sagte: »Der Ton ist schön, die Technik mäßig. Wissen Sie, daß Sie drei bis vier Stunden täglich üben müssen, wenn Sie Musikerin werden wollen?«
Nein, das wußte ich nicht, und das wollte ich auch nicht, dazu war ich viel zu faul und besaß wohl auch damals schon zu wenig Antriebskraft.
Mein Vater fing nun an, Walzer mit mir einzustudieren (von seinem geliebten Johann Strauß natürlich), um mich bei Laune zu erhalten. Damit hatten wir im kleinsten Kreis Erfolg. Wie oft haben wir bei einer der reichsten Frauen Wiens, bei Ida Gutmann-Wodianer, der Familie des bekannten »Kohle-Barons«, in ihrer prunkvollen Badener Villa gespielt. Wir verbrachten dort viele Sommer. Sie schickte uns ihr lautloses Elektromobil, was bedeutete, daß wir nicht nur ein paar gemütliche Stunden bei ihr verbringen sollten, sondern daß ich auch die Geige mitzubringen hatte.
So spielten mein Vater und ich. Ich ziemlich schlampig, aber mit Gefühl, er mit Zartheit und dem größten Einfühlungsvermögen. Die Hausfrau war entzückt und sagte, daß unser Musizieren und die Gesangsstunden, die sie bei meinem Vater nahm, zu ihren größten Freuden gehörten. Ihre Stimme klang zwar fürchterlich, aber Gesang war eben ihr Hobby.
Ida Gutmann war und ist aus unseren Jugendjahren nicht wegzudenken. Auch deshalb nicht, weil Gretl

und ich am 24. Dezember vormittags bei ihr erscheinen mußten – diesmal in ihrem herrlichen Palais am Beethoven-Platz, um »Fröhliche Weihnachten« zu wünschen und französische Gedichte aufzusagen. Gretl war die Dramatischere von uns beiden. Ich weiß noch die Zeile eines Gedichtes, das Mademoiselle ihr einstudiert hatte: »Seule je pleure, seule je tremble«. Bei »seule je tremble« hatte Gretl entweder mit der Zunge zu schnalzen oder dasselbe Geräusch mit Daumen und Zeigefinger zu produzieren. Jahre später sagte uns Frau von Gutmann, wie gräßlich ihr diese Gratulationscour war, die einen endlosen Vormittag verschlang. Es kamen viele außer uns, beim Concièrge-Töchterchen fing es an und endete, ja wo? Das vermag ich nicht mehr zu sagen. Der liebe, hervorragende Internist Professor Dr. Mannaberg, den wir schon aus Baden kannten, assistierte ihr an diesem so peinlichen Vormittag, wie er später auch der Fürstin Pauline Metternich während des Ersten Weltkrieges in der von ihr patronisierten Poliklinik assistieren sollte.

Immer noch sehe ich Ida Gutmann vor mir, mit ihrer langen, in verschiedenen Farben gehaltenen Federboa, die sie früh, mittags und abends trug, in der Hofoper und im Burgtheater, in Konzerten und auf Bällen, bei Wohltätigkeitsveranstaltungen sowie bei feierlichen Diners. Oft haben Gretl und ich uns beim Schlafengehen vorgestellt, daß sie auch mit der Boa ins Bett ging, und darüber konnten wir immer wieder so lachen, daß wir uns unter die Decken verkriechen mußten.

Zu dem kleinen Denkmal, daß ich Ida Gutmann setzen wollte, ist hinzuzufügen, daß sie keine schöne, aber eine sehr warmherzige Frau war, die sehr viel Gutes getan hat.
Weniger feierlich und weniger leise ging es im Hause Urban-Brévillier zu, des Großindustriellen, der mit Bleistiften ein Vermögen machte. Die Stimme der Hausfrau war zwar schöner, aber sie tremolierte stark. Am liebsten sang sie im Jagdhaus Paal, das aber umständlich zu erreichen war. Man fuhr bis Murau, dort mußte man in ein Bähnchen umsteigen, welches einen bis zur Endstation Stadl an der Murtalbahn brachte. Das Jagdhaus war nur mit Pferden, Maultieren oder zu Fuß erreichbar. Hier verbrachten wir auch einige Sommer: ungeheuer langweilig, obwohl zwei Söhne im Haus waren, die von einem Hofmeister betreut wurden, und eine sehr hübsche Tochter. Alle waren wir ungefähr im gleichen Alter. Der ältere Bub war schlimm, der jüngere sanft, ihn mochte ich gerne. Wir haben uns später gelegentlich wiedergesehen, und es war jedesmal eine Freude. Die Nachricht von seinem Tod hat mich sehr betrübt.
Mit dem älteren Sohn hatte es der Hofmeister sehr schwer. Abends kletterte er waghalsig vom Balkon ins Freie, nahm sich ein Pferd aus dem Stall und ritt zu irgendeinem Bauerndirndl, das ihm gerade gefiel. Bei Morgengrauen kam er den nicht ungefährlichen Weg zurück. Er dürfte nie ganz nüchtern gewesen sein, denn der Champagner floß im »Paalhaus«, genauso wie im Wiener Palais in der Schönbrunner-

straße, in Strömen. Das waren die Highlights dieses zwar schönen, aber sehr faden Aufenthaltes.

Manchmal machte man eine kleine Spazierfahrt mit einem Eselwagen – wo der Esel gerade hinwollte. Das ganze Land, es war gebirgig und wunderschön, gehörte Ludwig Urban senior. Wenn man höher hinauf wanderte, kam man an einer Jagdhütte vorbei, die für die eigentlichen Jagdgäste gedacht war.

Gemütlich waren unsere Aufenthalte nicht, auch nicht für unsere armen Eltern, die sich ganz der Hausfrau unterzuordnen hatten. Diese, von uns Tante Emma genannt, war hübsch, launenhaft und primitiv. Sie war vor ihrer Heirat Knopfnäherin in Mariahilf gewesen.

Der entspannende Moment kam abends, bei Champagner und Kartenspiel. Manchmal sang »Tante Emma« auch Arien oder Lieder, und wir mußten irrsinnig applaudieren.

Es gab noch einen Sohn Urban, Vicky genannt. Er stammte aus der ersten Ehe Ludwig Urbans, war viel älter als seine Stiefgeschwister, hatte den »Schraubenhof« schon übernommen und war eine der markantesten Persönlichkeiten Wiens. Wenn er beim Derby als Schiedsrichter in der Loge saß, war er nicht zu übersehen.

Auch Vicky Urban besaß ein Palais, und zwar im Zweiten Bezirk, nahe der Hauptallee, in der Laufbergergasse. Er hatte eine wunderschöne Frau, die ich wahnsinnig anhimmelte, aber leider selten sah, da er mit seiner Stiefmutter so gut wie nicht verkehr-

te. Vickys Frau starb mit 28 Jahren an Tuberkolose. »Tante Emma« hat in späteren Jahren ihren Mann, einen wirklichen Herrn, verlassen, um mit einem Musiker zu leben, der jahrelang ihr Korrepetitor gewesen war. Es war ein harter Schlag für Ludwig Urban, doch er trug es mit Würde und seiner angeborenen Noblesse.
Es gab auch Sommer, die fröhlich und angenehm waren, wo man weder geigen mußte noch »diplomatisch« zu sein hatte. Das waren die Sommer in Goisern, Gmunden oder Ischl. Da wurde eine Wohnung gemietet, man beförderte den ganzen Hausrat, vom Kaffeehäferl bis zum Bettzeug, in Riesenkörben, die per Fracht vorausgeschickt wurden. Köchin und Stubenmädchen kamen auch mit. Wir machten Aufgaben, spielten Diabolo und Federball, unternahmen Wanderungen.
In Gmunden lernten wir schwimmen. Ich hatte 31 Stunden, aber auch dann hatte ich noch Todesangst, allein ins Wasser zu gehen. Dabei war ich eine gute Turnerin, in der damals berühmten Turnschule Jonietz wurde mein Name im Goldenen Buch eingetragen. Auch für Skilaufen war ich begabter als für Schwimmen, leider mußte ich es aufgeben, als ich zum Theater ging. Blieb als Sport nur Tanzen – ich war eine sehr mäßige Tänzerin –, Federball und das gräßliche Spazierengehen.
Das dritte Haus, nicht Palais, in dem wir am 24. Dezember vormittags Glückwünsche zu überbringen hatten, war das von Katharina Schratt. Sie war mit meiner Großmutter befreundet. Unsere Großmutter

war sehr arm, die Schratt brachte es zustande, ihr eine kleine Pension zu verschaffen.
Am 24. Dezember wurden wir bei Frau Schratt in ein Zimmer geführt, in dem ein sehr langer Tisch stand, mit dunklem Samt überzogen. Beim Näherkommen sah man die ganze Pracht. Ein erlesenes Schmuckstück lag neben dem anderen, man war geblendet. Es war das Weihnachtsgeschenk Seiner Majestät.
Wir waren gehemmt durch soviel Glanz. Wir wollten weg, besonders ich, wir spürten, wie wenig wir hierher gehörten, wollten keine Gedichte aufsagen, nur weg.
Es gelang. Die Großmama rettete uns: »Wir wollten nicht stören, nur fröhliche Weihnachten wünschen.«
Etwas Deprimierendes hinterließ dieser Besuch, obwohl wir abends eine große Puppe und einen lebenden Papagei von Frau Schratt geschickt bekamen. Er hieß Coco und biß jeden; die Puppe schloß meistens die Augen. In weiter, weitester Ferne spürten alle: Kleiner Mann, was nun?
Die entscheidende Veränderung in unserem Leben kam, als Gretl es durchsetzte, zum Theater zu gehen. Sie nannte sich Margarete von Bukovics.
Bukovics war der Mädchenname unserer Mutter, die auch beim Theater gewesen war, ebenso der Großvater Karl von Bukovics, der nicht nur Schauspieler, sondern auch Direktor der Josefstadt und des Stadttheaters war. Sein Bruder Emmerich war kurze Zeit Direktor des Volkstheaters. Großvater war sehr früh gestorben, so daß wir ihn nicht mehr gekannt haben.

Auf seinem Grabstein am Döblinger Friedhof steht: »Die ersten Tränen macht er fließen, da er für immer ging.« Dort liegt auch unsere Großmutter, die wir sehr gerne hatten, und die Schwester meiner Mutter, Camilla von Bukovics, die ebenfalls kurze Zeit Schauspielerin war.

Zuerst wurde Gretl ein Zimmer, eigentlich das schönste unserer Wohnung, neu eingerichtet. Die Eltern dachten wohl an eine gute Partie? Gretl war bildhübsch, hatte viele Flirts, war fröhlich, warum sollte sie keinen Ehepartner finden – und sogar einen mit Geld?

Ich überspringe Tage, Wochen, Monate, fast Jahre. Gretl hatte bereits ein Engagement nach Brünn für ein Jahr und anschließend, 1912, an das Deutsche Volkstheater in Wien. Sie war »in«, wie wir heute sagen. Das gab uns allen ein Hochgefühl. Wenn ich an diese Zeit zurückdenke, vermischt sich mir alles: Gretls Debüt in Wien (in Brünn war sie sehr gefeiert worden) war eine kleine Sensation. Beim Bühnentürl standen ungezählte junge Leute. Die Pferde des Wagens, der sie nach Hause bringen sollte, wurden buchstäblich ausgespannt.

Den Glanz ihrer beginnenden Karriere konnte sie nicht halten, zuviel Privates kam dazu: die Ehe mit Anton Edthofer, der nach Berlin berufen wurde. Sie ging natürlich mit und verzichtete damit auf die ungeheure Chance, die Wien ihr geboten hatte. Sie hatte in kurzer Zeit am Volkstheater eine Hauptrolle nach der anderen gespielt: Franziska in *Minna von Barnhelm*, dann *Frühlings Erwachen*, *Alt-Heidel-*

berg, *Wildente*, Sudermanns *Blumenboot*. Sie spielte das Fach der Naiven, wie man es damals nannte, mit größtem Erfolg. In Berlin wurde es weniger leicht für sie. Starke Ellenbogen hatte sie nicht, dafür viel Angst. Ich glaube, es war die Angst, die ihren Lebensweg so beschwerte. Arme Gretl, nein, ein schlechtes Leben hatte sie nicht, aber auch kein gutes.

Die Begegnungen mit Caruso 1911/12/13 haben in unseren Mädchenjahren eine wichtige Rolle gespielt. Große Headline im Abendblatt der Neuen Freien Presse: »Caruso zu seinem dreitägigen Gastspiel in Wien eingetroffen und im Hotel Bristol abgestiegen!« Von da an ging alles wie im Märchen.
Als mein Vater, ein Bekannter und ich an einem herrlichen Septembernachmittag durch die Kärntnerstraße über den Ring nach Hause gingen, blieb mein Vater plötzlich stehen und sah zu einem Balkon des alten Bristol hinauf. »Das ist Caruso!«
Ich schaute auf zu einem breitschultrigen Mann in rosa Hemdsärmeln. Caruso bemerkte, daß wir ihn erkannt hatten, und winkte sehr freundlich. Einer der Portiers sagte, er werde mir ein Autogramm verschaffen.

Papa und ich gingen beide sehr aufgeregt nach Hause. Für meinen Vater war Caruso das Nonplusultra, er kannte alle seine Platten und hatte ihn 1907 mit größter Begeisterung auf der Bühne gehört.
Eine Stunde später kam ein Page vom Bristol und brachte ein Kuvert mit einem Autogramm und ein

paar freundlichen Worten: Er würde sich überaus freuen, einen so bekannten Musiker wie meinen Vater persönlich kennenzulernen, und da wir »Nachbarn« seien, könnte er uns oder wir ihn besuchen. Nach einem Telephonat mit seinem Sekretär – seinem Agenten waren wir von Anfang an suspekt – vereinbarten wir für den nächsten Tag 16 Uhr einen Besuch bei uns. Wir waren alle sehr aufgeregt.
Der Nachmittag kam, Caruso erschien um vier Uhr und wurde von Papa in den Salon geführt, wo Mama, Gretl und ich ihn empfingen. Caruso wußte, daß mein Vater Musikpädagoge war, und ließ sich in einem ziemlichen Kauderwelsch von Italienisch und Französisch in ein Fachgespräch ein. Er erklärte meinem Vater, wie schwer es zum Beispiel für Engländer sei, in italienischer Sprache zu singen, und kopierte englische Sänger in der Arie des Dick Johnson aus Puccinis *Mädchen aus dem goldenen Westen*. Er sagte, wie falsch es von der Technik her sei, und begann die Arie nun so, wie er sie sang. Mein Vater begleitete ihn am Klavier.
Papa wurde weiß im Gesicht, nie habe ich ihn so aufgeregt und begeistert gesehen. Mama und Gretl heulten, ich war in einem Taumel von Glück. Ich glaube, es war der schönste Augenblick meiner Jugendjahre. Wir alle spürten, daß wir eine Sternstunde erlebt hatten.
Die Begeisterung freute ihn sichtlich, obwohl der Erfolg ihm immer nachlief. Er war ein Auserkorener, und das wußte er. Viele werden sagen, das alles sei übertrieben für einen Sänger, für einen Tenor, ei-

nen Reproduzierenden. Das stimmt alles nicht. Ich glaube, daß ich mit sechzehn, siebzehn und achtzehn Jahren genug Kunstverstand besaß, um wahre Größe zu erkennen.
Bliebe noch zu berichten, wie sich diese Glanzwochen dreier Jahre abspielten. Immer ungetrübt und herzlich, bis auf die Tage vor seinem Auftreten. Da sah man ihn nicht, da mußte er allein sein. Hatte er eine Verabredung, wurde sie abgesagt. Er war von Angst gepeinigt, fuhr alleine mit dem Taxi auf den Cobenzl, kehrte gleich ins Hotel zurück oder legte sich ins Bett wegen einer angeblichen Erkältung. Die Angst beherrschte ihn völlig. Er war der höchstbezahlte Sänger der Welt, das verpflichtete.
Ich besitze zwei Briefe von ihm, in denen er über Angst klagt. In einer Biographie ist zu lesen, daß er bei seinem letzten Auftritt, wieder geplagt von Panik, nach einem Blutsturz hinter der Bühne die Partie noch zu Ende sang. Er hatte Lungenkrebs und starb 1921 mit 48 Jahren.
Unsere Beziehung war von Jahr zu Jahr herzlicher geworden, wir, das heißt »les fillettes«, Gretl und ich, hatten das Glück, bei allen seinen Vorstellungen Karten in der ersten Reihe zu bekommen, zum Ärger mancher. Erst viel später habe ich erfaßt, was den Leuten an dieser Freundschaft mißfiel.
In *Boheme* und *Carmen* habe ich ihn am meisten geliebt. Ich erinnere mich an die letzte *Carmen*-Aufführung vom 14. September 1913. Gretl und ich wieder auf unseren gewohnten Plätzen, die Eltern etwas weiter hinten. Am Tag einer Vorstellung hörte

man nie von ihm, uns erreichte höchstens ein Anruf des Sekretärs, Caruso lege größten Wert darauf, daß Gretl und ich die Sitze in der ersten Reihe benützten.
Für uns waren diese Tage immer ein Fest. Die berühmte Friseurin Frau Bollmann, sie frisierte auch die Erzherzogin Sophie, kam, um uns drei zurechtzumachen. Unsere hübschen Festkleider, die nun schon alle kannten, waren auf Glanz hergerichtet, das Spießrutenlaufen konnte beginnen.
Der Impresario hatte sich gänzlich von uns distanziert, es war ihm ein Dorn im Auge, daß Caruso so freundschaftliche Beziehungen zu uns jungen Mädchen hatte. Er wollte ihn lieber mit einer Hocharistokratin, einer stadtbekannten Schönheit oder wenigstens einer Millionärin die Tage verbringen sehen.
Den letzten Opernabend zu beschreiben fällt mir schwer, zuviel Schönes und zuviel Trauriges liegt dazwischen.
Man kam in das Haus am Ring und wurde sofort von der eigenartigen Atmosphäre eingefangen, die eben nur die Oper hat. Wir gingen die Treppen hinauf zu Frau Kathie, die einem schon in alter Gewohnheit die Garderobe abnahm. Aufgeregt eilten wir zu unseren Plätzen, schauten nicht links und nicht rechts, um ja nicht unnötig aufzufallen.
Die Besetzung war fast die gleiche wie bei den früheren Gastspielen – Carmen: Marie Gutheil-Schoder, Micaela: Berta Kiurina, Escamillo: Josef Schwarz, der Dirigent war Hugo Reichenberger. Der über-

füllte Zuschauerraum war in äußerster Hochspannung, die sich den ganzen Abend steigerte und schließlich in Ovationen für Caruso endete. Der Abend hieß »Don José«.
Caruso war ein Elementarereignis: seine herrliche Stimme mit dem unverwechselbaren Timbre, seine Persönlichkeit und seine Schauspielkunst. Er war an diesem *Carmen*-Abend so hervorragend disponiert, wie wir ihn vielleicht noch nie gehört hatten. In den orkanartigen Beifall mischte sich eine Spur von Wehmut, als ob er und wir alle ahnten, daß es sein letztes Auftreten in Wien war.
Am nächsten Tag gingen meine Mutter und ich zu Caruso ins Hotel, um uns zu verabschieden. Wir haben beide ein bißchen geweint. Später kam eine Karte, auf der die Gloriette zu sehen war, Caruso hatte zwei weinende Frauengestalten darauf gezeichnet und dazu »les petites pleureuses« geschrieben.
Wir korrespondierten noch ziemlich lange. Er sandte aus jeder Stadt, in der er sang, Ansichtskarten und immer ein paar persönliche Worte, die über ihn aussagten. Ich schrieb ihm einmal, daß wir seit seinem letzten Gastspiel nicht mehr in die Oper gingen. Die Antwort war: »Allez à l'Opéra où on apprend toujours.«
Nach diesen Zeilen ahnte ich, daß ich einen Freund verloren hatte. Meinen großen Freund Enrico Caruso.

2

Die Zeit macht keine Pause, sie jagt und jagt.
Es war Samstag, der 28. Juni 1914, wir hatten Besuch. Ich habe die Schreie noch im Ohr: »Extraausgabe – Extraausgabe«.
Mein Vater eilte auf die Straße. Die Aufschrift des Blattes lautete: »Erzherzog Franz Ferdinand und Gemahlin in Sarajevo ermordet!«
Jemand sagte leise: »Das kann ein Weltkrieg werden.«
Ich verstand nichts, hatte von Politik keine Ahnung, auch kein Interesse dafür, trotzdem erfüllte eine unheimliche Angst den Raum. Diese Angst steigerte sich von Tag zu Tag.
Wir vier trachteten unser Leben wie bisher weiterzuführen. Ich ging seit einigen Monaten auf die Akademie für Musik und darstellende Kunst. Durch Papas Protektion war ich gleich in den zweiten Jahrgang aufgenommen worden, bei Professor Arndt, der ein hervorragender Episodist am Burgtheater war. Ich war plötzlich Feuer und Flamme für den Schauspielberuf und übersah absichtlich alles, was um uns herum in der Welt vorging.
Den Sommer verbrachten wir wieder im Salzkam-

mergut, beendeten ihn aber vorzeitig nach der Kriegserklärung von Österreich-Ungarn an Serbien am 28. Juli und fuhren nach Wien zurück.
Während der Fahrt gab es eine kurze Unterbrechung. Ein nett aussehender junger Mann, mit dem wir eben noch gesprochen hatten, verließ unser Coupé und ging auf die Toilette. Kurz darauf ertönte ein Knall, jemand zog die Notbremse, der Zug blieb ruckartig stehen. In und außerhalb unseres Waggons entstand ein wildes Durcheinander. Die Polizei drängte alles zur Seite, um zwei Sanitätern Platz zu machen.
Der junge Mann hatte sich eine Kugel in den Kopf geschossen und war auf der Stelle tot. Man fand einen Einberufungsbefehl in seiner Tasche. Eine Kurzschlußhandlung? Oder Erkenntnis des Grauens, welches vor ihm lag?
Wir waren alle paralysiert von diesem Schock. Das war vielleicht der erste Tote des bevorstehenden wahnwitzigen Krieges?
Das Chaos hatte begonnen!
Papa holte uns vom Westbahnhof ab; der war überfüllt von Soldaten und vorzeitig Heimkehrenden wie wir. Es gab eine wilde Jagd nach dem Gepäck.
Das Leben war angespannter, trotzdem führten wir es fort wie bisher, aber mit der ständigen Angst vor Veränderung. Immer mehr unserer Bekannten rückten ein. Es gab jetzt viel Tränen und Abschied.
Meine Tage waren voll ausgefüllt. Vormittags und zweimal in der Woche am Nachmittag ging ich in die Akademie, die übrigen Nachmittage verbrachte ich

in der Poliklinik, wo ich mich sofort zur freiwilligen Pflege gemeldet hatte. Pflegerinnen gab es schon viele, so wurde ich, auf Empfehlung der Fürstin Pauline Metternich, als Diätschwester eingesetzt. Das hieß treppauf, treppab laufen und bei jedem Bett herausfinden, welche Diät für die Verwundeten vorgeschrieben war. Die sogenannte Dreier-Diät bestand aus Kuttelfleck. Sie war wohl die am meisten verabreichte.
Am Heiligen Abend war ein Riesentransport angekommen, vierzig Männer wurden in einen Saal gelegt. Erzherzogin Isabella war gekommen, ging von Bett zu Bett, um – wie sie meinte – tröstliche Worte zu sagen. Ein Weihnachtsbaum stand im Saal.
Mich nahm plötzlich ein Verwundeter bei der Hand, sah mich mit flehendem Blick an und wollte mich in einer mir unverständlichen Sprache, ich glaube, es war rumänisch, um etwas bitten. Ich blieb bei ihm, seine Wangen waren rot vom hohen Fieber, er wiederholte immer wieder dieselben Worte, die ich nicht verstand. Ich vermute, er wollte seiner Familie etwas sagen lassen, wollte ihnen erzählen, was er durchgemacht hatte, das war sein letzter Wunsch. Ich hielt seine Hand, bis er eingeschlafen war.
Am nächsten Tag war mein erster Weg zu ihm. Er war nicht mehr da.
So gerne ich in die Poliklinik ging, wußte ich doch, daß ich den Dienst bald verlassen würde. Ich blieb bis Jahresende. Ich mußte meinen Schauspielerberuf ernst nehmen, wenn ich nicht hinter den anderen zurückbleiben wollte. Karl Farkas, der in derselben

Klasse war, hatte bereits ein Engagement, Cäcilie Lvovsky, die Karl Kraus so umschwärmte, stand unmittelbar vor einem Abschluß, ebenso die von uns sehr bewunderte Elisabeth Bergner und die zauberhafte Grete Jacobsen, der wir alle eine große Karriere prophezeiten.
Grete Jacobsen traf das eigenartigste Schauspielerschicksal, das ich in meiner langen, langen Laufbahn miterlebte. Ihr Ton, ihre Sprechweise, ihre märchenhafte Anmut waren unverwechselbar. Elisabeth Bergner, die damals schon eine einmalige Persönlichkeit war, freundete sich sehr mit ihr an. Oft hörte man sie fragen: »Wie sprichst du das aus? Warum sagst du ›wrum‹ statt ›warum‹?«
Ich glaube, es war in München, wo beide ein Engagement antraten und wo Grete Jacobsen einmal an einer schweren Grippe erkrankte. Die Bergner besuchte sie täglich – so wurde erzählt.
Eines Tages geschah es: Beide sollten einem sehr berühmten Regisseur vorsprechen. Elisabeth Bergner kam vor ihrer Freundin dran, und Grete Jacobsen wurde dann sehr bald unterbrochen: »Danke schön!«
Was war geschehen? Der Regisseur und sein Stab meinten alle dasselbe: »Die kopiert ja ganz die Bergner.«
Die Bergner wurde, ob mit oder ohne Anlehnung an Grete Jacobsen, eine der größten, genialsten Schauspielerinnen unserer Zeit. Grete Jacobsen dagegen erhielt zwar immer wieder Engagements, aber den Vorwurf, daß sie die Bergner kopiere, wurde sie nie

mehr los. Mit den Jahren zog sie sich immer mehr von der Bühne zurück und lebt heute mit ihrem sehr geliebten Mann, dem Staatsschauspieler Erwin Faber, in München.
Martin Berliner ging an die Münchner Kammerspiele, Valérie von Martens nach Innsbruck, die schöne und sehr begabte Luise Baumgartner, die leider am Beginn ihrer Karriere nur die Schattenseiten des damaligen Lebens und wohl auch des Berufes sah, beging ein paar Monate nach ihrem ersten Engagement Selbstmord.

Eines Tages rief der behende Agent Lanik bei mir an, um zu fragen, ob ich bereit wäre, ein Jahr an das Hoftheater in Stuttgart zu gehen. Es sei zwar ein Elevinnenvertrag, daher auch eine sehr kleine Gage, aber doch ein sehr gutes Sprungbrett für später. Als Attraktion fügte er hinzu, daß Raoul Aslan seit fünf Jahren dort sei. Ich überlegte mit meiner Familie, und meine Eltern sagten schweren Herzens ja. Sie hatten Freunde in Stuttgart, was für sie beruhigend schien. Ich war blöd genug, mich wahnsinnig zu freuen.
Nach ein paar Tagen erhielt ich ein Telegramm aus Stuttgart, ich möge an einem der nächsten Tage um soundsoviel Uhr am Wiener Westbahnhof erscheinen, um vom Intendanten Baron Putlitz gemustert zu werden.
Mama und ich waren pünktlich zur Stelle. Ein eleganter älterer Herr in Uniform kam uns entgegen, wir erkannten einander sehr bald. Er war besonders

höflich und sprach ein paar Worte mit mir, fragte nach meinen Lieblingsrollen, nach meinem Studium: »Wir würden uns sehr freuen, wenn Sie zu uns kämen!«
Damit war die Audienz beendet. Wir trennten uns, da er von einem Bekannten begrüßt wurde, der ihn abholte.
So begann mein erstes Engagement.
Später fiel mir ein, daß ich keine Zusage für eine Hauptrolle verlangt hatte: Immer dasselbe, aus lauter Bescheidenheit den eigenen Vorteil vergessen und den unangenehmen Dingen aus dem Weg gehen. Wie hatte der liebe Mischka Marton, Reinhardts guter Bekannter, mich später immer genannt? »Fräulein Hereinfall«.
Der Sommer verging schnell mit den Vorbereitungen für Stuttgart. Damals mußte man eine bestimmte Garderobe mitbringen. Als Elevin hatte man natürlich weniger Verpflichtungen, aber drei Kleider wurden für mich von einer exzellenten Hausschneiderin genäht. Jeden Morgen wachte ich mit einem ungeheuren Glücksgefühl auf. Ich stellte mir alles herrlich vor, das Alleinewohnen, Aslan kennenlernen und in einer schönen Rolle großen Erfolg haben.
Es kam der Tag der Abreise. Die Freude war schon getrübt, da ich sah, wie schwer Vater mein Abschied aus dem Elternhaus traf. Er brachte uns zum Westbahnhof, Mama reiste mit mir, wenigstens so lange, bis ich eine Wohnung gefunden hatte.
Ich zog sehr bald in die Währerstraße, in ein sehr gemütliches kleines Zimmer. Der Theaterportier hatte

mir die Adresse gegeben, und ich war hier sehr glücklich. Ich hatte bald heraus, daß Raoul Aslan in derselben Pension wohnte, auch Wilhelm von Scholz, der bekannte Autor.

Als ich installiert war, mußte Mama nach Wien zurück. Es gab viele Tränen.

Die Pension gehörte einer alten Dame und ihren beiden Töchtern. Nachdem ich alle kennengelernt und begrüßt hatte, meine Panik etwas verflogen war, luden die drei Damen zum Tee. Raoul Aslan erschien etwas später in einem nicht sehr ordentlichen Peignoir und hinter ihm Zeljko Desiderio Kočonda, sein langjähriger Freund. Ich kam mir wie im Himmel vor.

Am nächsten Morgen zeigte ich mich im Königlichen Hoftheater und wurde keineswegs emphatisch empfangen. Ich versuchte zum Dramaturgen des Hauses, Dr. Stefani, vorzudringen, was mir erst nach vielen Tagen gelang. Hätte ich nicht meine Zuflucht in der Wührerstraße gehabt, ich wäre verzweifelt gewesen.

Das Stuttgarter Lehrjahr 1916/17 hat mich im Beruf bestimmt nicht gefördert. Zum Glück gab es die schöne Umgebung und die paar Menschen, die ich sofort gern hatte oder anschwärmte.

Eines Tages schrieb mir eine Dame namens Adrienne von Bülow. Sie meinte, unser Vorname wäre so selten, daß wir uns kennenlernen sollten. Sie lud mich zum Tee an einem der nächsten Tage.

Adrienne von Bülow war eine besonders charmante, kluge, sehr elegante Aristokratin. Es entstand ein Sekundenkontakt zwischen uns, so daß wir einander schon nach der zweiten Begegnung duzten. Ich habe sie später aus den Augen verloren, weil ich nie gerne Briefe schrieb. Jahre später, in meinem zweiten Leben, erfuhr ich leider, daß sie eine große Nazi geworden war.

Ich habe wenig Erinnerung an meine kleinen Rollen, eine große erhielt ich das ganze Jahr über nicht und muß zugeben, daß bis auf ein paar Ausnahmen das Theater an meinem Stuttgarter Jahr den geringsten Anteil hatte. Mit Aslan und Zeljko verband mich bald eine ungewöhnlich herzliche Freundschaft. Ich schwärmte für Raoul, und Zeljko war mein bester Freund.

Aber auch Wilhelm von Scholz und ich wurden sehr gute Freunde. Mein Zimmer grenzte an das seine, wir waren, wie er es nannte, nur durch eine Matratzentür getrennt. Schwer war für mich, daß er mich mindestens dreimal am Tag und auch sehr oft abends holte, um mir aus seinen Werken vorzulesen. Trotzdem war ich glücklich, von einem so schöpferischen Menschen ernstgenommen zu werden. Seine Lektüre war nicht leicht für mich, und ich bemühte mich sehr, seinem Höhenflug zu folgen.

Mein Vertrag in Stuttgart wurde nicht verlängert, und ich erhielt für 1917/18 ein Angebot an die Münchner Kammerspiele. Wilhelm von Scholz blieb noch etliche Jahre als Dramaturg in Stuttgart, schrieb zahllose Gedichte, Essays und Theaterstücke, er war unermüdlich. Wir blieben gute Freunde. Ich vergaß zu sagen, daß ich in Stuttgart sehr oft in

die Oper ging, die damals hervorragend war, und daß ich sogar beim König von Württemberg eingeladen war, beschützt von Adrienne von Bülow. Der Abschied von Stuttgart war traurig, wir schworen uns alle Freundschaft fürs Leben. Gretl, die auf Besuch kam, weinte mit uns. Der Abschied von Raoul war leichter, da er mit kommender Saison nach Wien ging. Aber die Pension, die Familie Selinka, die eine der beiden ledigen Töchter, die so hoffnungslos in Raoul verliebt war, das alles erweckte Tränenstimmung.
Und wieder bestieg ich einen Zug...
...und wieder landete ich auf dem Westbahnhof. Mir kam alles verändert vor, total verändert. So war es immer bei mir und ist es heute noch: Jede Veränderung brachte mich in einen Zustand des Unbehagens, fast der Trauer. Vielleicht waren das Vorboten meiner späteren schweren Depressionen?
Zu Hause war alles gesund, das war die Hauptsache. Mühsam war es geworden, das Essen, das Schlafen, das Leben. Man versuchte wieder seinen Alltag zu finden. An die Rüben (Wruken) hatte man sich gewöhnt, man lebte nur dem Ende des Krieges entgegen.

In München hatte ich schon ein Quartier, das mir vom Theater verschafft worden war. Die Kammerspiele waren damals noch in der Augustenstraße. Mein Zimmer vermietete mir eine Wiener Sängerin. Es war bei weitem nicht so gemütlich wie die Pension in Stuttgart, konventionell und unpersönlich.

Dafür waren München und die Kammerspiele im äußersten Maße persönlich, fast bedrohlich. Meine erste Rolle war, wenn ich mich richtig erinnere, die Phoebe in *Wie es euch gefällt,* Regie Otto Falckenberg. Unter den Mitspielenden war Erwin Faber, der Mann von Grete Jacobsen. Annemarie Seidel spielte die Rosalinde, sie faszinierte mich sofort. Sie war eine herrliche Schauspielerin, wahrscheinlich die stärkste Persönlichkeit des damaligen deutschen Sprachraumes. Ihre Schwester war die bekannte Dichterin Ina Seidel.

Der Kreis, in den ich da hineingeriet, war sicher nicht der, den meine Eltern sich gewünscht hatten. Doch war das Münchner Jahr eines der aufregendsten, es war so völlig anders als Wien oder Stuttgart. Es gab so viele Gespräche, die langen heftigen Diskussionen in der Nacht – nicht über den Krieg, immer über das Theater, die Literatur. Das meiste spielte sich in den Torggelstuben ab oder manchmal bei der Königin der Boheme, Lotte Pritzel, die die berühmten Puppen machte. Es wurde sehr streng gesiebt, wer Einlaß zu der eigentlichen literarischen und schauspielerischen Elite bekam.

Frank Wedekind, das Idol von München, der Schöpfer dieses vielbeneideten und vielgelästerten Kreises, zog sich immer mehr zurück, er war damals schon schwerkrank. Ich hatte leider nicht mehr das Glück, einen seiner Abende, sei es öffentlich oder unter Freunden in den Torggelstuben, mitzuerleben. Aber sein Geist blieb. Erich Mühsam, Lion Feuchtwanger, Franz Theodor Csokor, der Literaturwissenschaftler Professor Fritz Strich und viele andere gehörten dazu, ebenso Albert Steinrück, Martin Berliner, Annemarie Seidel, Annie Mewes, Erwin Kalser, der kurz darauf eine Sternheim-Tochter heiratete, der Bühnenbildner Leo Pasetti, Hermann Essig, in dessen Komödie *Die Glückskuh* Annemarie Seidel und ich spielten. Die Aufnahme der Premiere Anfang Juni 1918 durch das Publikum war ungewiß, aber für »Mirl«, so wurde Annemarie Seidel genannt, und mich war es ein persönlicher Erfolg, den wir bei Leo Greiner feierten – bei Absinth, wie immer. Absinth spülten wir hinunter wie Odolwasser, es war das billigste und wahrscheinlich auch das einzige Getränk, das wir damals bekommen konnten. Niemanden erstaunte es, als der kleine Rolf von Hörschelmann todbesoffen in der Türe erschien. Es wurde wieder eine jener Nächte, die nicht endeten, ehe der Morgen graute.

Weiter von München zu schwärmen, wäre in meinem Alter sinnlos, zuviel Zeit vergeht damit, wer weiß, ob mir noch genug davon bleibt. Über dieses Münchner Jahr könnte ich Bände schreiben, aber... So verabschiede ich mich denn von der geliebten Isarstadt, nicht ohne gedankt zu haben auch dafür, daß ich dort einige Male mit Falckenberg arbeiten konnte, der bestimmt einer der hervorragendsten Regisseure und Theatermenschen war. Die Zunft lag ihm jahrelang zu Füßen. Ich habe ihn nicht mehr wiedergesehen, obwohl ich immer sagte, daß München meine zweite Stadt sei.

Viel, viel später, 1954/55 spielte ich in München an

den Kammerspielen die Crescence im *Schwierigen* von Hofmannsthal, 1966/67 mit Hans Schweikart das Zweipersonenstück *Wirklich schade um Fred* von James Saunders und die Großmutter in Otto Schenks Inszenierung der *Geschichten aus dem Wiener Wald* von Ödön von Horváth, zuletzt, Ende 1975, unter der Regie von Kurt Meisel am Residenztheater die Photographin in Molnárs *Liliom* – und viele gute und weniger gute Filme. Dies alles in meinem dritten Leben.

Die Übersiedlung nach Brünn zur Spielzeit 1918/19 war lästig genug. Ich hatte nicht nur Stuttgart und München sehr geliebt, Süddeutschland hatte es mir angetan. Aus München, dieser so südlich angehauchten Stadt mit all ihren Höhepunkten und ihren beinahe lasterhaften Tiefen, wobei man mich aus allem zu Bohemienhaften heraushielt, in eine doch recht provinzielle Stadt versetzt zu werden, fiel mir am Anfang unendlich schwer.
Die Veränderung begann mich wieder zu plagen. Anfangs war die Sehnsucht nach München so groß, daß ich glaubte zu Fuß zurücklaufen zu müssen. Ich blieb und bezog ein ganz nettes Mietzimmer bei zwei alten Damen, an die ich Empfehlungsbriefe hatte und von denen die eine mir regelmäßig Geld aus der Schreibtischlade nahm. Aber ich hatte als einzige im Ensemble eine Unterkunft ohne Wanzen. Den Krieg spürte man in Brünn weniger als in Wien oder in München. Vor allem hatte man zu essen.
In Brünn gab es viel Arbeit für mich, und langsam

wurde ich eine Schauspielerin. Immer öfter dachte ich an einen Menschen, dem ich vor meiner Abreise nach Brünn noch in Wien begegnet war. Es war der Bruder des Dramatikers Hans Müller: Ernst Lothar. Hans war sehr mit meiner Schwester befreundet, die am Volkstheater Stücke von ihm gespielt hatte und noch spielte. Bei einer dieser Premieren lernte ich Lothar kennen. Er kam eben aus einer Balkonloge heraus, wir begrüßten uns, ich spürte, wie ich rot wurde. Mein Gott, wie lange bin ich rot geworden!

Er begann die Stiege hinunterzulaufen, ich hielt ihn zurück, ich mußte ihn zurückhalten, fragte, wie Gretl ihm gefallen hätte – alles was ich sagte war sinnlos, ich wollte ihn nur nicht weglassen. Arrogant fragte er: »Sie gehen auch zum Theater?« »Ja, ich gehe nach Brünn, ich spiele dort Fräulein Julie von Strindberg, ich werde zwar entsetzliche Angst haben, aber bitte kommen Sie mich doch einmal anschauen, als strenger Kritiker. Brünn ist eine kleine Provinzstadt, an welches Urteil soll ich mich da halten?« Ich redete und redete, ich log, ich wollte nicht sein kritisches Urteil, ich wollte ihn wiedersehen und bald.

Fräulein Julie war meine Antrittsrolle, ich hatte sie mir leidenschaftlich gewünscht, und Direktor Dr. Rudolf Beer ließ mich gewähren. Wieso mich das Stück und die Figur so anzogen, ist mir genauso unbegreiflich geblieben wie die Tatsache, daß das Stück mit mir gespielt wurde, daß der Vorhang hochging und auch wieder herunterging. Ich weiß noch, daß ich sehr schlecht angezogen war, es war eines der mitgebrachten Kostüme aus Wien. Ich war damals außerdem noch eher rundlich, und nichts paßte zu nichts. Überraschenderweise hatte ich Erfolg, keinen überwältigenden, aber immerhin: das Publikum applaudierte sehr herzlich, und die Kritiken waren nicht schlecht, es wurden mir überall Talent bestätigt und eine Zukunft prophezeit. Wahrscheinlich galt der Abenderfolg auch meinem Partner Hans Götz, der ein ausgezeichneter Schauspieler und ein Publikumsliebling war.

Meine Mutter und Onkel Toni, einer der vielen Brüder meines Vaters – er war Verwaltungsdirektor im Wiener Volkstheater –, waren zur Premiere gekommen. Sie blieben ein bißchen zurückhaltend in ihrem Urteil, meine Mutter fand hauptsächlich, daß ich mich nicht gerade gehalten hatte.

Nach der Premiere gingen wir in das Restaurant Gaitner, welches das Stammlokal von Dr. Beer war und wo ich mich im Laufe der Saison noch viel aufhalten sollte.

Mein nächster Auftritt war keine Rolle, es war ein Ritterfräulein, eine Gewandträgerin in Wagners *Lohengrin*. Statisterie hatten wir laut Vertrag gelegentlich zu machen und taten es auch ganz gerne, weil es nicht nur eine Hetz war, sondern weil uns die Musik viel bedeutete.

Zur Statisterie in der Operette wurde ich nie herangezogen, weil meine Stimme nicht einmal für den Chor ausreichte und auch das Tanzen nicht meine Stärke war; trotzdem habe ich mir viele Operetten angesehen. Den Namen des weiblichen Stars habe ich vergessen, aber sie war ungeheuer beliebt und gefeiert in der Stadt, obwohl es ihr gelang, aus jeder Titelrolle, ob *Lustige Witwe*, *Gräfin Mariza*, *Csardasfürstin* oder *Die geschiedene Frau*, eine zweitklassige, das heißt eine Wurzenrolle zu machen.

Um auf meine Arbeit in Brünn zurückzukommen: Ich erinnere mich nicht mehr an alle Rollen, ich weiß nur, daß ich sehr beschäftigt war und bei Publikum und Presse beliebt zu werden begann. Der berühmte und gefürchtete Kritiker Geiditschka schrieb über mich im *Abschiedssouper* aus Schnitzlers *Anatol-Zyklus*: »...schlechthin vollendet A. G. als Annie«.

Ob das Theater damals gut oder schlecht war, vermag ich nicht zu sagen, es war jedenfalls den Brünnern ungeheuer ans Herz gewachsen. Ein schönes Haus, von Helmer und Fellner erbaut, hatte es einen stolzen Platz in der Stadt.

Grete Witzmann galt als eine große Tragödin und war der unbestrittene schauspielerische Star. Sie hatte schon als Kind am Burgtheater Ibsens *Klein Eyolf* gespielt. Nach drei Jahren Brünn ging sie mit Beer als seine erste Schauspielerin an das Raimundtheater in Wien, dessen Direktor er geworden war. Sie spielte besonders im ersten Jahr sehr viel, konnte aber in Wien weder beim Publikum noch bei der Presse Fuß fassen. Sie heiratete dann einen meiner Lieblingskollegen, Alfred Neugebauer, mit dem ich später noch oft auf der Bühne stand.

In Brünn mußte ich mich fast ausschließlich dem Theater widmen. Schon damals lernte ich meine

Rollen meist in der Nacht, und da die Proben gegen ein Uhr mittags zu Ende waren, gab es trotzdem etwas Zeit für ein Privatleben. Durch Gretls Brünner Engagement hatte ich schon viele Bekannte, auch einige Tuchfabrikanten meldeten sich und führten einen manchmal abends in das Grand Hotel, das sie »Hotel Gran« aussprachen. Oft besuchten mich Schülerinnen meines Vaters, die regelmäßig zu ihm nach Wien fuhren.

An die schöne Salondame Anni Magda erinnere ich mich gerne. Sie hatte damals ein stadtbekanntes Verhältnis mit dem Grafen Louis Sereny, worüber sich ganz Brünn skandalisierte, besonders die beiden alten Damen, die mich wie eine Tochter aufgenommen hatten. Was hätte ich machen sollen? Anni war für das Theater sehr wichtig, und wir hatten von lange her gemeinsame Freunde: die Brüder Schloß. So lavierte ich so gut ich konnte und ging erst bei Nacht und Nebel zu ihr, wo auch Graf Louis anzutreffen war, wenn er Fronturlaub hatte. Wie schrecklich traurig war oft das Nachhausekommen in mein möbliertes Zimmer. Das Heimweh nach Wien und nach Hause war dann groß, und oft und oft zweifelte ich, ob ich den richtigen Weg gewählt hatte.

Das Alleinsein, besonders am Abend, fiel mir entsetzlich schwer, so wie ich es heute kaum ertragen kann. Ich brauchte Menschen, damals, wie ich sie heute noch verzweifelt brauche.

Ich sollte natürlich bei Beer in Brünn bleiben, wollte aber nach Wien zurück, hauptsächlich Lothars wegen. Er hatte mich einmal in Brünn besucht, und ich

wußte schon damals, daß ich nicht mehr von ihm loskommen würde.
Es fügte sich, daß ich einen Antrag von Direktor Josef Jarno erhielt, der damals noch die alte Josefstadt und das Stadttheater in Wien leitete. Ich besprach es freundschaftlich mit Beer, der mir riet, zwei Jahre bei Jarno zu bleiben und dann ab 1921 bei ihm ans Raimundtheater, das er in diesem Jahr übernahm, abzuschließen.
Wieder war ich glücklich, als ich bei Jarno unterschrieben hatte, wieder freute ich mich, wie ich mich auf Stuttgart und München gefreut hatte. Was war ich damals für eine Optimistin, die immer idealistisch an die Dinge heranging!
Mein Brünner Jahr habe ich in guter Erinnerung, die Stadt war gemütlich, man ging auf dem Glacis spazieren, traf Bekannte, alle Schauspieler, die gerade probenfrei waren, und nicht zuletzt zog mich die Stadt so an, weil Lothar dort geboren und bis zu seinem achten Lebensjahr dort gelebt hatte. Seine Eltern hatten im Schreibwald – vergleichbar dem Wiener Cottage – ein Haus. Inzwischen waren sie nach Wien gezogen, sein Vater war ein sehr bekannter Rechtsanwalt.
Den Umbruch habe ich noch in Brünn miterlebt, es wurde sehr gefeiert. Der größte Teil der Stadt jubelte. Ich erinnere mich, daß Beer von Bühnenarbeitern über die Bühne getragen wurde. An diesem Tag gab es keine Vorstellung, nur Feiern. Der Waffenstillstand, das heißt der Friede und das Ende des unsinnigen Massenmordens, schien gesichert.

Alle politischen Dinge, die folgten, waren nun sehr wichtig für mich. Man konnte leben, man konnte arbeiten, man glaubte nicht mehr gefährdet zu sein, man freute sich und war glücklich. Daß dann alles nicht so rosig wurde, wie ich es in meinem ganz unpolitischen Hirn erdachte, konnte ich nicht voraussehen.

Die Spielzeit ging zu Ende, der Abschied von allen Freunden und Kollegen war wieder tränenreich. Auch der Abschied von meinem Junggesellenleben, das ich drei Jahre lang unendlich genossen hatte, wog schwer. Mehr konnte man vom Publikum nicht verwöhnt werden als in Brünn. Die Blumen, die ich nach meiner letzten Vorstellung bekam, konnte ich fast nicht nach Hause tragen.

Ich hätte eigentlich sehr glücklich sein sollen, und trotzdem schied ich traurig und mit lange nicht soviel jauchzender Hoffnung wie am Beginn meiner Theaterlaufbahn. Ich spürte auch, daß mit der Rückkehr nach Wien und meinem langsamen Erwachsenwerden mein wirkliches Leben begann.

Wenn ich an die drei Jahre in Stuttgart, München und Brünn zurückdenke, war ich doch eher unbeschwert und lustig, bis auf melancholische Phasen, von denen ich immer wieder befallen wurde und die niemand ernst nahm.

3

Mein Schicksal trieb mich immer wieder nach Wien. Hier wohnte ich bei den Eltern, was seine Vor- und Nachteile hatte.
Die erste Rolle bei Jarno in der Josefstadt war eine kleine in einem sehr personenreichen Stück, in dem er die Hauptrolle spielte. Aus Personalmangel hängte sich die Frau des Bühnenportiers, die auch Garderoberin war, schnell ein schwarzes Wolltuch über, um dann stumm auf der Bühne als Aristokratin zu agieren. Das war nur bei Jarno möglich.
Als Jarno nach der Vorstellung an unseren Garderoben vorbeiging, rief er mir zu: »Wer hat Ihnen diese geschmacklosen Sätze in die Rolle hineingeschrieben?«
»Ich selbst, Herr Direktor«, antwortete ich sehr bestürzt.
Er gab keine Antwort.
Am nächsten Tag erhielt ich eine Hauptrolle in dem Lustspiel *Die himmlische Kugel* im Stadttheater; mein Partner war Philipp Zeska, der Sohn des bekannten Burgschauspielers Carl von Zeska. Eine Rolle, die ich leidenschaftlich gerne spielte und in der ich meinen ersten großen Erfolg in Wien hat-

te, war der Knabe Amal im *Postamt* von Rabindranath Tagore; Nora Gregor spielte auch mit, es war ihr erstes Auftreten in Wien. Sie war zauberhaft schön und ein sehr, sehr lieber Mensch. Wir spielten viel miteinander, auch später bei Reinhardt. Jahre danach sollten wir uns in einem Nobelhotel in Paris wiedertreffen, wo sie mit ihrem Gatten und Söhnchen wohnte. Sie war inzwischen Fürstin Rüdiger Starhemberg geworden, und ihre und unsere Emigration begann in Paris. Unsere Wege kreuzten sich nie wieder, aber – und nun greife ich sehr weit voraus – den Sohn von Nora habe ich vor einiger Zeit bei den Aufnahmen zu Maximilian Schells Film *Geschichten aus dem Wiener Wald*, in dem ich, wie auf der Bühne, die Großmutter spielte, getroffen. Ich habe ihn sofort an der Ähnlichkeit mit seiner Mutter erkannt. Er ist ein reizender Mensch, sehr musisch, schreibt Bücher, produziert spanische Filme – seine Muttersprache ist Spanisch –, und er ist dem Theater total verfallen. Diese Begegnung war eine wirkliche Freude für mich.

Jetzt zurück zu Jarno, zurück zur Josefstadt, zurück ins Jahr 1919 und zum Beginn der zwanziger Jahre. Jarno bestand auf einer Namensänderung. Bukovics wollte er nicht, da ihm der Name im Wiener Theaterleben zu bekannt war. Geiringer lehnte er ab wegen Onkel Toni, der, wie schon erwähnt, im Volkstheater eine Riesenstellung hatte und der für ganz Wien ein Begriff war. So einigten wir uns auf den Bühnennamen Gessner.

Onkel Toni war sehr prüde, was Gretl und mich betraf. Gretl hat er viel vermasselt. Immer wenn sie auf einem Ball war und ein bißchen geflirtet hatte, berichtete er meinem Vater, daß sie sich auffallend benommen habe. Gretl verliebte sich schnell, ich erinnere mich an einen ihrer Ballabende, sie kam spät nach Hause, weckte mich und hauchte: »Der Gusti Schnabel war da!« Gusti Schnabel war einer der hübschesten Männer der *jeunesse dorée,* leider ist er sehr früh im Krieg gefallen.

Das Engagement bei Jarno erwies sich für mich als sehr glücklich. Ich spielte eine Rolle nach der anderen mit großem Publikumserfolg und sehr guten Kritiken. Wenn ich an das damalige Theater denke, befallen mich Wehmut und Sehnsucht. Wie romantisch waren doch die rechts und links vom eigentlichen Bühnenraum aufgestellten Kulissen, wie romantisch war das Rampenlicht, das man vor sich hatte, die ganze Bühnenrampe entlang, nur mit der kleinen Unterbrechung des Souffleurkastens, der damals eine unabdingbare Notwendigkeit war, da jedes Stück nach kurzer Probenzeit anlief.

Jarno hatte trotz seiner »Striesehaftigkeit« – es ging bei ihm manchmal knapp an der Schmiere vorbei – etwas Genialisches. Es bleibt sein Verdienst, Strindberg für Wien entdeckt zu haben. Er konnte Schauspieler führen, nur fehlten ihm so und so oft die Mittel zu etwas Außerordentlichem. Die Armut war damals sehr groß, auch in den Theatern, meistens froren wir auf der Bühne, aber das störte uns eigentlich nicht. Vor allem ging Jarnos Frau, Hansi Niese, die eine herrliche Schauspielerin war, mit gutem Beispiel voran. Die beiden unterstützten sich gegenseitig. Das Publikum verlangte, wie heute, nicht nur Klassiker – Jarno spielte auch den *Faust* –, es wollte vor allem Boulevardstücke und Lustspiele. Bei den Boulevardstücken mußte er die Salondamen mit Schauspielerinnen besetzen, deren Liebhaber ihnen die Kleider für die diversen Rollen kaufen konnten. An eine erinnere ich mich besonders, habe aber ihren Namen vergessen. Sie konnte für jede Salondamenrolle die passende – und zwar erlesene – Garderobe stellen. So spielte die Namenlose in jedem Boulevardstück – wirklich nicht gut, aber sie hatte die Hauptrolle, und der noble Freund saß bei den Premieren in der ersten Reihe.

Bei Jarno kündigte ich nach dem zweiten Jahr im Sommer 1921, da ich doch mit Beer eine Vereinbarung getroffen hatte. Jarno sagte: »Viele reiten um das Haus herum, manche kommen zurück, jedenfalls solange ich Direktor bin, werden Sie bei mir immer einen Platz finden.« Er war nicht böse, nur ein bißchen gekränkt.

Ich weiß, daß ich mich nicht gut ihm gegenüber benommen habe, denn er hatte mir wirklich alle Möglichkeiten gegeben und mich »fast« zu einem »Liebling« gemacht, das danke ich ihm noch heute.

Ich trennte mich schwer von ihm, auch von dem verfallenen Haus, und wußte, so wie bei Jarno würde ich es an keinem Theater haben. Trotzdem ging ich, zwar nicht sehr überzeugt, aber weil ich dachte, ich könnte die zwei Jahre zuvor getroffene Vereinbarung mit Beer nicht lösen. Es war wieder die Angst

vor einem unangenehmen Gespräch, wieder die Hemmung nein zu sagen, wieder Fräulein Hereinfall.
Der Abschied von Jarno war ein neues Entwurzeltwerden, vor dem ich damals schon die größte Angst hatte. Auch das Privatleben war schwierig, zwischen himmelhochjauchzend und zu Tode betrübt.
Lothar war verheiratet, hatte Kinder, zwei Mädchen, die er abgöttisch liebte, besonders die ältere, Agathe. Seine Frau »Pussy« und ich kannten uns von früher, und so war ich manchmal eingeladen. Jedesmal wollte ich absagen, und dann zog es mich so, in seiner Nähe zu sein, daß ich wie ein braves Schulmädchen hineilte. Mit den Kindern war es am schwersten. Am Anfang hatten sie mich sogar gerne, aber mit der Zeit merkten sie doch, daß die Ehe der Eltern, die ja nicht gut war, schlimmer wurde und ich die Ursache war.
Lothar hatte eine sehr steile Karriere gemacht, er war mit 34 Jahren der jüngste Hofrat und ging in Pension, um sich ganz der Schriftstellerei zu widmen. Er hatte schon einen Band Gedichte herausgebracht und den Roman »Der Feldherr«, der ein großer Erfolg war. Er war lange Zeit im Handelsministerium und hat die Wiener Messe und die Hochschule für Welthandel mitbegründet.
Es war eigenartig, daß er seine Berufe so und so oft wechselte und sich immer selbst abbaute. Lothar war und blieb letzten Endes doch ein Dichter und Schriftsteller. Er schrieb auch während seiner Zeit im Handelsministerium und schon davor in Wels,

wo er noch Staatsanwaltssubstitut war. Diesen Beruf hatte er schnell wieder aufgegeben, das war nichts für seine sensible Natur. So ging er nach Wien zurück, und von da an sahen wir uns öfter und öfter. Ich liebte ihn leidenschaftlich, aber er sagte mir immer, so sehr er mich auch liebte, wegen der Kinder würde er sich nie scheiden lassen. Es war die Zeit, als er sich telephonisch verleugnen ließ und ich herumirrte, um ihn irgendwo zu finden, sei es in der Nähe seiner Wohnung, seines Büros oder der Setzerei der »Presse«, für die er damals die sehr beliebten Sonntagsfeuilletons schrieb. Manchmal fand ich ihn, aber er mochte diese plötzlichen Überraschungen nicht. Wir hatten ein merkwürdiges Zusammengehörigkeitsgefühl vom ersten Tag an. Unsere Urteile waren fast immer gleich. Lothar hätte ein heiterer Mensch sein können, er wurde es nicht, das Schicksal schlug immer wieder zu.

In diesen frühen zwanziger Jahren sahen wir uns oft, aber doch nicht oft genug. Er arbeitete sehr viel und saß jeden Abend mit seinen Kindern zu Hause, während Pussy in einer Bridgestube spielte: ein kleiner Nebenverdienst. Die Familie war nicht sehr begütert, und so wurde sein Leben schon in diesen Jahren von allen Seiten erschwert. Doch er ertrug es mit Fassung und einer gewissen Würde, die sich schon in seinen jungen Jahren zeigte.

Die folgende Zeit habe ich in eher trüber Erinnerung. Ich wohnte ja bei den Eltern, was gemütlich war. Die Verbundenheit mit Lothar war für mich ebenso hart wie für ihn, für mich wahrscheinlich noch härter. Das Gerede über mich und Lothar, die Kränkung der Eltern, das alles ging in meinem Kopf herum wie ein Mühlrad. Dabei gab es Stunden, in denen ich heiter und fröhlich war wie in meinen ersten Theaterjahren. Beer sagte immer: »Hadrian, für dich gehört ein lustiges Leben.«

Das Raimundtheater unter Beers Leitung wurde plötzlich eine hochliterarische, intellektuelle Bühne. Beer brachte den berühmten Regisseur Leopold Jessner, der Shakespeares *Richard III.* inszenierte. In der Titelrolle alternierten Fritz Kortner und Oskar Homolka. Ich spielte den Prinzen von Wales als mein eigenes kleines Monument, was bestimmt einer der vielen hervorragenden Einfälle Jessners war, nicht nur seine von Berlin her bekannte Treppe.
Eine Begegnung bei Beer war für mich von großer Bedeutung. Da ich die Marie in *Liliom* spielte, lernte ich Franz Molnár kennen. Damals kam es über ein kurzes Gespräch nicht hinaus, aber später wurden er, Lothar und ich die besten Freunde. Diese Freundschaft war auch in der Emigration ein Rettungsanker. Molnár war einer der genialsten und jedenfalls der originellste Mensch, den ich je kennengelernt habe.
Das größte Erlebnis für mich war Max Pallenberg, der wahrscheinlich doch der unvergeßlichste aller Schauspieler bleibt. Seinen Schwejk habe ich dreimal gesehen, und mehrmals stand ich mit ihm auf der Bühne. Bei *Familie Schimek* habe ich so durchgelacht, daß ich buchstäblich fast mein Stichwort ver-

gessen hätte. Der Versuch ihn zu beschreiben wäre sinnlos. Man hätte sich bei ihm gesundlachen und im nächsten Augenblick Tränen vergießen können; *Schwejk*, *Familie Schimek* und *Wauwau* werde ich nie vergessen.

Die Stücke, in denen er seinen eigenen Text sprechen konnte, waren seine besten; wenn er in ein Korsett, das heißt in einen klassischen Text, gezwängt war, verlor er manchmal seine Überzeugungskraft. So geschah es, daß Hofmannsthal für ihn den *Unbestechlichen* schrieb und das Stück und eigentlich der ganze Abend der Uraufführung unter Beer im Raimundtheater am 16. März 1923 durchfielen. Erst Jahrzehnte später wurde das Stück mit Josef Meinrad unter der Regie Lothars ein ganz großer Erfolg.

Beer brachte auch den herrlichen Albert Bassermann und das unvergeßliche Stimmphänomen Alexander Moissi, die beide Wien im Sturm eroberten. Daß bei so vielen Gastspielen für die festengagierten Schauspieler nicht genug Rollen übrigbleiben konnten, stellte sich sehr bald heraus. Außer in den *Erwachsenen* von Sling und dem *Geizigen* hatte ich eigentlich keine wesentlichen Rollen, und so ließ mich Beer an seiner zweiten Wiener Bühne, dem Volkstheater, u. a. das junge Mädchen in Shaws *Man kann nie wissen* spielen.

Beer war ein sehr cleverer Mann, auch in seinen Beruf als Theaterdirektor und Regisseur hatte er sich schnell eingelebt. Er war vielleicht nicht das, was wir einen geborenen Künstler nennen, und doch er hatte

1 Mit meiner vier Jahre älteren Schwester Gretl

2 Rechts oben: Die Begegnungen mit Enrico Caruso sind aus unseren Mädchenjahren nicht wegzudenken: mit dem großen Sänger bei seinem Wiener Gastspiel 1912.

3 Porträt 1921

4/5 Gretl (oben) und ich in den zwanziger Jahren

6 Unten: Ein Glücksmoment: Max Reinhardt übertrug mir die »kleine mondäne Rolle« der Margarete Orme in John Galsworthys »Gesellschaft«, Wien, Theater in der Josefstadt, 8. April 1925. Ich hatte eine schöne Szene mit Fritz Delius als Lord Windsor.

7 Nächste Seite l. o.: Carlo Goldoni, »Der Diener zweier Herren«, Wien, Kammerspiele, 3. Juni 1925: im Kostüm der Rosaura ▷

8 Nächste Seite r. o.: In schlichtem Gewande: Als Partnerin von Hans Thimig spielte ich die Grete in Franz Poccis Märchen-Drama »Larifari«, Theater in der Josefstadt, 12. Januar 1927. ▷

9 Rechts unten: Besonders gern trat ich zusammen mit Anton Edthofer auf, so auch in »Kleiner Walzer in a-Moll«, einer Komödie meines Schwagers Hans Müller, dessen Stücke damals viel gespielt wurden (Theater in der Josefstadt, 29. Januar 1936).

10 Links unten: Paula Wessely war meine Partnerin in dem unsterblichen Schwank »Pension Schöller«, Theater in der Josefstadt, 1. März 1930.

11 Nächste Seite: „Glanz, wie ich ihn liebte" – als Sylvia Fowler fühlte ich mich in der Gesellschaftskomödie »Frauen in New York« von Claire Boothe, einem der größten Erfolge der Direktion Ernst Lothar, sehr wohl (Theater in der Josefstadt, 29. Oktober 1937). ▷▷

eine große Liebe für das Theater. Wenn man an sein Ende denkt, will man kein negatives Wort über ihn sagen: Als die Nazis kamen, wurde er, der Halbjude, von etlichen jungen Schauspielern in einen Wald geführt und fast totgeprügelt. Er kehrte in seine Wohnung zurück. Einer seiner Freunde – das war wirklich ein Freund – brachte ihm eine Unmenge Schlaftabletten und sagte: »Du kannst nicht mehr auf die Straße, dein Haus wird bewacht, darum habe ich dir das gebracht!«
Am nächsten Morgen fand man ihn tot in seiner Wohnung Blindengasse Nr. 33.

Während einer Probe im Volkstheater im April 1924 wurde ich eines Tages zum Telephon gerufen, ich möge sofort in die Josefstadt kommen. Als ich antworte, es sei im Augenblick ausgeschlossen, bekam ich ein sehr unwilliges »Dann eben so bald als möglich, der Professor will Sie sehen« zu hören. Und so eilte ich vom Weghuberpark zur grünen Bühnentüre der Josefstadt. Ich wußte nicht, daß es ein Schicksalsweg war, den ich da lief. Vierzehn Jahre ging ich durch das grüne Tor, es waren glanzvolle und manchmal auch schwere Jahre.
Der Inspizient erwartete mich und flüsterte mir in großer Hast zu: »Das Fräulein Hodenberg ist schon zweimal in Ohnmacht gefallen, wie sie aufgetreten ist. Jetzt haben der Herr von Hofmannsthal und der Herr Professor gesagt, ich soll schnell eine Neue verschaffen, ein drittes Mal wollen es die Herren nicht riskieren. Da haben S' ein Buch, lesen Sie's ein-

mal durch, und dann führ ich Sie zum Herrn Professor.«

Ich stand ganz im Hintergrund der Bühne und sah Reinhardt, den »Herrn Professor«, zum ersten Mal. Ich versteckte mich schnell, um nicht gesehen zu werden, und begann in wahnsinniger Angst den Text der Zofe Agathe durchzulesen, die eine nette aber keine besondere Rolle im ersten Akt des *Schwierigen* ist.

Nach einer Weile brachte mich der Inspizient zu Reinhardt. Er zeigte mir kurz die Stellungen, und ich begann. Reinhardt ging in den Zuschauerraum und beobachtete mich sehr genau. Dann kam die zweite Szene, meine Angst war weg. Reinhardt kam aus dem Zuschauerraum und fragte: »Würde Ihnen die Rolle Spaß machen?«

Jetzt war ich einer Ohnmacht nahe und murmelte: »Ja.«

»Dann lassen Sie sich zu meinem Bruder führen.«

Ich wurde sofort von Edmund Reinhardt empfangen und gefragt, ob ich im Prinzip frei sei.

Ich sagte: »Ich kann mich frei machen.«

Er schlug mir eine Gage vor, die mir sehr gering erschien. Ich sagte, es wäre zu wenig, worauf er nach einer kleinen Pause fragte: »Würden Sie das Engagement daran scheitern lassen?«

Ich – Fräulein Hereinfall – antwortete heftig: »Nein.«

So begann mein Engagement bei Reinhardt. Ich war wieder einmal himmelhochjauchzend, nur hatte ich etwas Bedenken, wie Lothar es aufnehmen würde.

Zu meiner großen Überraschung war er mit allem einverstanden, da er ein leidenschaftlicher Verehrer Reinhardts war. Arm waren wir damals alle, das würde sich wohl nicht so schnell ändern.
Wir probierten, wie das bei Reinhardt üblich war, auch abends, und das an verschiedenen Plätzen. Das Haus war noch nicht fertig, was die Proben sehr erschwerte und eine Verschiebung der drei Eröffnungs-Hauptpremieren erzwang.
Camillo Castiglioni, einer der reichsten und einflußreichsten Geldmagnaten Wiens, der einzige wirkliche Mäzen, ermöglichte den Umbau des Theaters in der Josefstadt mit 1,5 Millionen Schweizer Franken und stellte ein Betriebskapital zur Verfügung, da Reinhardt das Theater ohne Fundus übernommen hatte. Die einzige Bedingung Castiglionis: Reinhardt muß das Theater zehn Jahre lang leiten.
Professor Carl Witzmann übernahm den Umbau und gestaltete einen »vornehmen, warmen, wohnlichen Patriziersalon, in dem Theater gespielt wurde«. Eine Sensation war der große Luster aus Muranoglas, der, in der ersten Galerie hängend, zu Beginn der Vorstellung unter langsamem Verlöschen des Lichtes sechs Meter hoch zur Decke schwebte. Das Deckenfresko im Parterrefoyer ist die Kopie eines Deckengemäldes im Schloß Leopoldskron. Viele Einrichtungsgegenstände hatte Reinhardt selbst in Venedig gekauft.
Reinhardt nannte seine Bühne auf Theaterzetteln und Ankündigungen vom Tag der Eröffnung an »Die Schauspieler des Theaters in der Josefstadt un-

ter der Führung von Max Reinhardt«, und diese Bezeichnung führte sie bis 1938.
Die Eröffnungsvorstellung am 1. April 1924 mit Goldonis *Diener zweier Herren,* in der Hugo, Helene und Hermann Thimig spielten, gestaltete sich zu einem gesellschaftlichen Ereignis ersten Ranges. Man hatte auch Jarno, der das Haus von 1899 bis 1923 geleitet hatte, eingeladen und ihm eine Loge reserviert, die er aber mit höflichem Dank ablehnte. Er schrieb an Reinhardt: »Ich wünsche Ihnen, daß Sie sich nach 25 Jahren mit gleichen Gefühlen des Josefstädter Theaters erinnern, wie ich es tue.« Tragik eines Lebenswerkes, dem sich niemals großzügiges Mäzenatentum helfend an die Seite gestellt hatte.
Der Erfolg des Eröffnungsstückes war künstlerisch keineswegs überwältigend. Erst mit der zweiten Premiere am 9. April, so äußerte sich die Kritik, habe Reinhardt seine wirkliche Visitenkarte in Wien abgegeben. Es war *Kabale und Liebe* mit Rudolf Forster, Paul Hartmann, Helene und Hugo Thimig, Maria Fein, Gustav Waldau, Fritz Kortner, Else Lehmann, Lili Darvas und Reinhardt, der den Kammerdiener spielte.
Die dritte Premiere aber, die Wiener Erstaufführung von Hofmannsthals *Der Schwierige* am 16. April, ergab laut Kritik den »denkwürdigsten Tag in der Geschichte des Hauses«. Unter den Mitwirkenden waren Gustav Waldau, Helene und Hermann Thimig, Else Eckersberg, Hermann Romberg, Dagny Servaes, Marita Streelen, Hertha von Hagen, Fritz Daghofer, Josef Danegger, Egon Friedell, Georg

Hilbert und ich als Agathe. Einer der führenden Kritiker schrieb darüber: »Wenn jemals, dann hat diesmal ein Stück seinen wundervollsten Lebensschein durch das Reinhardttheater empfangen. Es wird schlechtweg entzückend gespielt, gleichsam in höchster Vollendung.«

Nach meinem Auftritt verließ ich die Garderobe, da ich von niemandem aufgefordert worden war zu bleiben. Das war der Fluch der kleinen Rollen, wie sehr hatte mich Siegfried Geyer, ein befreundeter Redakteur der Zeitschrift »Die Stunde«, davor gewarnt: »Wenn Sie *das* bei der großen Eröffnung spielen, werden Sie immer kleine Rollen spielen müssen.« Das glaubte ich nicht, bei mir würde es anders sein. Es kam, wie Geyer es vorausgesagt hatte, leicht wurde es mir nicht gemacht, aber es gelang »fast«.

Warum wollte ich jetzt, während der Premiere, so schnell nach Hause? Ich versteckte mich hinter dem Vorhangzieher und wartete das Ende des ersten, von Hofmannsthal so herrlich gebauten Aktes ab. Den zweiten blieb ich in meinem Versteck. Die Liebesszene zwischen Graf Bühl und Helene ist eine der schönsten Dichtungen, sie wurde von Helene Thimig und Gustl Waldau so herrlich gespielt, daß mir die Tränen herunterliefen. Ich hörte noch das Entzücken des Publikums, das Aufrauschen des Applauses, und dann bemühte ich mich so rasch wie möglich bei der grünen Türe hinauszukommen.

Plötzlich stand ich vor der Haltestelle des J-Wagens. Ich stieg ein und fuhr noch einmal am Theater vorbei, wo rechts und links die Tafeln »Ausverkauft« aufgestellt waren. Der Wagen verlangsamte sein Tempo, da einige Zuschauer, es war große Pause, auf die Straße eilten. Sie spürten wohl alle den einmaligen Glanz dieses einmaligen Theaterabends, über den Felix Salten am 16. April in der Wiener Neuen Freien Presse schrieb:

Diesen merkwürdigen, kostbaren, komplizierten Typus eines versunkenen Österreich stellt Hofmannsthal eben jetzt an die Grenze zweier Epochen, stellt ihn in das ungewisse Dämmerlicht von heute, darin sich die Schatten einer untergegangenen Welt mit den Gestalten einer neuen Zeit verwirrend mengen... In dem wunderschönen Theater, das Max Reinhardt mit Hilfe der neuen Gesellschaft, dieser neuen österreichischen Gesellschaft, errichtet hat, führte er das Lustspiel von Hofmannsthal glanzvoll auf. Er balancierte es meisterhaft auf der schmalen Kante zwischen Langeweile und intensiver Anregung, auf der es schwankend errichtet ist. Und er hält die Zuschauer von Anfang bis zum Schlusse zwischen Behagen und atemloser Spannung fest... Die beiden Szenen, die Helene Thimig und Gustav Waldau in dem Lustspiel von Hofmannsthal lebten, gehören zu jenen seltenen Gaben des Theaters, die unvergeßlich sind.

Und ich saß im J-Wagen und fuhr nach Hause. Bei der Oper stieg ich aus und mußte mir erst klar wer-

den, was mit dieser herrlichen Premiere und was mit mir geschehen war, die ich doch auch mein Scherflein dazu beigetragen hatte. Jetzt war ich doch traurig, daß ich zu dem großen Diner, das Castiglioni für Reinhardt und seine Schauspieler gab, nicht eingeladen war. Ich ging in einen Telephonautomaten und versuchte Lothar zu erreichen. Es meldete sich niemand, das hieß, daß seine Frau schon aus der Bridgestube zurück war und er nicht mehr telephonieren konnte.
So ging ich zum Kärnterring Nr. 8. Eine Kokotte, deren Rayon unser Haus und das in demselben Haus befindliche Café Kremser war, grüßte mich wie allabendlich mit den Worten: »Guten Abend, gnädig's Fräulein.«
Abwesend antwortete ich »Guten Abend« und eilte ins Haustor, das der Portier eben für mich öffnete. Die Eltern hatten doch auf mich gewartet. Ich erzählte ihnen von dem großen Erfolg, auch daß ich ein paar Lacher hatte, und ging dann zu Bett.
Dieser Rhythmus ist in meinem Leben immer gleich geblieben – so endete auch dieser Abend auf halber Fahrt. Lange dachte ich noch nach, ich glaube, ich habe sogar eine kleine Träne zerquetscht, nicht aus Selbstmitleid, sondern darüber, daß es wieder nur »fast« geglückt war.
Der *Schwierige* war für Wien eine Sensation. Nicht nur pressemäßig, sondern vor allem beim Publikum. Kaum waren die Schalter geöffnet, wurde die Tafel »Ausverkauft« hingestellt.
Wir hatten viele Umbesetzungen im Laufe der lan-

gen Serie, da Reinhardt seine Berliner Schauspieler doch immer wieder nach Berlin zurückholte, und so kam es, daß auch ich einmal die Antoinette Hechingen übernahm, die bei der Premiere so unnachahmlich von Else Eckersberg gespielt wurde.
Reinhardt war, wie immer, bald nach der Eröffnung seines Theaters, das schnell Furore machte, abgereist. Für den Rest der Spielzeit gab es nach den glanzvollen Eröffnungsvorstellungen für die Wiener, die »das Haus mit dem schwebenden Luster« ins Herz geschlossen hatten, neben anderem noch *Aimée* von Paul Géraldy mit Helene Thimig und Hermann Romberg, von dem glänzenden Regisseur Paul Kalbeck, den ich sehr liebte und mit dem ich immer wieder gerne arbeitete, inszeniert. Der *Kaufmann von Venedig* mit Kortner, Dieterle, Forster, Hermann und Hugo Thimig, Romberg und Erika Wagner war unter Reinhardts Regie die letzte große Premiere und der letzte große Erfolg dieser ersten Saison.

4

Es wurde mir klar, daß die gute Fee noch nie ganz in meine Nähe gekommen war. Die Ausnahme war Lothar, meine leidenschaftliche Liebe zu ihm. Unsere Verbundenheit war endgültig. So begann eine Zeit für mich, in der wenig anderes Platz hatte. Fast vernachlässigte ich das Reinhardt-Engagement.
Es kam der Herbst, und ich spielte das Weihnachtsmärchen *Prinzessin Huschewind*. Alle Kinder liebten mich als Köhlerkäthchen, auch Lothars Töchter Agathe und Hansi, die zur Premiere kamen. Hansi sagte immer wieder: »Du warst die Liebste, die Beste, die Beste.« Das war schön.
Und wieder war eine mir zugesagte Rolle in Aussicht, die Annie im *Abschiedssouper*, Waldau sollte den Anatol spielen.
Anfang März 1925 war es so weit. Ich hatte die Rolle ja schon in Brünn mit großem Erfolg gespielt, aber nun Wien, Josefstadt, schwebender Luster und Reinhardt, der in die Premiere gekommen war.
Als ich nach dem dritten oder vierten Vorhang abging, stand Reinhardt plötzlich vor mir auf der Bühne und sagte in seinem unnachahmlichen Tonfall: »Das war großartig.«

Jetzt war es die Fee, es war die Fürstenkrone, es war das Schönste, was einem Reinhardtschauspieler passieren konnte. Ich war im siebenten Himmel. Ich eilte zu meiner Garderobiere Frau Schötz – ihr Mann hatte in der Hegelgasse eine Papierhandlung, in der Lothar seine Schulhefte gekauft hatte, sie war meine Garderobiere bis 1938, damals schon schwerkrank, und ich erfuhr später via Schweiz, daß sie mit einem Bild von mir auf der Brust gestorben war –, sie freute sich mit mir. Im Nu lief ich die steile, höchst gefährliche Steintreppe hinunter, durch die grüne Türe bis zum Ring, erst dann stieg ich in einen Ringwagen ein und fuhr nach Hause. Diesmal schliefen die Eltern schon. Ich mußte mit meinem Glück alleine fertig werden. Es war ein unbeschreibliches Glück.

Wir sind nur noch wenige, die übrig geblieben sind und die wissen, was ein Reinhardtschauspieler ist. Wir kannten nur eine Autorität, das war er. Wenn er etwas vorspielte, war es endgültig. Er war die beste Ophelia, das beste Gretchen, der beste Hamlet und der beste Faust. Ich maße mir nur an, über seine Arbeit mit Schauspielern zu sprechen, und nicht über seine Bedeutung als Weltregisseur, der Shakespeare erneuerte, der nie ein wertloses Stück auf die Bühne brachte.

Ihn zu beschreiben wage ich nicht. In seinem Gesicht war Ruhe, und doch strömte es eine Leidenschaftlichkeit und einen Willen aus, der alles um ihn herum niederzwang. Es lag an seinen Augen, an seiner Begeisterungsfähigkeit, an seinem Charme, an

seiner Magie, andere emporzuheben. Wie oft habe ich versucht, die Kunst Reinhardts zu schildern, wenn er mit Schauspielern arbeitete, die ihm blind vertrauten. Dagny Servaes und Paul Hartmann sind Beispiele dafür. Hermann Romberg spielte in einer seiner besten Inszenierungen, John Galsworthys *Gesellschaft*, die heikle Rolle des bestohlenen Juden de Levis, der auf einer Anklage beharrt. Reinhardt versuchte ihm die Rolle näherzubringen, indem er ihm mit aller Intensität erklärte, daß es für ihn als reichen Mann ja nicht so schlimm wäre bestohlen zu werden: »Verstehen Sie, es ist kein Unglück, es ist ein Malheur.« Natürlich wußten Schauspieler wie Romberg und Ernst Deutsch, die Alternativbesetzung des de Levis, genau, was er meinte, und fügten sich begeistert seinem Konzept.
Auch die Kleinarbeit, die heute langweilig zu sein scheint, war elementar. Bei Konversationsstücken zerlegte er die Sätze, schälte das Innere heraus. Wir probierten an solchen Sätzen stundenlang, bis er mit einem strahlenden Lächeln sagte: »So, jetzt gehen wir weiter.« Wenn er die individuelle Entwicklung der Rolle durch den Schauspieler nicht stören wollte, zog er sich zurück, sah nur zu.
Leider habe ich nicht viel unter seiner Regie gespielt, aber zweimal durfte ich solche Glücksmomente erleben. Der eine war 1933, als wir in der Josefstadt *Faust I* probierten und Reinhardt plötzlich rief: »Jetzt ist die Marthe Schwerdtlein geboren!« Der andere war acht Jahre vorher, im Frühjahr 1925, bei Galsworthys *Gesellschaft*. Da gab es eine kleine

mondäne Rolle, die eigentlich mit einer Kollegin besetzt war und die er dann, nach dem Erfolg von *Abschiedssouper,* mir zuteilte. *Gesellschaft* hatten wir sechs Wochen unter dem alten Schauspieler Josef Danegger, den Reinhardt fast immer beschäftigte, vorprobiert. Als Reinhardt endlich kam, mußten wir ihm das ganze Stück vorspielen. Unsere Aufregung war beispiellos, obwohl wir durch die lange Vorprobenarbeit ziemlich textsicher waren.
Reinhardt setzte sich in den Zuschauerraum, das Spiel begann. Es war ein glücklicher Nachmittag, er war zufriedener als erwartet, und an den drei Rollen von Hugo Thimig, dem alten Carl Goetz und Richard Romanowsky, meinte Reinhardt, sei nichts mehr zu ändern. Reinhardt lachte Tränen über die drei. Für alle anderen begann eine schwere Arbeit, die noch vier Wochen andauerte. Auch damals kam ich glimpflich davon. Wenn nicht unser herrlicher Requisiteur, Herr Nagl, mir zwei Zündhölzer zusammengebunden hätte, wären meine Zigaretten mit dem ominösen Spitz vor lauter Zittern nicht zum Brennen gekommen.
Diese Inszenierung war eine der schönsten, die ich von Reinhardt gesehen habe. In die Hauptprobe hatte ich Lothar mitgenommen. Wir saßen nachher im Weißen Hahn mit Richard Beer-Hofmann und allen seinen Freunden, die Begeisterung war einmütig. Zwischen Lothar und Reinhardt ergab sich sehr bald ein eifriges Gespräch. Ich merkte bei beiden, daß es ein schneller Kontakt war.
Am nächsten Morgen, während der Durchsprech-

probe, rief Reinhardt laut meinen Namen in den Zuschauerraum. Ich erschien, er fragte mich nach Lothar – er sprach seinen Namen immer auf der letzten Silbe aus –, ob man ihn nicht als Dramaturg nach Berlin bekommen könnte. Wir vereinbarten ein Gespräch.
Um es kurz zu machen, Lothar wollte nicht aus Wien weg, er verhandelte mit Edmund und überforderte bewußt das Angebot. Ich weiß nicht, ob ich glücklich oder traurig war. Angst hatte ich in jedem Fall, vor dem Hierbleiben und vor dem Weggehen. Angst hatte ich immer, so natürlich auch vor der Premiere von *Gesellschaft,* die knapp bevorstand.
Am 8. April 1925 ging der Luster hoch. Unser Publikum, gemischt aus Aristokraten, Industriellen, Neureichen und auch treuen Anhängern des alten Jarno-Hauses, soweit es sich die neuen Preise leisten konnte, war in Höchstspannung. Eleonore von Mendelssohn erschien in einem weißen Hermelinmantel und setzte sich allein in die Elfer-Loge – es war die von Reinhardt. Die Frauen, die in *Gesellschaft* mitspielten, waren Helene Thimig, Maria Fein und ich.
Restlos glücklich war ich in dieser und der folgenden Zeit nicht. Siegfried Geyer hatte mir doch zu Wahres prophezeit. Eine Hauptrolle würde ich so bald nicht erhalten.
Doch das Rad drehte sich. Böse Anzeichen in Berlin ließen Reinhardt aufhorchen und lenkten ihn sehr von seiner Arbeit in Wien ab. Später wurde gemunkelt, daß er Berlin verlassen wollte und müßte. Wir

in Wien aber glaubten immer nur an Gerüchte, wir schrieben auch erst die Endzwanzigerjahre. Hindenburgs Name wurde immer öfter genannt.

Lothar, der ewige Optimist zur Unzeit, wie er von sich sagte, und ich führten ein schönes, ganz in unsere Ideale verstricktes Leben. Wir dachten ans Heiraten, mehr denn je. Aber wie, ohne den Kindern weh zu tun? Probleme, Probleme. Meine Eltern, besonders Vater, hatten viel Verständnis für meine *troubles*, was unsere Situation ungeheuer erleichterte. Immer wieder versuchten wir uns voneinander loszureißen, es gelang nicht.
Im Sommer wollte ich nach Venedig, an den Lido. Venedig liebte ich sehr, und so setzte ich mich, mit Wissen Lothars, in den Zug und fuhr los.
Wie immer war ich berauscht von der Stadt, aber mit großer Trauer im Herzen. Ich ergatterte einen *facchino*, der mir mein Köfferchen eine Weile schleppte. Ich wußte nicht, wo absteigen, und entschloß mich, mit einem Vaporetto auf den Lido zu fahren, wo ich ein erträgliches Zimmer erhielt. Baden durfte ich aber nur im *stabilimento*, nicht im herrlich blauen freien Meer.
Am nächsten Tag schlängelte ich mich im Schwimmanzug den Strand entlang bis zum Strand des Hotel Excelsior. Ich hatte einen Brief von Lothar bekommen und mußte mich mit jemandem aussprechen. So ging ich zu Lili Darvas, Molnárs Frau, die im Hotel Excelsior wohnte. Sie war eben unter der Dusche, ich störte sie entsetzlich.

Ich gab ihr den Brief, sie las ihn und fragte: »Kannst du ohne ihn nicht leben?«
Ich sagte: »Ich glaube, nein!« In seinem schön geschriebenen Brief stand immer wieder das Wort »vergiß«.
Lili sagte: »Ich erwarte dich in einer Stunde in meiner cabane Nr. 31.«
Ich ging und hielt den Brief in der Hand. Ich wollte nicht leiden, wollte heiter sein wie die anderen hier. Immer noch rannen mir die Tränen hinunter, aber ich war entschlossen – einen Vormittag lang.
An dem herrlichen Strand setzte ich mich vor die Nr. 31. Plötzlich erblickte ich, ein paar Häuschen weiter, Reinhardt mit seinen beiden Söhnen Wolfgang und Gottfried. Ich blieb wie angewurzelt sitzen und traute mich nicht eine Bewegung zu machen. Gott sei Dank kam Lili sehr bald herunter. Sie meisterte die Situation mit ihrer Intelligenz und ihrem Charme.
Am späten Vormittag machte Reinhardt eine lange Schwimmtour mit seinen Söhnen, weit hinaus, was mir unerhört imponierte. Ich klammerte mich an Lili, schwamm auch ein paar Tempi und wollte nur wieder zurück. Aber schön war das Wasser, unsagbar schön. Strahlend blau der Himmel, strahlend blau das Wasser, nie, auch heute nicht, habe ich diese Eindrücke vergessen. Erinnerungen müssen nicht traurig sein, sie können schön sein…
Ich wollte Lili nicht mehr belästigen, da sich ein Kreis von Prominenten um sie geschart hatte, und wartete auch nicht Reinhardts Rückkehr ab. Er hatte

uns beide für den Abend zu einer Fahrt nach Venedig eingeladen. Ich pendelte mit Brief und Taschentuch tränenüberströmt zwischen *stabilimento* und meiner trüben Behausung, dann entschloß ich mich schnell für den glühenden Sand.
Plötzlich legte sich jemand neben mich. Es war Hans Brahm, der Regisseur, ein Freund – und auch ein »Fröhlicher«. Wir verbrachten den Rest des Mittags und den Nachmittag zusammen, bis es Zeit wurde mich umzuziehen. Wir trennten uns herzlich, bis zum nächsten Morgen.
Meine Roben waren nicht sehr luxuriös, ich schmückte mich so gut ich konnte, und sehr bald begann mein Fest. Ich bin imstande, es immer noch »mein Fest« zu nennen!
In der Halle des Excelsior traf ich den lieben Freund Artur Bodanzky, den langjährigen Direktor der Metropolitan Opera New York. Wir gingen zur Bar. Bald kam Reinhardt und setzte sich neben mich. Ich war wie ein Backfisch, der den Professor anschwärmt. Reinhardt machte es mir leicht, meine Hemmungen abzulegen. Nach einer Weile waren wir in einem angenehmen, völlig unverkrampften Gespräch. Ein wunderschöner Abend begann!
Wir warteten noch auf Frau Bodanzky und Lili, mit ihnen erschien Onkel Toni, der wieder einmal nach mir gesucht hatte. Er stieg selbstverständlich mit uns ins Motorboot. Mein Ärger war groß, aber er hielt nicht an, als Venedig näherrückte. Diese einmalige, vielgeliebte Stadt, die Kirche Maria della Salute, die Seufzerbrücke, man konnte sich dem

Zauber nicht entziehen. Mich brachte die Schönheit dieser Stadt immer zum Weinen.
Aber an diesem Abend war ich entschlossen nicht mehr zu weinen. Vergiß, vergiß...

Am nächsten Morgen reiste ich ab ins Salzkammergut, zur Familie, weg von der großen Welt.
Zurück in Ischl, mit Gretl, bei den Eltern, in einer von unseren vielen gemieteten Sommerwohnungen, verbrachte ich meine Nachmittage meistens auf einer Veranda, von der man auf die Straße sehen konnte.
Eines Nachmittags, das Herz blieb mir stehen, kamen Lothar und Pussy die Straße herauf. Die Begrüßung war stockend, sie kamen nicht herein, da sie eine Verabredung hatten.
»Sind Sie morgen auch hier?« fragte Lothar. »Oder kommen Sie am Vormittag auf die Esplanade?«
»Ich bin nachmittags meistens zu Hause«, antwortete ich.
Pussy drängte zum Weitergehen.
Wieso wußte er, daß ich zurück war? Wieso hatte er seinen Entschluß rückgängig gemacht? Wieso ist er die Grillgasse heraufgekommen? Die paar Tage, die ich zurück war, war ich keinen Schritt aus dem Haus gewesen, um ihn nicht zu verfehlen, falls er doch zufällig vorbeikommen sollte. »Vergiß, vergiß...« war vergessen. Jetzt mußte gehandelt werden.
Wir besprachen am nächsten Tag, eine Wohnung in Salzburg zu nehmen, mit der Ausrede, »etwas von den Festspielen sehen zu wollen«. Mein Vater, der

uns immer recht gab, hatte nichts dagegen, und die arme Mutter wurde wieder überrumpelt.

Wenn ich denke, wie selbstverständlich es heute ist, daß eine dreißigjährige Frau mit einem Mann eine Wohnung für ein paar Sommerwochen mietet, ist es einfach absurd, unter welchen Schwierigkeiten wir endlich in Morzg bei Salzburg, in einem versteckten Häuschen im Wald, Quartier fanden.

Die Kämpfe waren der Mühe wert, denn wir hatten ein paar wundervolle Wochen in Morzg, wo wir dann 1932 ein Haus kauften. Viele herrliche Abende verbrachten wir auch in Leopoldskron bei Reinhardt.

Diese Reinhardtabende: Wer einen oder mehrere mitgemacht hat, dem wird der Eindruck unvergeßlich sein. Für uns begann er damit, daß Anton Horvath, Reinhardts Chauffeur, der bis 1974 noch an der Josefstadt tätig war, uns in Morzg abholte. Die Hausleute, der Professor und Frau Thimig, empfingen die Gäste in der Halle. Nach der Begrüßungszeremonie, die ziemlich lange dauerte, wurde man in den ersten Stock geführt und gelangte in den herrlichsten Prunkraum des Schlosses. Helene, die Vertrauen zu mir gefaßt hatte und sich bei solchen Festen ganz verloren fühlte, wünschte, daß ich nun Konversation führen sollte. Ich versuchte es, es gelang, und unser Tisch war meist sehr gelöst.

Lothar saß neben Frau Beer-Hofmann, die er sehr verehrte und schätzte, und neben einer Aristokratin. Gottlob, er war geborgen. Meine Augen waren überall, und soweit war ich zufrieden. Das St. Clement-Orchester spielte, der Hausherr saß, dem Protokoll entsprechend, neben der italienischen Kronprinzessin. Der Glanz betäubte alle, und doch durchfuhr es einen: Wir sind unmittelbar neben Deutschland, Hindenburg ist alt und müde, die weißen Strümpfe mehr als verdächtig, die schwarzen Hakenkreuze immer weniger versteckt – die Plattform, auf der sich alle treffen, heißt Antisemitismus.

Trotz Lothars Angst lebten wir auch in Wien, als ob nichts um uns herum vorging. Ich erhielt von Maria Bard aus Berlin einen Scotchterrier für den bevorstehenden Einzug in die neue, eigene Wohnung. Sie ließ mir sagen, sein Name sei »Herr Generaldirektor«. Ich nannte ihn sofort Tommy, denn hätte ich in der Karolinengasse »Herr Generaldirektor« gerufen, hätte sich jeder nach mir umgedreht.

Ich greife vor: Tommy hatte ein gutes, aber kurzes Leben. Im Sommer nahm ich ihn nach Fent in Osttirol mit, das 1800 Meter hoch liegt. Als ich meine Zelte dort abbrach, ging ich mit Tommy dreieinhalb Stunden zu Fuß bis Ötz durch den roten Sand. In der Nacht wurde ihm im Hotel in Innsbruck schlecht, und es passierte ihm ein kleines Unglück. Er bat mich flehentlich um Verzeihung, ich schimpfte.

In Gastein traf ich die Eltern und ließ Tommy von meiner langjährigen Haushälterin Fini nach Wien ins Tierspital bringen. Er war nicht zu retten. Scotchs sind sehr empfindlich mit Hautkrankheiten, er war

übersät mit einem Ausschlag, und der Arzt sagte, man müsse ihn einschläfern. Wir waren alle verzweifelt. Hätte ich ihn in Innsbruck nur nicht geschimpft.
Verzeih mir, Herr Generaldirektor!

5

1929 wohnte ich noch bei den Eltern. 1930 bezog ich meine eigene kleine Wohnung.
Nur wenige Wochen zuvor hatte Papa von meinem Wohnungsplan gehört. Er stürzte ins Nebenzimmer und sagte verzweifelt zu meiner Mutter: »Die Adrienne zieht aus!«
Ja, die Adrienne zog aus, brutal wie junge Menschen eben sind.
1930 stand ein kleiner Möbelwagen vor dem Haus Kärntnerring Nr. 8 und wurde beladen mit meiner wenigen Habe, ein paar von mir gekauften Möbeln und ein paar Stücken, die ich meinen Eltern entführte.
Die Eltern und ich, wir waren den Tränen nahe, und wieder spürte ich die Angst vor dem Entwurzeltwerden.
Die Gedanken sausten durcheinander, als ich in einem Taxi, voll beladen mit Büchern, Kleidern, Bildern, dem Spediteur nachfuhr. Kärntnerring Nr. 8, das war die Welt gewesen für Vater, Mutter, Gretl und mich. Gretl war ja schon lange weg, nun blieben die Eltern allein. Die Sonntagnachmittage fielen mir ein, an denen meistens Tante Camilla und einige

Onkel väterlicherseits zu Besuch gekommen waren. Warum wir bei diesen Gelegenheiten immer weiße Schürzen tragen mußten, ist mir noch heute unklar. An die Musik dachte ich und das gemeinsame Musizieren, an Weihnachten, viele Weihnachten, die bei uns eine große Rolle spielten: Mein Vater erhielt immer Unmengen von Geschenken seiner Schülerinnen, seine liebsten waren große Eßkörbe, und meine Mutter hatte Mühe, sie bis zur Bescherung zu verstecken. Ab vier Uhr nachmittags klingelte es unaufhörlich, vieles wurde auch für Gretl und mich abgegeben. Dann wurde der Baum angezündet, und wir wurden hereingerufen. Die Erstbescherten waren Köchin und Stubenmädchen, die hochbefriedigt in die Küche zurückkehrten. Dann kamen wir dran, zuletzt Papa, für den es wenig Überraschung gab, weil er fast alles schon gesehen hatte, aber er freute sich doch herzlich, weil Weihnachten zu seinen Lieblingsfesten gehörte.
Das alles war Kärntnerring Nr. 8, den zu verlassen, trotz der unerschütterlichen Liebe zu Lothar, mir unendlichen Schmerz bereitete.
Tränenüberströmt stieg ich in der Karolinengasse aus, ein neues Leben begann.
Die Ablenkung, Tommy, das eigene Heim und Fini, die die Wohnung blitzblank hergerichtet hatte, führten mich in die Realität zurück. Die Spediteure drängten, es war bereits später Nachmittag, und so begann eine fieberhafte Arbeit, die alle traurigen Gedanken verschwinden ließ.
Lothar hatte ich gebeten erst am nächsten Tag zu

kommen, da er allen Wirrwarr und jede Unordnung verabscheute. Wir waren in einem Kaffeehaus verabredet, um uns wenigstens am Tag der Ankunft zu sehen. Todmüde, aber ungeheuer glücklich landete ich danach in der Wohnung. Ich hatte nur den einen Wunsch: schlafen. Ich war überdreht, zu viele Entschlüsse hatte ich alleine gefaßt – ich traute meinen Entschlüssen nie –, nun war es so weit, ich hatte einen Mann, an dem ich mit größter Liebe hing, war die Besitzerin einer kleinen Wohnung, hatte sogar eine Hausgehilfin und einen schwarzen Scotch. Die Eltern waren allein geblieben, das quälte mich, obwohl es ein ganz normales Schicksal ist.
Ich versuchte zu schlafen, es gelang nicht, auch war der Lärm der Straßenbahn ein unvorhergesehenes Übel. Aber doch: zum erstenmal im Leben hatte ich erreicht, was ich wollte.
Nach ein paar Tagen zog Lothar ein. Obwohl die Wohnung für uns beide zu klein war, arrangierten wir uns so gut es ging. Die Schwierigkeit war, daß Lothar wieder an einem Roman arbeitete und völlige Ruhe brauchte. So ging ich mit Tommy spazieren, besuchte die Eltern, traf mich mit Gretl, die wieder in Wien war. Letzten Endes aber war ich natürlich hauptsächlich im Theater.
Es war die Zeit, in der wir, Lili Darvas, Maria Fein, Hugo, Hermann und Hans Thimig, Ernst Deutsch, Oskar Karlweis, Hans Jaray, Attila Hörbiger, der aufgehende Stern Paula Wessely, Lotte Lang, Friedl Czepa, und immer wieder Gäste aus Berlin hauptsächlich Boulevardstücke spielten, und da die Beset-

zungen immer erstklassig waren, wurde die Josefstadt schnell zum Lieblingstheater der Wiener.
Es war auch die Zeit, in der mich eine große Freundschaft mit Franz Molnár verband. Ich spielte fast immer en suite, fuhr brav mit der Straßenbahn nach Hause, stieg aber immer erst bei der Oper aus, um Molnár noch ein Stündchen im Café Esplanade zu besuchen. Ich saß oft lange mit ihm zusammen, ohne daß wir ein Wort miteinander sprachen. Er war, wie ich schon sagte, bestimmt der originellste, persönlichste, geistreichste, diabolischste Mensch, der mir begegnet ist. Daß er sich mit mir im Kaffeehaus gemütlich fühlte, hatte ich bald heraus. Sein Witz war gefürchtet, und trotzdem wurde er auch von seinen Kollegen hochverehrt und geachtet.
Ich erinnere mich besonders an einen Abend: Er saß gutgelaunt im Kaffeehaus und schien schon alle Zeitungen in vier Sprachen gelesen zu haben. Ich ersuchte den Kellner, mir eine »Illustration« zu bringen – sie war damals eines der besten Magazine und an diesem Tag erschienen. Ich vertiefte mich in die Lektüre. Er sah mir eine Weile zu, dann bemerkte er: »Sitzt mit dem angeblich amüsantesten Mann von Europa beisammen und liest Zeitung!«

Das Leben in der Karolinengasse war schwieriger, als ich es mir vorgestellt hatte. Lothar machte sich bestimmt große Vorwürfe, der Kinder wegen. Sie kamen oft zu ihm oder er ging mit ihnen spazieren, und ich hatte Gewissensbisse. Obwohl ich weiß, daß ich diese Ehe nicht zerstört hatte – sie war es schon,

noch bevor ich in Lothars Leben trat –, hatte ich doch Angst, Angst, die mich immer verfolgte.
1932 verbrachten wir den ersten Sommer im eigenen Haus in Salzburg-Morzg, Flurweg 9.
Wir liebten dieses Haus, es war eines der Malerhäuschen. Damals standen nur diese drei Häuser auf dem Flurweg, inzwischen ist alles verbaut; mit einer Siedlung fing es an.
Mit großer Wehmut denke ich immer an dieses Haus, das viel Freude, aber auch unendliches Unglück gebracht hat.
Im Herbst begann ich mit der Einrichtung. Wir hatten von Lothars Eltern Möbel, und Josef Kranz – ein Wiener Großindustrieller, der Lothar schon als Kind kannte – schenkte uns ein paar herrliche Stücke, für die er in seinem Palais in der Liechtensteinstraße keinen Platz mehr hatte. Wir hatten einen geschickten Architekten, der wirklich aus dem Nichts etwas herausholte. Mit einem Wort, es wurde ein gemütliches Haus, das jedem gefiel. Alice Zuckmayer sagte, so oft sie kam oder wir sie trafen: »Bitte dich, verkauft's das Haus nicht.« Nach Hitler stand das Haus noch immer, wir bekamen es zurück, sehr verwüstet allerdings, und auch da sagte Lizzi immer noch: »Bitte, verkauft's das Haus nicht.« Wir haben es verkauft, und zwar zu einer Zeit, da es Lothar schon sehr schlecht ging und er um keinen Preis mehr hinwollte. Die schönen Kastanien, die er selbst gepflanzt hatte, sind weg, ein Steinbau steht dort, und wenn ich einmal vorbeikomme, um meine Nachbarn zu besuchen, schau ich weg.

Die erste Arbeit, die Lothar in unserem Haus begann, war das Regiebuch zu Grillparzers *Ein Bruderzwist in Habsburg*, den er im Oktober am Burgtheater inszenieren sollte. Da er ein großer Grillparzerverehrer war, stürzte er sich mit seiner ganzen Intensität darauf. Es wurde eine Glücksstunde in Lothars Leben, denn der Erfolg war sensationell. Auch für Raoul Aslan, der die Titelrolle spielte, war es einer seiner bedeutendsten Abende.
Am Tag nach der Premiere war in der Neuen Freien Presse ein Telegramm abgedruckt, das Burgtheaterdirektor Hermann Röbbeling geschickt hatte:

Dankschreiben des Burgtheaters an Ernst Lothar

Anläßlich der Neuinszenierung des *Bruderzwist in Habsburg* hat die Direktion an Ernst Lothar folgendes Dankschreiben geschickt:
Lassen Sie mich Ihnen noch schriftlich den Dank für Ihre wertvolle hochkünstlerische Inszenierung zum Ausdruck bringen. Der Erfolg und die einmütige Anerkennung der Presse mögen Ihnen eine Befriedigung sein für die schwierige, mühevolle Arbeit, die Sie geleistet haben. Ich bitte Sie, den Dank des Institutes und meinen persönlichen entgegennehmen zu wollen. Ihr ganz ergebener H. Röbbeling.

Eine Glückssträhne hatte begonnen, die wir zu selbstverständlich hinnahmen. Ich spielte dauernd und mit großem Erfolg in unzähligen Boulevardstücken. Lothars Roman »Die Mühle der Gerechtig-

keit« wurde ein ganz großer Erfolg, und wenn er eine freie Minute hatte, begann er sich bereits mit Grillparzers *Ottokar* zu beschäftigen, den er im nächsten Herbst, wieder am Burgtheater, inszenieren sollte.
Die Graphologin Grete Bauer hatte mir einmal über Lothars Schrift gesagt: »Dieser Mensch sollte nur mit dem Geist leben.« Wie recht sie hatte, habe ich vielleicht nicht ganz erfaßt, aber doch versuchte ich in den Jahrzehnten, die wir zusammen verbrachten, immer mit ihm Schritt zu halten, seinen Gedankengängen zu folgen. Er war ein ernster Mensch, hatte einen kindlichen Humor und konnte herzlich lachen. Er hatte wenige wirkliche Freunde, denn wenige erkannten sein wahres Wesen. Ich kannte ihn wie sonst niemand, er war ein Engel, er war die Güte selbst, und er hatte ein untrügliches Gerechtigkeitsgefühl. Je länger wir zusammenlebten, desto mehr erfaßte ich seine Einmaligkeit.
Über den Erfolg von *Bruderzwist* freute er sich unendlich. Das Burgtheater war für ihn die Krönung seines bisherigen Lebens. Wir Reinhardtschauspieler waren zwar anderer Meinung; bis auf ein paar Vorstellungen, die Burgtheaterregisseur Heine gemacht hatte, fanden wir an allem etwas auszusetzen.
Lothar dachte immer zurück an den glanzvollen Aufstieg seines um acht Jahre älteren Bruders Hans Müller, der schon mit fünfundzwanzig Jahren als Autor ins Burgtheater eingezogen war. Sein größter Erfolg war *Könige*, das Stück wurde auch in Berlin gespielt, wo Kaiser Wilhelm ihn in Audienz emp-

fing. Hans ging bald nach Hollywood und schrieb auch weniger ernste Stücke, von denen die Operette *Im weißen Rößl* 1930 ein Welterfolg wurde, zu dem sein Freund Ralph Benatzky die Musik geschrieben hatte. Beide kauften sich Häuser in der Schweiz am Thunersee. Die Erinnerung an das Haus von Hans hatte für uns später wenig Schönes. Wir verbrachten dort die ersten drei Monate unserer Emigration.
Immer wieder schieben sich Gedanken und Erinnerungen ein, die mich von der chronologischen Erzählung meines glücklichen, traurigen, eintönigen, bunten, angstvollen und doch auch wieder sorglosen Lebens abhalten.
Das Leben mit Lothar hatte tausend Facetten, ich teilte sein Glück, seine Angst, seine Liebe, seinen Ehrgeiz, seine Sorgen. Wir lebten Jahrzehnte in einer Verbundenheit, in der ich mich bemühte, die schweren Schicksalsschläge, die ihn trafen, mit ihm zu überstehen. Wir lebten wie in einem Vakuum, und Lothar hätte gerne alles so weiterlaufen lassen, seinem Lieblingsspruch »Quieta non movere« getreu; doch er hatte es satt, hatte auch Angst davor, die beiden halbwüchsigen Mädchen so wenig behütet zu wissen – denn Pussy gab ihre Bridgepartien nicht auf. Lothar stellte sie vor die Alternative, entweder ihr jetziges Leben zu ändern oder sich scheiden zu lassen.
Ich erinnere mich an einen Wohltätigkeitsball im großen Konzerthaussaal, zu dem auch Agathe gekommen war. Lothar kam auf mich zu – ich war spät, nach der Vorstellung, gekommen – und sagte

leise: »Wir heiraten.« Agathe erfuhr in diesem Moment nichts, aber ihre tieftraurigen, voraussehenden Augen ahnten alles.
Obwohl ich an Hochzeit in den letzten Jahren nie mehr gedacht hatte, war der Glücksmoment, in dem es mir Lothar sagte, ein ungeheurer. Alles versank, was bisher eine Rolle gespielt hatte, nur eines blieb: Wir heiraten.

Den Sommer 1933 verbrachten wir wieder in Morzg, wohin die Kinder später auch kommen sollten. Lothar hatte meine Eltern für ein paar Wochen eingeladen, sie wurden bei Nachbarn untergebracht.
Eines Morgens, es war der 13. August, bekam ich einen Brief in einem grauen Kuvert. Ich erkannte die Schrift nicht, spürte aber im Moment, daß er nichts Gutes bedeutete. Ich öffnete den Brief und überflog ihn in großer Hast. Er war von Lothars geschiedener Frau Pussy aus Kitzbühel, die mir mitteilte, daß Agathe schwer erkrankt sei und Lähmungserscheinungen hätte. Sie stellte mir frei, es Lothar mitzuteilen.
Ich war starr vor Entsetzen und lief zu meinen Eltern, um sie um Rat zu fragen. Sie sagten, was ich ohnehin getan hätte: »Sofort Lothar sagen.«
Ich eilte zurück und ging zu Lothar. Er rasierte sich gerade und schien fröhlich zu sein. Ich las ihm die entscheidenden Stellen des Briefes vor. Er schrie auf: »Das Kind, das Kind, das Kind!« Dabei bewegte er seinen Körper hin und her, bis ich ihn zwang sich

niederzusetzen. Ich gab ihm ein Beruhigungsmittel. Nach einiger Zeit sagte er: »Bestelle ein Taxi, wir fahren hin.«
Es kam und eine Schreckensfahrt begann. Ich dachte immer wieder: Sie ist sein Lieblingskind, der einzige Mensch, den er wirklich liebt. »Das Schlimmste für Lothar wäre, wenn Agathe etwas passiert«, hatte ich immer gesagt, und jetzt dieses entsetzliche Unglück, das wir beide vorausspürten. Dieses schöne, sanfte Geschöpf! Mit ihrem klaren Menschenverstand, mit ihrer Liebesfähigkeit und ihrer Lebensbejahung war sie Lothar so sehr ans Herz gewachsen, daß ich mir, falls die Katastrophe eintreten sollte, keinen Ausweg wußte.
»Kinderlähmung« war das Schreckgespenst für Kinder und junge Menschen, besonders wenn sie sich an einem See aufhielten. Damals waren am Schwarzsee bei Kitzbühel vier Kinder erkrankt, zwei Bauernkinder, Agathe und der Sohn von Geschäftsleuten am Hohen Markt. Agathe war eine sehr gute Schwimmerin, und natürlich kraulte sie mit dem Mund unter Wasser, dies die Erklärung für die Ansteckung.
Nach fünf Stunden qualvoller Fahrt kamen wir in Kitzbühel an. Hansi kam uns entgegen und rief aufgeregt: »Es ist ja schon viel besser, sie kann den Arm bewegen.« Gleichzeitig fuhr ein Rettungsauto vor, das auf Anraten des Landarztes Agathe sofort nach Innsbruck in die Universitätsklinik bringen sollte. Ich rief Professor Herschmann in St. Gilgen an – er war ein hervorragender Psychiater und Neu-

rologe, ein Jugendfreund Lothars – und bat ihn flehentlich, sofort nach Innsbruck zu kommen.
Nun begann unsere zweite schauerliche Fahrt. Lothar hatte Agathe gesehen, sie hatte ihn sehr beruhigt; ich wagte mich nicht in ihre Nähe. Ich weiß nicht mehr, wie lange die Fahrt mit Hansi zur Klinik war. Pussy saß bei Agathe im Rettungsauto, und etwa um fünf Uhr nachmittags kamen wir dort an.
Sehr bald erschien Professor Herschmann, ging sofort zu Agathe, kam mit entsetztem Gesicht zurück und sagte leise zu mir: »Das Kind hat ja eine Zwerchfellähmung.« So klar war ich noch, um zu verstehen, daß es das Todesurteil war.
Wir standen in der Einfahrt und warteten. Plötzlich kam Lothar die Treppe herunter und sagte merkwürdig kühl und abwesend: »Die Agathe ist tot.«
Ich rannte die Stiege hinauf und ging in das Zimmer, in dem Agathe soeben gestorben war. Sie lag friedlich, wie man sich Engelsgeschöpfe vorstellt. Sie hatte wirklich ein kleines Lächeln, oder bildeten wir uns das nur ein? Ich glaube, ihr Abschied war leicht! Ich brach in Tränen aus, man mußte mich aus dem Zimmer führen.
Lothar dachte schnell, er faßte den Entschluß, sofort nach Morzg zurückzufahren und Agathe in Morzg zu begraben.
Alles was jetzt kam war wie in Trance. Ich erinnere mich, daß wir auf die Post gingen, daß ich den Meinen telegraphierte.
Wir wollten in der Nacht zurückfahren, doch wegen Hansis Schock und Übermüdung beschlossen wir in

Innsbruck zu übernachten. Ich sträubte mich gegen das Schicksal, was hatten wir denn Böses getan, daß der Himmel uns so strafte?
Ich kniete an Hansis Bett, unsere Tränen flossen ineinander. Statt des Himmels voller Geigen war die Katastrophe über uns hereingebrochen. Lothar, der immer alles verstand und gerecht war, sah, daß er jetzt helfen mußte. Hansi fragte immer wieder: »Werde ich sie nie mehr sehen, wo ist sie jetzt?«
Ich wußte keine Antwort, sagte banale Sätze wie: »Man muß viel Geduld haben, die Zeit heilt die Wunden, und viel später beginnt man zu vergessen.«
Unter Tränen sagte sie: »Das darf man doch nicht, das will ich nicht, ich werde sie nie vergessen.«
Ich drückte ihr die Hand, versprach ihr fest, daß sie immer mit mir rechnen könnte und daß ich immer für sie da sein würde.
Sie schien etwas beruhigt und schlief in ihrem wilden Unglück plötzlich ein. Der Schock und die Erschöpfung waren zuviel.
Am nächsten Morgen fuhren wir vier nach Morzg. Überflüssig zu sagen, daß Lothar immer stärker zu Bewußtsein kam, was geschehen war. Als wir in Morzg ankamen, standen die Eltern wartend vor dem Haus. Meine Fini trug ein schwarzes Kleid. Lothar ging direkt in sein Atelier, um endlich allein zu sein.
Der Wagen mit Agathes Leiche war bereits angekommen. Fini hatte mir gesagt, daß einer von uns sofort auf den Friedhof kommen möge.
Um es Pussy und Lothar zu ersparen, ging ich in

glühender Hitze, es war ein strahlender Augusttag, zur kleinen Leichenhalle des Morzger Friedhofes. Ich mußte durch eine kleine Öffnung, die sich in Kopfhöhe des Sarges befand, hineinschauen, um zu bestätigen, daß es wirklich Agathe sei. Sie war unverändert schön, nur die Augen mit den ungewöhnlich langen Wimpern waren geschlossen.
Der Schmerz, die Erschütterung, das schwere Unglück, alles tobte in mir. Es konnte nur ein Traum sein, aus dem ich plötzlich erwachen würde. Ich ging in die kleine Kirche, versuchte zu beten, ich sagte mir, du mußt es hinnehmen, es ist Schicksal und unabänderlich.
Die Tage, die folgten, waren kaum zu ertragen. Lothar beschäftigte sich nur mit den Vorarbeiten für das Begräbnis. Es sollte so schön wie möglich werden, nur wollte er keine Menschen dabei haben.
Auch dieser Tag brach an und ging zu Ende. Es war eine kleine Gemeinde, Nachbarn, Geschäftsleute, bei denen wir Kunden waren, der Dorfschuster mit seiner Familie, die Blumenhändler, ein paar Postbeamte, das ganze Dorf war auf den Beinen. Die Orgel spielte, der Pfarrer sprach, es war wie bei jedem Begräbnis, und doch ganz anders. Ich habe es nie vergessen!
Mein Schmerz galt Lothar. Nur ich wußte, fühlte und verstand, daß ein Teil seines Lebens zerbrochen war.
Die Tage vergingen. Die Zeit der Rückreise nach Wien stand kurz bevor. Ich wurde von Otto Ludwig Preminger angerufen, der mich im Auftrag Rein-

hardts fragte, ob ich die Marthe Schwerdtlein spielen wollte. Reinhardt plante, den Salzburger *Faust* an die Josefstadt zu übernehmen, vor allem um Paula Wesselys geniales Gretchen den Wienern zu zeigen. Ich erbat mir Bedenkzeit, um so mehr, als ich wußte, daß Reinhardt und auch Preminger mir in meiner verzweifelten Lage helfen wollten.

Die Idee, die Marthe Schwerdtlein einmal jung zu besetzen, stammte von Felix Salten. Lothar redete mir zu, und so begann ich noch in Morzg, im Zimmer der Kinder, mit dem Blick auf die Kirche und den Untersberg, die Marthe Schwerdtlein zu lernen.

Ein neues Leben ohne Agathe begann. Ich wußte nicht, wie ich die Kraft aufbringen sollte, Lothar zu helfen. Ich wußte, ganz verwinden würde er es nie, die Frage war nur, wie weiterleben? Lindern und helfen konnten nur Hansi und ich.

Lothar war erst zweiundvierzig Jahre alt, das Leben war ihm noch etwas schuldig.

6

Unsere neue Wiener Wohnung am Beethovenplatz war noch nicht fertig, so zogen wir für ein paar Tage ins Hotel Imperial. Ich mußte zu den *Faust*-Proben, und Lothar begann sofort zu arbeiten.
Hansi verbrachte die erste Zeit bei uns im Hotel, da ergab sich eine große, unerwartete Schwierigkeit. Seit dem Begräbnis sprach Lothar fast nie von Agathe, wohingegen Hansi sich mit nichts anderem beschäftigen konnte. Sie glaubte, sie mit ihrer Liebe und ihren Gedanken zurückholen zu können. Manchmal kam sie aus Lothars Zimmer, das er selten verließ, verstört heraus, und wenn ich sie fragte, was denn wieder so schwer sei, antwortete sie nur: »Ach, der Vati.«
Hätte ich damals erkannt, wie labil das Kind war, ich hätte darauf bestehen müssen, es bei seiner gesunden, lebensbejahenden Mutter zu lassen. Pussy aber kam, kurz nachdem wir in die neue Wohnung gezogen waren, zu uns und sagte zu Lothar: »Ich gebe die Hansi zu euch, ich werde mit ihr nicht fertig.«
Lothar ging sofort darauf ein, obwohl er Angst vor der Verantwortung hatte, auch wußte er, daß es für

mich schwierig sein würde. Hansi hing sehr an ihrer Mutter, und sicher wollte sie sie täglich sehen.
Eine Situation, die schwer zu meistern war. So sehr Pussy auch an den Kindern gehangen hatte – sie war eine gute Mutter –, war sie doch eine Spielernatur.
Bei den Proben zu *Faust* gab es zwei Höhepunkte. Den positiven habe ich schon beschrieben. Es war Reinhardts Ausruf: »Jetzt ist die Marthe Schwerdtlein geboren!«
Der andere, negative, lag unmittelbar davor. Eines Abends kam ich wieder einmal gegen elf Uhr dran. Die erste Szene ging gut vorbei, und da es schon so spät war, dachte ich, daß die zweite Szene nicht mehr geprobt würde. Der Inspizient schickte mich nach Hause. Todmüde kam ich ins Hotel und legte mich nieder. Um halb drei Uhr früh läutete das Telephon, ich erkannte die Stimme von Frau Hitzenhammer, meiner Garderobiere, sie schrie: »Gnä' Frau, Sie kommen gleich dran!«
Ich zog mich in rasender Eile an, zehn Minuten später war ich im Kostüm auf der Bühne. Alle standen herum und warteten. Reinhardt sah mich mit vernichtendem Blick an und sagte: »Also weiter.«
Faust-Premiere in der Josefstadt war am 4. September 1933. Die Marthe Schwerdtlein verlief gut, trotz zerrissenem Herzen und trotz des quälenden Wissens um Lothars Unglück. Seit Agathes Tod trug Lothar nur noch schwarze Krawatten, sein äußeres Zeichen der Trauer. Auch das konnte wahrscheinlich nur ich verstehen.
Als wir unsere Wohnung bezogen hatten, übersie-

delte Hansi nach ein paar Tagen zu uns. Ich sagte nichts, aber es war für mich ein Schock. Sie bezog das kleinere Zimmer, das zwischen unseren beiden Schlafzimmern lag. Die Aussicht ging auf den Beethovenplatz und den Eislaufverein.
Unsere gemeinsamen Mahlzeiten waren das Schlimmste. Hansi versuchte immer wieder von Agathe zu sprechen, meistens verstummte sie, wenn sie sah, daß Lothars Augen zu schwimmen begannen. Dann schwiegen wir alle drei.
Lothars Premiere von *König Ottokars Glück und Ende* war am 31. Oktober. Sie wurde wieder ein außerordentlicher Erfolg. Das Publikum applaudierte stürmisch, und die Presse war einstimmig gut. Felix Salten schrieb:

Ernst Lothar, der mit starkem Enthusiasmus und äußerster Sorgfalt und vielem Verstehen dramaturgische Arbeit leistete und als Regisseur eine glänzende Aufführung zustande bringt, der man Dank wissen muß ... Die Sache Österreichs vertritt Otto Treßler, der den Dichter Ottokar von Horneck spricht. An der Stelle: »Da tritt der Österreicher hin vor jeden, denkt sich sein Teil und läßt die andern reden« unterbrach ihn tosender Beifallssturm. Man ließ ihn lange nicht mehr reden. Erregt kam er zum Schluß: »Und mache gut, was andere verdarben.« Noch einmal braust der Beifall durch das Haus. Gutmachen, was ander verdarben – oh, Grillparzer! – auf dem Theater ist das schon gelungen, ist besonders mit der glänzenden Vorstellung des *Ottokar* geglückt. Will's Gott, glückt es bald auch in der Wirklichkeit.

Nicht, daß es die Trauer um Agathe gemildert hätte, und doch freute Lothar der Erfolg, vor allem, daß er seinem geliebten Grillparzer nun das zweite Mal zu Ehren verholfen hatte.
Wir in der Josefstadt spielten weiter unsere erfolgreichen Boulevardstücke. Hans Jarays *Ist Geraldine ein Engel?* war immer noch unser bestes Zugstück. Deshalb veranstaltete die Direktion ein Gastspiel in der Tschechoslowakei: Brünn, Prag, Olmütz, Troppau, Czernowitz. Wir fuhren mit dem Autobus, und ich bestand darauf Lothar mitzunehmen, um ihn aus seiner Monotonie zu reißen. Wir waren ein gutes Team, Paula Wessely, Hans Jaray, Oskar Karlweis und ich. Diese Tage waren die schönsten der letzten Jahre. Nicht einmal Lothar konnte sich der Fröhlichkeit von Jaray und Karlweis entziehen. Sie haben damit viel für ihn getan.
Ich glaube, den größten Erfolg hatten wir in Brünn, wo ich durch meine früheren Beziehungen noch viele Freunde hatte. Da war vor allem Gretl Rohrer, die mit ihrem Mann Fritz im Schreibwald ein herrliches Haus führte. Sie luden Lothar und mich ein, in der Woche, die wir in der Tschechoslowakei spielten, bei ihnen zu wohnen. Ich weiß, daß dieser kurze Aufenthalt Lothar in seiner seelischen Bedrängnis unendlich geholfen hat. In die verschiedenen kleinen Städte fuhr Lothar nicht mit, sondern blieb in dem

ungewöhnlich gemütlichen Haus. Rohrers hatten natürlich seine Wiener Grillparzervorstellungen gesehen und bewunderten ihn sehr. Gretl Rohrer, die ihn von nun an nur »den Meister« nannte, liebte seine Bücher – sie hatte fast alle gelesen. Lothar bekam ein Arbeitszimmer. Auf seine Arbeit wurde Rücksicht genommen, dafür sorgte auch der Kammerdiener, der ihn betreute. Diesen Luxus genoß er sehr.

Wir, die Reisetruppe, hatten es lustig. Überall gab es Festessen nach den Vorstellungen. Die Stadtväter feierten uns sehr. Ich erinnere mich an einen Abend in Olmütz. Meine Rolle war nach dem ersten Akt zu Ende, und ich wurde in das Restaurant geführt, wo nachher wieder ein großes Essen stattfand. Einer der Stadtväter leistete mir Gesellschaft. Ich lobte das Verständnis des Publikums. »Ja«, antwortete er, »spielt sich hibsch bei uns.«

Da wir meistens erst mittags in die naheliegenden Städtchen fuhren, konnte ich die Vormittage mit Lothar verbringen. Immer wieder führte er mich zu dem Haus seiner Eltern, in dem er bis zu seinem achten Jahr gelebt hatte.

Er hatte eine harte Kindheit, er war der jüngste der drei Brüder, Robert dreizehn und Hans acht Jahre älter und außerordentliche Schüler, dasselbe wurde von dem etwas kränklichen, sensiblen Knaben erwartet. Er war ein einsames Kind, vor seinen Lehrern hatte er Angst, und zu Hause, die Brüder waren bereits in Wien, hatte er keine Ansprache.

Und jetzt, nach vielen Jahren, derselbe Schreibwald und diese fröhliche Atmosphäre, die Leichtigkeit, von der er sich so gerne mitreißen ließ.
Und wieder möchte ich ein kleines Monument setzen für Margarete Rohrer, geb. Stögersteiner. Sie war, was die Amerikaner »a real person« nennen: blitzgescheit, eine blendende Gattin und Mutter, aber doch vor allem Gattin. Sie hatte eine kleine Schwäche für Aristokraten, zu denen sie ja selber zählte. Jeder fühlte sich wohl bei ihr, dazu verhalf ihr das angeborene Talent zur Freundschaft. Ihr Humor und ihre Bonmots waren unschlagbar. Sie war eine ausgezeichnete Reiterin und die allererste Tennisspielerin, wohl weil ihr Vater, da er nur eine Tochter hatte, sie sehr sportlich, ja fast militärisch erzogen hatte.
Wir haben uns später wiedergesehen, sie kam, nach Hitler, in unsere Wohnung am Kärntnerring. Noch immer sagte sie zu Lothar »Meister«, noch immer war ihre Redeweise – es war eine Art Literatursprache – dieselbe geblieben, obwohl auch sie vieles hatte ertragen müssen. Das Haus im Schreibwald war ihnen weggenommen worden, und sie setzten sich, wie so viele, nach Kitzbühel ab. Ihr Mann starb bald darauf, er war lange Jahre magenkrank gewesen. Ich bewunderte ihre Haltung, sie belästigte niemanden mit ihren Sorgen, mit ihren Leiden – sie war schwer zuckerkrank.
Die letzten Jahre lebte sie in Baden bei Wien, weil der Verlag Rohrer dorthin verlegt worden war. Gelegentlich sah ich sie noch bei unserem gemeinsamen

Friseur Krené. Sie zeigte sich, wie immer, fröhlich, obwohl ihre Augen zum erstenmal einen traurigen Blick hatten. Sie verabschiedete sich als die große Dame, die sie war, und machte mit Krené noch einen neuen Termin aus. Ich traf sie nicht mehr. Etwas später bekam ich ihre Todesanzeige.
Bei Lothar änderte sich nicht viel, auch nicht nach dem Abstecher in die Tschechoslowakei. Wenn seine Tage ganz schwarz wurden, schickte ich ihn zu Rohrers nach Brünn, und fast immer kam er etwas erleichtert zurück. Daß das Haus Rohrer in nicht allzuferner Zeit, das heißt zu Beginn meines zweiten Lebens, noch einmal eine große Rolle für mich spielen würde, konnte ich damals nicht ahnen.

Enrico Caruso sah mich 1913 so (links), ein Münchner Freund skizzierte mich während meines Engagements an den Kammerspielen 1917/18 (oben), und Lisl Weil zeichnete mich 1933 als Marthe Schwerdtlein und Max Pallenberg als Mephisto.

7

Wir begannen ein bißchen »Haus zu führen«. Durch Lothars neue Stellung als Direktor der Josefstadt standen uns alle Türen offen. Nicht nur das »geistige Wien«, das leider nicht so groß war, sondern auch Aristokraten und Industrielle verkehrten bei uns, darüber hinaus selbstverständlich von Theater und Oper alles, was Rang und Namen hatte. Für mich waren diese frühen dreißiger Jahre mit die erfolgreichsten, nicht nur künstlerisch, sondern auch privat.
Bis im Februar 1934 der politische Donnerschlag kam. Niemand, der damals in Wien war, wird das Blutbad vergessen. Tage des Schreckens, die kein Ende nahmen.
In Linz hatten die Schutzbündler aus Angst vor dem Austrofaschismus, der Arbeitslosigkeit und dem Pakt mit Mussolini den Kampf begonnen. Was weiter geschah, weiß die Geschichte: Dollfuß hob die Verfassung auf und gründete, gegen den Widerstand der Sozialdemokraten, einen Ständestaat. Man hörte tagelang das Schießen in den Gemeindebauten – Heiligenstadt, Simmering, Rennweg, Floridshof, von der Ostbahn, der Franz-Josefs-Bahn bis in den

Ersten Bezirk. Von Panik erfüllt wünschte man nur eines: Schluß mit den Schießereien und dem entsetzlichen Morden.

Dann war es so weit, der Arbeiteraufstand wurde abrupt beendet. Tote in allen Lagern, Tränen und Hoffnungslosigkeit blieben zurück. Der Nationalsozialismus, der anfing Deutschland zu beherrschen, schlich sich langsam in Österreich ein.

Im Theater spürte man noch nichts, und wir waren in jeder Beziehung ungestört. Anfang Juli fuhren wir nach Morzg. Hansi verbrachte die Ferien mit ihrer Mutter in Bad Ischl, das war für mich, trotz aller Sympathie für sie, doch eine ungeheure Erleichterung. Lothar war nun einmal so: Was immer geschah, weiß Gott, er hat es nie böse gemeint, ich war verantwortlich.

Einmal fuhren wir nach Ischl und holten Hansi für zwei Tage nach Salzburg. Mit uns war Professor Herschmann, den Hansi, seit er bei Agathes Tod in Innsbruck dabei war, vergötterte. Sie legte während der Fahrt ihre Hand auf sein Knie, sie suchte Hilfe bei ihm, es war erschütternd. Herschmann nahm ihre Hand sehr behutsam und drückte sie, er versuchte mit all seiner Kraft ihr zu helfen und ihren Schmerz zu lindern.

Die Rückfahrt war unglaublich schön, vor uns die untergehende Sonne, rechts der Wolfgangsee, Strobl, St. Gilgen, wie oft waren wir hier gewesen und wie glücklich!

Wir setzten Herschmann in St. Gilgen ab. Hansi flehte ihn an, mit nach Salzburg zu kommen.

Die zweite Hälfte der Fahrt waren wir drei wieder allein. Die Sonne wurde immer röter und röter. In Venedig hatte man gesagt, jetzt fällt die Sonne ins Meer. Für uns drei war sie im Moment nicht existent, das heißt, wir nahmen sie nicht wahr, sahen nichts als einen trüben grauen Schleier vor uns.

Als Lothar die Direktion der Josefstadt zu Beginn der Spielzeit 1935/36 als Nachfolger Premingers übernommen hatte, hieß das Eröffnungsstück *Hoffnung*. Sein Autor war Henry Bernstein, und es veranlaßte einen Kritiker zu schreiben: »Die Ära Ernst Lothar hebt verheißungsvoll an, die *Hoffnung*, die man auf ihn gesetzt, wird nicht trügen. In der Tat gibt die neue Direktion dem Theater, den letzten Jahren gegenüber, einen unverkennbaren Aufschwung.«

Noch einmal kam Max Reinhardt 1937 aus Amerika herüber, um in der Josefstadt bei Franz Werfels neuem Drama *In einer Nacht*, gemeint ist die Nacht zwischen Allerheiligen und Allerseelen, Regie zu führen. »Mit dieser Inszenierung«, schrieb Piero Rismondo, »tritt Reinhardt einer vielfach verbreiteten Auffassung, er sei ein Veranstalter zwar großartiger, aber doch nur äußerlicher Bühneneffekte, durch die entschiedene Tat entgegen. In diesem Werk, sparsam an äußerlichen Situationen, gilt es ja, die inneren Spannungen herauszuschälen. Reinhardt inszeniert förmlich jedes Wort und jede Wortpause, jede Geste und jede Miene. Konzessionslos gegen das Publikum, nur dem Werk getreu, läßt er es bis in die letzten, leisesten Schwingungen Gestalt werden.«

Die Uraufführung am 5. Oktober 1937 gestaltete sich zu einem glanzvollen künstlerischen Ereignis. Anschließend daran veranstalteten Direktor Ernst Lothar und seine Gattin Adrienne Gessner einen Empfang in den Sträußelsälen. Und als fühlte er die Bedeutung dieses Tages, hielt Ernst Lothar eine großangelegte Rede, in der er sagte:

> Wenn dieses neue Werk Bühnengestalt gewonnen, so hat ihr diese ein einziger verleihen können, Max Reinhardt. Ihm ist es zu danken, daß der sogenannte klassische Stil zu einem lebendigen Stil geworden ist und daß der ewige Gehalt in ein Zeitgefäß geschüttet wurde, ohne dabei an Lauterkeit und Süße zu verlieren. Dies ist, dies bleibt Reinhardts historisches Verdienst. So wurde und bleibe sein Theater das, was es zu sein hat: Illusionstheater... Lassen Sie mich ein Wort des Werkes variieren, das Sie heute inszeniert haben: Der Ozean zwischen uns bringt uns einander nur näher. Nichts kann uns trennen.

Das war der letzte Reinhardt-Abend in der Josefstadt.

Obwohl ich mit Strindbergs Fräulein Julie begonnen hatte, war ich eine *comédienne*. Ich konnte das Publikum zum Lachen und zum Weinen bringen. Erhard Buschbeck, die jahrzehntelange Graue Eminenz des Burgtheaters – er war Mitdirektor, Drama-

turg, und bei so und so vielen Direktionen schob er den Karren ganz allein –, sagte einmal zu mir: »Entweder ein Schauspieler macht was mit dem Publikum oder er macht nichts mit dem Publikum, Sie verstehn?« Ich verstand.
Es gab Stücke, die gar nicht so gut waren und denen wir Josefstädter zu großem Erfolg verhalfen. Einmal hatte ich in einem Stück, in dem ich eine Kokotte spielte, zu sagen: »Anständige Frauen bekommen Maiglöckchen und Kuglerbonbons.« Wie viele Frauen bekamen wohl in den nächsten Wochen und Monaten, solange das Stück lief, Maiglöckchen und Kuglerbonbons?
Unter Lothars Direktion war einer unserer größten Erfolge *Women* von Claire Boothe. Lothar nannte es für Wien *Frauen in New York*. Paul Kalbeck inszenierte, und es wurde im Oktober 1937 ein Triumph. Es spielten Maria Fein, Jane Tilden, Lotte Lang, ich und viele andere. Die Vorstellung war so gefragt, daß wir damit in das größere Raimundtheater übersiedelten.
Ein außerordentlicher Erfolg dieser Jahre wurde Lothars *Nathan*-Inszenierung mit Albert Bassermann in der Titelrolle, Ludwig Stössel, Erik Frey und Bassermanns Frau Else, ich spielte die Sittah. Bassermann trat in keinem Stück auf, in dem nicht auch seine Frau mitwirken konnte. Ich erinnere mich, das Lothar einmal während einer Probe zu *Nathan* Bassermann eine Rolle in einem Stück von Bernstein vorschlug. Als Bassermann erfuhr, daß es darin keine Rolle für seine Frau gab, nahmen beide

ihre Hüte und Mäntel, liefen aus dem Theater, die Josefstädterstraße hinunter auf die 2er Linie zu, Lothar und ich ihnen nach. Ich weiß nicht mehr, ob wir sie einholten, das Stück wurde jedenfalls nicht gespielt.

Bassermanns erste große Rolle während Lothars Direktion war der Pater Duquesne in *Die erste Legion* von Emmet Lavery, später trat er u. a. auch in Lothars Dramatisierung von Schnitzlers *Fräulein Else* auf.

Das Theater mußte immer wieder, wie früher bei Jarno und wie auch heute, Unterhaltungsstücke spielen, wenn es sich erhalten wollte. Auf Reinhardt mußte man, obwohl immer wieder Pläne mit ihm bestanden, bedauerlicherweise verzichten. Er war damals viel auf Gastspielreisen und mehrmals für längere Zeit in Amerika.

Wieder schob sich eine Wolke über uns zusammen. Hansi bekam Blinddarmentzündung und mußte operiert werden.

Die Operation verlief gut, sie stand nach einigen Tagen auf, durfte Besuch empfangen, und alles schien eitel Wonne. Erst später erfuhr ich, daß ihr, aus Gründen besonderer Schonung, schon im Zimmer eine Spritze gegeben wurde. Man wollte ihr die Schrecken der Vorbereitung und des Operationssaales ersparen. Dort geschah etwas, was zuerst ganz harmlos aussah. Sie erwachte eine Blitzsekunde und sah entsetzt um sich. Sofort schlief sie wieder ein und Professor Kaspar begann zu operieren. Wieder

12 Mein Mann Ernst Lothar

14 Nächste Seite oben: Mit Mady Christians am Broadway in John van Drutens Komödie »I remember Mama«, New York, 18. Oktober 1944. Die Tante Trina war eine herrliche Rolle mit einer großen Pointe. ▷▷

13 Unser Haus in Morzg bei Salzburg

15 Unten: Meine erste Nachkriegsrolle an der Josefstadt war die Mrs. Antrobus in der deutschsprachigen Erstaufführung von Thornton Wilders »Wir sind noch einmal davongekommen«, 17. März 1947. Meine Partner: Aglaja Schmid, Attila Hörbiger, Hortense Raky

16 Im »Tod des Handlungsreisenden« von Arthur Miller vergoß ich am Grab von Willy Loman, den mein Schwager Anton Edthofer verkörperte, echte Tränen. Kurt Heintel und Hans Holt spielten die Söhne in der Aufführung des Theaters in der Josefstadt, 1. März 1950.

17 Mit Hans Jaray in »Kinder und Narren« von Jacques Deval, Kammerspiele, Oktober 1951

18 Die Frau Professor Clothilde Wimmer in Ladislaus Fodors »Matura« hatte ich schon 1936 an der Josefstadt gespielt. Bei der Premiere der Neuinszenierung am 2. Dezember 1950 in den Kammerspielen spürte ich besonders deutlich, wie das Publikum mitging. Szene mit Gustav Waldau, Eva Kerbler und Wolfgang Hebenstreit

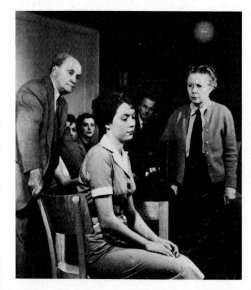

19 Als Miss Queenie Holroyd in John van Drutens »Geliebte Hexe«, Kammerspiele, September 1952

in ihrem Zimmer, atmete sie erleichtert auf und fiel sofort in die Narkosedämmerung zurück. Dies erzählte mir eine Schwester, die sie die ganze Zeit betreute.

»Hoffentlich wird sie sich nicht daran erinnern, sie hat einen Horror vor Krankheiten, Spitälern und allem, was dazu gehört«, sagte ich.

Nach einer Woche kam Hansi nach Hause, wurde sehr verwöhnt, hatte immer Freunde um sich, was sicher nicht zur Verarbeitung eines kleinen Narkoseschocks beitrug.

Eines Abends kamen wir nach Hause. Hansi eilte uns entgegen und sagte: »Er war bei mir, über eine Stunde, wollte euch sprechen!«

Eigentlich hatten wir Professor Kaspar gebeten, Hansi nur zu besuchen, wenn einer von uns zu Hause war, denn Hansi hatte sich über den Tod von Professor Herschmann, den sie sehr verehrte, fürchterlich aufgeregt. Er war bald nach Agathe an Angina pectoris gestorben. Ich bin heute noch überzeugt, daß die Aufregungen damals in Innsbruck sein frühes Ende beschleunigt haben.

Aber Gott sei Dank, es war nicht mehr so wie im Jahr 33. Hansi hatte inzwischen doch einige Freunde und Freundinnen gefunden, mit denen sie viel zusammenkam.

In dieser Zeit geschah etwas, was mich sehr erschreckte.

Seit der Operation schlief Hansi nachmittags. Einmal ging ich, da es mir spät erschien, in ihr Zimmer und blieb betroffen stehen. Sie lag kerzengerade auf

ihrer Couch, nur der Kopf hing fast auf dem Boden. Sie sprach ganz leise, es war mehr ein Zischen, verstehen konnte ich kein Wort. Sie erwachte erst, als ich ihren Kopf auf das Kissen legte und laut ihren Namen rief.
Einige Zeit später wurde sie plötzlich ohnmächtig. Die Ohnmacht dauerte ganz kurz, und sie hatte keinerlei Beschwerden. Sofort wurde unser Arzt gerufen, der nach gründlicher Untersuchung meinte, es sei nichts von Bedeutung. Leider wiederholten sich die Ohnmachten, und Lothar und ich wurden sehr ängstlich. Der Hausarzt riet, mehr zu unserer Beruhigung, sie von einem Psychiater untersuchen zu lassen. Ich ging mit ihr zu dem zwar noch sehr jungen, aber bekannten Dozenten Hoff. Er sprach eine halbe Stunde mit ihr.
Hansi kam böse und verschlossen aus seinem Zimmer und lief gleich weiter ins Vorzimmer. Ich fragte Hoff in aller Eile, und er bat mich, ihn am nächsten Tag anzurufen, jedenfalls sei kein Grund zur Besorgnis. Trotzdem hatte ich Angst vor diesem Telephonat.
Dozent Hoff sagte wörtlich: »Ja, ich habe nicht viel gefunden, sie spricht nicht, es ist wahrscheinlich Hysterie und hängt sicher mit dem Tod ihrer Schwester zusammen. Außerdem ist sie in einem schwierigen Alter. Sie ist eine stille Hysterikerin, ich kann mit ihr nichts anfangen. Ich würde mir an Ihrer Stelle keine Sorgen machen.« Durch dieses Gespräch war ich sehr beruhigt.
Viel später erwies sich, daß seine Diagnose doch

nicht ganz gestimmt hatte. Hansi ist die leichten Absencen eigentlich nie losgeworden. Alle Ärzte, denen wir später davon erzählten oder die Hansi aufsuchte, sagten immer: »Kein Grund zur Besorgnis.«

Die politischen Ereignisse wurden immer bedrohlicher, man konnte den Kopf nicht mehr in den Sand stecken; daher versuchte man sich zu betäuben, hauptsächlich mit Arbeit. Längst waren aus Berlin die Freunde Ernst Deutsch und Rosa Valetti gekommen. Juden konnten ihren Beruf nicht mehr ausüben.
Ich war im März 1938 auf einer kleinen Tournee und traf, von Zagreb kommend, wo wir mit Paul Géraldys *Hochzeitstage* gastierten, in Linz Lothar, der unserem Gastspielensemble entgegengereist war. Immer wieder hörten wir, daß Hitler im Anmarsch wäre. Wir wollten die Vorstellung absagen, aber Lothar entschied zu spielen, ließ sich aber überreden, mit dem Chauffeur noch am Nachmittag Linz zu verlassen.
Nach der Vorstellung fuhren wir gleich zum Bahnhof. Ein Mann kam auf Hans Thimig zu und sagte: »Ja, Hans Thimig, wo ist denn dein Hakenkreuz, hast es nicht angesteckt?«
Die Fahrt nach Wien dauerte die ganze Nacht, überall hielt der Zug. Jedes Bauernhaus, an dem wir vorbeifuhren, war mit Hakenkreuzen geschmückt. Gleich nach meiner Ankunft in Wien fuhr ich in Lothars Büro. Wortlos fielen wir uns in die Arme. Am nächsten Morgen sollte das Gastspiel weiter

nach Prag. Ich wollte die Tournee abbrechen, aber die Mehrheit des Ensembles war dagegen.
Abends rief Ernst Deutsch bei uns an: »Wollen Sie nicht wegfahren, jetzt, wo so schöner Schnee überall liegt?« Danach kam ein Gespräch von Lothars Sekretärin, Frau Hollmann: »Die Eltern von Preminger sind weggefahren, ich wollte es Ihnen nur mitteilen!«
Um halb zehn Uhr abends erschienen zwei Männer, die sich als Kriminalbeamte auswiesen. Sie beruhigten mich und meinten: »Nicht aufregen, alles Routine.« Aber sie verlangten Lothars Paß, in zwei Tagen hätte er ihn wieder zurück.
Später rief noch Gräfin Vera Cernin an und bat mich, ihre Mutter in Prag zu verständigen, daß sie in Österreich bei Schuschnigg bleibe. Meine Schwester war nicht in Wien, meinen Vater konnte ich kaum sprechen, ich sagte nichts von einer eventuellen Abreise.
Wir schliefen nicht. Ich überlegte mit Lothar, was ich wagen konnte mitzunehmen, entschloß mich aber alles dazulassen, da Lothar ohne Paß ohnehin nicht reisen konnte und die Tournee in einigen Tagen zu Ende war.
Diese Nacht bleibt mir unvergeßlich. Ich erinnere mich, daß wir vollkommen verstört sinnlose Dinge taten, zum Beispiel Geldscheine in einen Fauteuil einnähen. Es war klar, daß wir weg mußten, so wie die Berliner im Jahr 33.
Für die paar Tourneetage hatte ich, wegen der Leibesvisitationen, nur wenig Geld mitgenommen. Der

Zug war gesteckt voll, wir saßen zu acht im Abteil.
Plötzlich Geschrei, ein Mann wurde herausgeholt,
ein Schaffner kontrollierte die Pässe. Ich glaubte jeden Moment verhaftet zu werden.
Als wir in Prag ankamen, waren ein paar hilfreiche
Menschen da, um mich zu empfangen. Die erste, die
mir Geld anbot und sofort helfen wollte, war Antoinette Fürstenberg, Prinzessin Schwarzenberg. Ich
dachte, daß sich die Situation in einigen Tagen ändern würde und nahm nichts an.
Egon Hilbert, der Rührige, hatte das Gastspiel
durchgesetzt. Er erwartete sich eine Sensation davon.
Für mich war der Tag in Prag eine Hölle. Ich war
froh, als die Vorstellung vorüber war.
Am nächsten Morgen fuhren wir weiter nach Reichenberg, wo ein alter Freund, Zeisel, den ich aus
Brünn kannte, Direktor des Theaters war. Wir waren alle im selben Hotel untergebracht und aßen gemeinsam zu Mittag.
Da wurde Hans Thimig ans Telephon gerufen. Er
kam ziemlich bleich zurück und sagte: »So schwer es
mir fällt, besonders wegen Adrienne, ich habe den
Auftrag euch mitzuteilen, daß Lothar seines Postens
als Direktor der Josefstadt enthoben wurde und Valberg bis auf weiteres die Leitung übernimmt.«
Niemand sprach ein Wort. Nach einigen Minuten
hatte ich mich so weit gefaßt, daß ich mich entschuldigte und auf mein Zimmer ging.
Jetzt verstand ich, was mit uns geschehen war. Unsere Existenzen sollten endgültig ausgelöscht wer-

den. Jetzt waren meine Kräfte am Ende. Ich weinte und konnte nicht mehr aufhören.

Hans Thimig besuchte mich, auch einige andere Kollegen. Direktor Zeisel, dem dasselbe Schicksal wie Lothar bevorstand, versuchte mich zu trösten. Eine Kollegin, die an den Ereignissen seit Mittag nicht teilgenommen hatte, da sie bei Freunden eingeladen war, sagte augenzwinkernd zu mir: »Du hast einen schweren Tag gehabt.«

Tags darauf fuhren wir nach Brünn, der letzten Station der Tournee, wo wir zwei Tage blieben. Ich wohnte bei Rohrers, die Hausfrau war leider in Wien.

Nachmittags rief ich Lothar in Wien an. Er sagte mir, daß er im Begriff sei abzureisen. Ich fragte leichtsinnig: »Wohin?« und: »Fährt Hansi mit?«

Er antwortete: »Zu Hans, Hansi fährt natürlich mit.«

Nach der letzten Vorstellung waren wir alle bei Rohrers eingeladen. Es gab, wie immer, herrliches Essen und gute Weine. Die Stimmung war sehr angeregt und heiter. Den meisten schwellte es die Brust, daß sie dem Arierparagraphen entsprachen.

Da wir alle, einschließlich mein lieber Kollege und langjähriger Freund Fritz Delius, Nachtzüge nehmen mußten, fuhren wir unter großem Hallo – das von mir nicht geteilt wurde – im Auto an die Bahn. Der Wagen war so voll, daß Hans Thimig nur noch unterhalb der Heckscheibe bei den Mänteln Platz fand. Neuerliche Lachsalve.

Meine Irrfahrt zu Lothar in die Schweiz über Un-

garn und Italien begann. Am Bahnhof trennte ich mich schnell von meinen Kollegen, da der Zug nach Wien früher fuhr. Delius wartete mit mir, er sollte in Budapest einen Freund treffen. Dauernd liefen ihm die Tränen über die Wangen. Als der Zug der Wiener abgefahren war, schluchzte er laut auf.
Das war das Ende meines ersten Lebens.

Aus einem Brief von Alma Mahler-Werfel an Lothar nach dem Tod von Franz Werfel:
[...] Deine Abschiedsworte von unserem Franzerl sind das Schönste, herzwarmste – was ich kenne! Er hätte eine solche Freude daran. [...]
Meine große innere Freude ist die Freundschaft mit Thornton Wilder!
Wie hätte Franzerl diesen Menschen geliebt!
Ich umarme Euch Beide in immerwährender Treue! [...]
Eure Alma

8

Auf der Fahrt von Brünn starrte ich vor mich hin, sprach mit niemandem. Ich durchlief in Gedanken die letzten grauenhaften Stunden: Lothar mit Hansi allein in Wien, ohne Paß, ich den Tschechen ausgeliefert. Mein Paß mit den Visen nach Ungarn, Italien und der Schweiz sollte mir während der Fahrt durch einen Boten Graf Coudenhove-Kalergis – der Bruder Dicki Coudenhoves war damals unser Botschafter in Prag – übergeben werden.
Alles klappte. Es war Lothar und einer seiner Freundinnen gelungen, mich aus Deutschland und Österreich hinauszuschleusen.
Auf welcher Station es geschah, weiß ich nicht mehr, ich weiß nur, daß ich zu reden begann. Ich mußte aufpassen, nichts Gefährliches zu sagen. Ich wußte von meinem Schwager, daß Leute, die Schlaftabletten genommen hatten, bald darauf verwirrt zu reden begannen. Mir war es in München bei Absinth so gegangen.
Der Herr in meinem Abteil erwies sich als Gentleman, er gab mir viel eiskaltes Wasser aus dem Speisewagen zu trinken, und langsam drängten sich meine

Sinne in ihre normale Bahn. Nie würde ich dieses Erlebnis vergessen können.

In Triest hatten wir einen längeren Aufenthalt, ich blieb auf meinem Platz, der fremde Herr mit mir. Er versuchte mir die Lage klarzumachen, aber ich wollte die Zeit zurückschrauben. Er sagte: »Nichts kommt wieder wie es war, versuchen Sie sich abzufinden, seien Sie froh, daß Ihnen die Flucht gelungen ist. Von jetzt an sind Sie ein freier Mensch.«

Diese Worte trafen mich wie ein Schlag. Bisher hatte ich nicht realisiert, daß ich auf der Flucht war, für jetzt und für die Zukunft.

Wir fuhren in die Nacht, sie umschlang auch mich für etliche Stunden. Ich schlief nicht, immer wieder drängten sich Vergangenheit und Zukunft ineinander.

Wann war das Fest bei Onkel Toni in seiner reizenden Garçonniere gewesen? Ein, zwei, drei Wochen konnte es her sein, keine Ahnung. Es war ein vergnügter Abend. Wir hörten einfach nicht auf zu lachen. Lili Darvas-Molnár war die einzige, die ihre Angst nicht verbergen konnte. Ein Redakteur des Corriere della Sera sagte: »Nist aufregen, söne Frau. Mussolini wird alles in kürzester Zeit in Ordnung bringen, nist aufregen!«

Ministerialrat Visoko vom Unterrichtsministerium, der mehr als die anderen wußte, sagte plötzlich: »Ich muß nach Hause, vielleicht ist mein Kabinett schon umgebildet!«

Warum dachte ich jetzt an dieses Fest? Es war weiß Gott nicht der Augenblick dazu.

Das Gartenfest bei Werfels in ihrem Haus auf der Hohenwarte fiel mir ein, seither waren viele Monate vergangen. Auch damals war ein herrlicher Frühlingstag. Lothar war schon da, ich kam später, weil ich, wie fast immer, Vorstellung hatte. Schon beim Eintreten sah und hörte man, daß das Fest auf seinem Höhepunkt war. Leise spielte, irgendwo versteckt, Heurigenmusik, die Getränke, es waren hauptsächlich Champagner und Bowle, konnten nicht schnell genug herumgereicht werden. Man sah schöne, elegante Frauen, von denen ich viele kannte. Die Hausfrau, Alma Mahler-Werfel, die ein ungeheures Talent hatte, Leute zusammenzubringen, meistens bedeutende Leute, und die blitzschnell die notwendigen Kontakte herstellte, hatte wieder einmal gezaubert. Der Duft des Gartens hob ihre eigene Laune, sie schien zufrieden und erfüllte wohlgelaunt ihre Pflichten. Alle Minister und die gesamte Regierung waren erschienen.

Das Fest muß sehr lange gedauert haben. Wir verschwanden nicht allzu spät, was niemand bemerkte. Es bemerkte aber auch niemand, daß zum Beispiel Clarissa Rothschild und der Theologe Professor Hollensteiner Hand in Hand mit ihrem Auto nach Hause fuhren, daß Fritzi Hohenlohe, der so bald im Krieg fallen sollte, in Höchststimmung war und den Abend im Rothschildgarten in der Theresianumgasse mit einer mehr als zweifelhaften Dame beendete. Viele Dinge dieser Art ergab dieser wahrscheinlich letzte große Gesellschaftsabend. Wir dachten alle nicht an Gefahr, an Krieg, an Hitler. Später, wenn

wir von diesem Abend sprachen, schien es uns wie Sodom und Gomorrha.
Plötzlich kam ein grelles Erwachen. Ein Schaffner rief: »Domodossola, alles aussteigen.«
Ich war allein im Abteil, auch mein schicksalsträchtiger Reisebegleiter saß nicht mehr auf seinem Platz. Ich packte meine kleine Habe zusammen, die ja nur für eine kurze Tourneewoche gedacht war, und trug sie auf den Perron. Der Himmel war strahlend blau, kein Märztag, ein herrlicher Vorfrühlingstag.
Ich orientierte mich. Diesmal mußte ich von der entgegengesetzten Seite zu meinem Schwager nach Einigen am Thunersee fahren, sonst kam man von Bern. Der Zug nach Einigen ging erst in einer Stunde, ich entschloß mich bei Hans anzurufen, um Lothar zu sprechen.
Die Verbindung klappte sofort, ich war glücklich seine Stimme zu hören. Lothar sagte zu Hans: »Sie lacht.« Ich lachte vor Glück, daß wir wieder zusammen waren und daß ich ihn in kürzester Zeit sehen würde.
Ich traf pünktlich in Einigen ein, Lothar, Hans und Hansi erwarteten mich.
Als mich Lothar umarmte, begann er zu schluchzen: »Du weißt ja noch nicht, was alles geschehen ist. Hans hat die Überweisung unseres Geldes aus Angst nicht angenommen, den Wagen haben sie uns in Feldkirch weggenommen, Hansi leibesvisitiert, was wieder ein Schock für sie war. Sei nicht böse, daß ich dich mit allem überfalle, aber ich kann doch nur mit dir darüber sprechen.«

Ich verstand nur so viel, daß hier geholfen werden mußte.
Nach ein paar Schritten war man angelangt. Es war schön wie immer. Wir gingen zuerst auf das Dach der Bootshütte, von der man die schönste Aussicht hatte. Der herrliche See, links das Städtchen Thun, rechts Wasser und weit weg der Montblanc.
Drei von uns betrachteten diese unsagbare Schönheit mit zerrissenen Herzen. Die Stimmung schleppte. Hans als Ältester empfand es bestimmt als Zumutung, gleich eine ganz Familie aufnehmen zu müssen. Sein langjähriger Freund Mik hatte sich noch nicht blicken lassen, was kein gutes Zeichen war. Mik war gewohnt, alle Befehle von Hans zu erfüllen.
Während wir langsam ins Haus gingen, erschien Mik endlich, um uns tränenüberströmt zu begrüßen. Ich hatte ihm unrecht getan, er war nur voller Angst für Hans, für uns und für sich selbst. Er war ein ungeheuer sentimentaler Mensch und von Hans vollkommen abhängig...

*

Lothar hätte sich gefreut! Heute schreiben wir den 16. September 1980. Eben kam ein Bote aus dem Burgtheater und überbrachte mir einen herrlichen Blumenstrauß mit einem sehr lieben Brief von Direktor Achim Benning. Er begrüßt mich als Doyenne des Burgtheater-Ensembles.
Ich bin also die Nachfolgerin der von uns allen so

sehr geliebten Rosa Albach-Retty, die vor kurzem im 106. Lebensjahr im Hilde-Wagener-Heim in Baden bei Wien starb.
Jetzt bin ich Kammerschauspielerin, Ehrenmitglied, besitze die Kainz-Medaille, den Goldenen Rathausmann und bin die Doyenne des Burgtheaters. Man muß sehr dankbar sein. Und doch ist es traurig.

*

Wir traten ins Haus und gingen in unsere Zimmer im zweiten Stock. Seit Hans den Besitz hatte, verbrachten wir jeden Sommer ein paar Wochen bei ihm.
Nur vor zwei Jahren hatte ich den Aufenthalt unterbrechen müssen, da meine Mutter im Sterben lag. Ich fuhr alleine mit unserem Wagen und dem Fahrer Vljeck in rasendem Tempo nach Wien. Die Mutter lag in der Poliklinik. Sie war schon acht Monate krank. Professor Schönbauer hatte sie operiert. Er hatte ihr auf dem Weg in den Operationssaal im Lift mitgeteilt, daß er ihr eine Brust abnehmen müsse. Sie verbrachte noch ein paar erträgliche Monate. Ab Jänner begannen furchtbare Schmerzen. Wir hielten sie, mit Einverständnis des Arztes, so lange wie möglich in der Wohnung, und ich glaube bis heute, daß sie nichts von ihrer tückischen Krankheit gewußt hat. Im Frühjahr ging sie noch einmal in die Josefstadt. Sie trug ein neues Kleid, das Gretl und ich ihr geschenkt hatten. Sie unterhielt sich herrlich und war ganz entzückt von der jungen Wessely. Das war ihr letzter guter Abend. Kurz darauf mußte sie

wieder in die Klinik, und von da an war es ein Martyrium. Schönbauer hatte gesagt, er verspreche sich von der Operation zwei gesunde Jahre. Seine Diagnose war falsch. Bald nach der Operation traten Schwindel und starke Kopfschmerzen auf. Unser Hausarzt diagnostizierte Gehirnmetastasen. Als wir sie an einem Sonntag besuchten, waren wir voll Hoffnung. Sie lächelte und schien zufrieden. Von der Schwester erfuhren wir, daß sie gebeichtet und kommuniziert hatte. Lange dauerte dieser Zustand nicht, sie verfiel langsam in ihren Todeskampf, der nicht leicht war. Gretl und ich saßen bei ihr. Den Vater hatten wir aus dem Zimmer geschickt. Ich hielt ihre Hand. Sie schien nur noch den Kampf zu spüren. Wir blieben bei ihr solange es dauerte, und plötzlich war der Kampf zu Ende...

Jetzt begann ich auszupacken, auch alles, was Lothar mitgebracht hatte, um zu sehen, wie es mit unserer Garderobe aussah. Ich war vollkommen durcheinander und konnte nicht klar denken. Ich bat Lothar, mich ein bißchen alleine spazierengehen zu lassen.

Ich ging Richtung Thun und traf auf dem Weg Betty Bohnstetten, sie kam mir entgegen. Ihr Kommen war Absicht gewesen. Sie steckte mir einen Geldschein in die Hand – es waren 1000 Schweizer Franken – und sagte: »Un petit cadeau.« Sofort nach Ende des Krieges schrieb sie mir nach New York, ich solle ihrer Schwester das Geld nach Rom überweisen. Was ich tat.

Die kurze Zeit in Einigen verlief leider Gottes nicht

sehr harmonisch. Kein Wunder, die Nerven aller Beteiligten waren bis zum Äußersten angespannt. Lothar und ich führten viele Gespräche. Wie und wo sollten wir unsere Zukunft gestalten?
Hans sagte nicht: »Bleibt hier.« Er hatte seinen Sprachraum verloren. Für wen sollte er noch schreiben? Zürich und Basel allein würden nicht genügen. Sollte er nach Hollywood zurück, wo er in den zwanziger Jahren mit Jannings so großen Erfolg hatte? Auch er war voller Sorgen, denn natürlich belastete ihn unser Schicksal sehr.
Hans verbot mir, mich am Zürcher Schauspielhaus anzubieten, wie es viele Wiener Kollegen, zum Beispiel Karl Paryla und Maria Fein, bereits getan hatten. So wurde die Schweiz für uns unmöglich.
Eines Tages war ich zu Besuch in Zürich, und auch das war wieder Schicksal. Ich traf den Regisseur Walter Firner, einen großen Bewunderer Lothars, und seine Frau. Sie rieten mir mit größter Eindringlichkeit, uns sofort um Auswanderungspapiere nach Amerika zu bemühen.
Der Gedanke Amerika war für mich immer so ziemlich das Ärgste gewesen. Lothar, der die hoffnungslose Situation in Einigen sah, begann sofort zu handeln. Auswanderungspapiere hatte ich aus Zürich bereits mitgebracht, nun hieß es sie ausfüllen, und das allein war ein Lebenswerk. Für Hansi war es leichter, da sie mütterlicherseits eine amerikanische Großmutter hatte, die ihr sofort ein Affidavit geschickt hatte. Sie hatte sie auch bei Hans angerufen und nach New York eingeladen.

Wir hofften die Affidavits so schnell als nur möglich zu bekommen, aber der Andrang war enorm groß. Hans verfügte, daß wir drei Monate in der Schweiz bleiben und dann die Papiere in Paris erwarten sollten.
Ein merkwürdiger Zwiespalt: Paris, der Traum jedes Schauspielers und überhaupt der meisten Menschen, barg nun keine Vorfreude in sich, sondern Angst.
Hans begleitete uns mit seinem Wagen nach Basel, von wo wir die Reise in die Ungewißheit antraten.

Theaterzettel der ersten Premiere der Direktion Ernst Lothar am Theater in der Josefstadt.

Dienstag den 17. September 1935
Im Premieren-Abonnement
Deutsche Uraufführung

HOFFNUNG

(Espoir)

Schauspiel in fünf Akten von **Henry Bernstein**
Deutsche Bühnenbearbeitung von Robert Blum

Emile Goinart	Anton Edthofer
Thiéry Keller	Attila Hörbiger
Antoine Flaméry	Erik Frey
Cathérine Meyran	Helene Thimig-Reinhardt
Thérèse Goinart	Johanna Terwin-Moissi
Solange Goinart	Frauke Lauterbach
Gustave	Max Brebeck

Regie: **Paul Kalbeck**
Bühnenbild nach dem Original der Pariser Uraufführung
Technische Einrichtung: Karl Dworsky

9

Ich erinnere mich mit Herzklopfen an die endlos lange Einfahrt in die Riesenstadt, häßlich und voll von Lichtreklamen. Wir fuhren in die »Ville de lumière« ein.
Arme Schlucker waren wir, niemand holte uns ab. Nach langem Suchen und Rufen fanden wir endlich einen Träger, der unser Gepäck zu einem Taxi brachte.
Das »Colisée«, ein sehr kleines Hotel, war uns von Hans empfohlen worden. Wir hatten ein Zimmer, in dem, wie überall in den drittklassigen Pariser Hotels, ein Bidet in der Mitte dominierte – zwei Betten, ein Schrank, ein kleiner Waschtisch und die Aussicht auf eine schmale finstere Gasse. Hansi hatte glücklicherweise ein winziges Zimmer neben uns bekommen. Ein Bett, ein Waschtisch, ein Bidet.
Daß wir hier nicht bleiben würden, war klar. Zum Glück trafen wir Freunde, die uns sagten, wie man zu einer bescheidenen, aber reinlichen Wohnung kommen konnte. Es gelang schneller, als wir dachten. Wir übersiedelten bald in die Rue de Brousse, unmittelbar neben dem Place d'Alma.

Mit Wohnungen hatten wir in Paris Glück. Nach ein paar Wochen erfuhren wir durch ein Vermittlungsbüro, daß eine Belgierin ihre Pariser Wohnung nur für einige Monate im Jahr benötigte und die übrige Zeit sehr preiswert vermietete. Sie besichtigte uns und schien Vertrauen zu haben, schon zwei Tage später übersiedelten wir an das »Rive Gauche«, Rue Sully Prudhomme.
Lothar verließ die Wohnung nie. Hansi besuchte die Sorbonne, es ging ihr gesundheitlich nicht sehr gut, das heißt, ihre sogenannten Absencen wiederholten sich immer wieder, was sowohl sie, aber noch mehr uns ängstigte. Zum Glück mochte sie die Wohnung, ging gerne zu den Vorlesungen und hatte ein paar Wiener Freunde.
Ich war von einem unfaßbaren Optimismus befallen. War es die Stadt? Waren es die Freunde von Raoul Aslan, die ich hier traf? Sein Lebensgefährte Zeljko, ein Freund von Dicki Schwarz, der sehr beliebte Dengler? Wir hatten regelmäßige Zusammenkünfte in der herrlichen Konditorei Rumpelmayer.
Thea Paul-Schiff war auch in unserem Kreis, sie war und ist ein Prachtmensch. Damals war sie die einzige, die Lothar manchmal aus seiner wilden Verzweiflung herausreißen konnte. Vor einiger Zeit habe ich mit ihr telephoniert. Sie hatte damals in Paris Leopold Dreyfus geheiratet, der inzwischen gestorben ist. Heute lebt sie in Zürich und ist eine stadtbekannte Graphologin.
Öfters kam auch Clarissa Rothschild zu Lothar, die

knapp vorher ihren Sohn verloren hatte. Sie saß stundenlang bei ihm und redete kein Wort.
Meine größte Sorge war immer wieder Lothar, der sich nicht abfinden konnte. Ich weiß, daß er gerne in der Schweiz geblieben wäre. Einmal hatte er gesagt, er könnte von einer Makrone leben – aber auf ein Frühstück hätte er jetzt nicht verzichten können. In seinem Kopf und Herzen müssen nur Angst, Unglück und Trübheit gewesen sein.
Einmal riefen mein Vater und Onkel Toni aus Wien an, die Verbindung war sehr gut, man konnte jedes Wort verstehen. Sie hatten gehört, daß wir bald nach Amerika auswandern würden und waren völlig verzweifelt darüber. Ich wußte, daß ich sie nie mehr sehen würde. Das Ende des Gesprächs, wo jeder dem anderen den Hörer aus der Hand zu nehmen versuchte, war erschütternd, dabei hätten beide Affidavits bekommen können, aber sie wollten Österreich nicht verlassen. Wenn ich an dieses Gespräch denke, kommen mir heute noch die Tränen.
Die Zeit in Paris war ausgefüllt mit Wegen zum amerikanischen Konsulat. Immer wieder mußte man zur Ambassade Americaine gehen, um zu fragen, wie weit es mit unseren Auswanderungspapieren stand. Man wartete in einem dichtgefüllten Raum. Meistens war ich alleine, um Lothar diese ewigen Aufregungen zu ersparen, denn man ging ja immer wieder mit einem »Nein« weg. Trotzdem erinnere ich mich einer heiteren Geschichte, die mir dort passierte. Einmal verneigte sich ein Herr tief vor mir, ich konnte mich seiner nicht erinnern und sagte: »Bitte

helfen Sie mir, ich erkenne Sie im Moment nicht!«
Worauf er antwortete: »Ein Bewunderer aus der Menge.«
Unmittelbar darauf grüßte mich wieder ein Herr sehr ehrfurchtsvoll, ich sagte mein Sprüchlein: »Verzeihen Sie, ich erkenne Sie nicht.«
Worauf er ganz fröhlich antwortete: »Frau Rosenblatt, nicht wahr?«
Soviel Humor war mir noch geblieben, daß ich mich schnell umdrehte, um nicht laut zu lachen.
Durch irgendeine Protektion gelang es uns, zum Konsul vorzudringen, von da an wurde alles leichter. Er verhalf uns zur Carte d'identité, was einen Emigranten in einen höheren Stand versetzte.
Gretl kam uns besuchen, knapp vor Weihnachten.
Wir sahen die berühmte Yvette Guilbert!
Inzwischen war ich Stammgast in einem Reisebüro geworden, um Karten auf einem guten, aber nicht zu luxuriösen Schiff zu bekommen. Es wurde die »Isle de France«. Ich bekam eines Tages drei Tickets ausgefolgt, darauf stand: 9. April 1939 Le Havre–New York, Tourist Class.
Ich bezahlte und ging zuerst noch einen Augenblick in meine Lieblingskirche, die Madeleine, und dann in unsere entzückende Wohnung. Nun, da es endgültig war, ergriff mich eine wilde Verzweiflung. Jetzt liebte ich die »Ville de lumière«. Nur hierbleiben, lieber Heiliger Antonius, laß etwas geschehen, das unsere Amerikareise verhindert.
Nichts geschah. Am Samstag, neun Uhr früh, hatten wir auf dem Schiff zu sein.

Wir fuhren mit unserer kleine Habe, die Lothar und Hansi aus Wien mitgenommen hatten, es waren eigentlich nur Kleidungsstücke, mit einem Taxi zur Bahn und mit der Bahn nach Le Havre, dort direkt zum Hafen.

Der schlimmste Moment war der Übergang vom Pier über die kleine schwankende Brücke, die direkt auf das Schiff führte. Aber von nun an hatten alle Gefühle zu schweigen, zu sehr beschäftigte uns die Realität.

Es herrschte starkes Gedränge, und man hatte Mühe, sich nicht aus den Augen zu verlieren. Wir folgten den Menschen, die von nun an sieben Tage unsere Reisegefährten sein würden. Endlich halt, wir waren beim Schalter des Zahlmeisters angelangt, dort erfuhren wir den Weg zu unseren Kajüten. Man wurde instruiert, nicht in den Kajüten auf das Gepäck zu warten, sondern gleich in den Speisesaal zu gehen.

Inzwischen war es zwei Uhr geworden. Den Weg zum Speisesaal fanden wir wieder dadurch, daß wir etlichen Passagieren nachgingen, die den gleichen Anweisungen folgten wie wir. Wir bekamen einen Tisch für drei. Mir war bereits ungeheuer schlecht: Ein Schiff sehen und seekrank sein, war bei mir immer die Regel. Aber ich wußte, daß gar nichts essen meinen Zustand verschlimmern würde, und so würgte ich etwas von dem sehr guten Mahl herunter. Wir waren alle drei zum erstenmal auf einem so großen Schiff. Lothar und Hansi gefiel es ganz gut. Die Wellen schlugen, obwohl wir noch im

Hafen festlagen, für mein Gefühl schon sehr hoch.
Nach dem Essen warf ich noch einen Blick auf Le Havre und wankte in unsere Kabine. Lothar und Hansi waren Gott sei Dank während der ganzen Fahrt nie seekrank. Ich legte mich aufs Bett und kam die ganzen sechs Tage kaum aus der Horizontalen heraus.
Das Gepäck bekamen wir am späten Nachmittag. Die »Isle de France« legte ab. Was ich am meisten gefürchtet und gehaßt hatte, begann: die Amerikareise.
Das Schiff war wohl deshalb so überfüllt, weil nicht nur Emigranten an Bord waren, sondern ein großer Teil der Passagiere zur Weltausstellung reiste, die zu dieser Zeit in New York stattfand.
Wir hatten die ganzen Tage ziemlich stürmische See, weshalb ich mich fast nicht aus der Kajüte heraus rührte. Lothar und Hansi mußten die Wege zum Zahlmeister, der immer irgendeinen Befehl für einen hatte, allein erledigen.
Dann war es soweit. Wir sahen die Freiheitsstatue und gleich darauf New York. Die alte »Isle de France« brauchte lange zum Anlegen.
Ich wurde meiner Seekrankheit wegen zum Aussteigen vorausgeschickt. Wir hatten die Anweisung bekommen, uns dort zu versammeln, wo der Anfang unseres Namens, also L, angebracht war. Die Buchstaben waren groß an der Reeling markiert. Ich setzte mich auf einen der vielen Koffer, die dort standen, und atmete nach einer langen Woche auf. Da ge-

schah etwas Unglaubliches: Mein Blick war auf das Schiff gerichtet, und ich bemerkte, daß nun auch die Reeling mit mir schwankte.
Seekrankheit ist etwas Schauerliches, aber sie war vorbei, sobald ich das Festland betrat.
Zwei gute Freunde, der ehemalige Reinhardt-Dramaturg Dr. Franz Horch und der Feuilletonist und Schriftsteller Dr. Raoul Auernheimer, dem die Flucht aus dem KZ Dachau gelungen war, waren gekommen, um uns zu begrüßen. Sie hatten sechs Stunden auf das Schiff gewartet.
Horch brachte uns zu unserer ersten Unterkunft. Er schämte sich fast, uns die Behausung zu zeigen. Aber er konnte nichts anderes bekommen, da New York wegen der Weltausstellung überfüllt war. Die Unterkunft war auf der West Side, nahe beim Negerviertel Harlem gelegen. Ich dachte immer, alles wäre schlecht in Amerika, nur die Badezimmer herrlich. Aber in diesem Haus waren die sanitären Anlagen eher kümmerlich.
Wir schliefen trotzdem, obwohl wir alle drei wirklich verzweifelt waren.
Am nächsten Morgen kam ein neuer Schock, ich mußte mein elendes Englisch probieren. Ich ging hinunter, weil ich für das Frühstück einkaufen wollte, fand aber keinen Bäcker. Ich sprach eine Frau an und fragte sie, wo der nächste Bäcker sei.
Sie antwortete: »Two blocks up – zwei Gassen weiter.«
Unser Frühstück war gerettet.
Zu Mittag kam wieder Franzl Horch und führte

Lothar und mich in eine der größten Cafeterias von New York. Diese Lokale waren Tag und Nacht geöffnet: für die Newcomer war es ein Alptraum, für die Hiesigen war es nicht nur bequem, sondern selbstverständlich. Lothar mußte ich förmlich in ein solches Selbstbedienungslokal schleppen, so gräßlich waren ihm das Scheppern des Geschirrs und die Unruhe.
Franzl ergatterte einen Tisch, wir legten unsere Mäntel hin und begannen zu arbeiten: erst das Tablett, dann irgendein Sandwich und meistens *applepie*, der zu unserer Überraschung mit einem Stück Käse verziert war. Franzl hatte zu unserem Erstaunen gleich seinen Kaffee mitgebracht. Als er es uns erklären wollte, rief ein Herr am Nebentisch zum Manager: »I want my coffee with my meal.« Jetzt hatten wir die Erklärung – alles fremd, alles fremd!
Franzl Horch hatte sich relativ früh eingewöhnt, er war immer ein Demütiger gewesen, aber mit viel Humor. Uns kam der Kaffee mit »meal« doch sehr komisch vor, und ich glaube, es war das erste Mal in New York, daß wir gelacht haben. Franzl, der »Stockamerikaner«, ermahnte uns, über nichts erstaunt zu sein und wenn möglich die Bräuche des Landes zu akzeptieren und vor allem anzunehmen.
Hansi hatten wir gleich bei ihrer Großmutter im Hotel Gladstone auf der East Side, zwischen Park- und Lexington Avenue abgesetzt, in einer sehr noblen Gegend, obwohl die Lexington Avenue schon keine feine Adresse mehr war.

Lothar besuchte Hansi am Nachmittag. Er kam beruhigt wieder, denn er hatte sich überzeugt, daß sie inzwischen bei ihrer Großmutter gut aufgehoben war, und das war ein großes Glück.
Ich selbst war leider vollkommen außer mir. Alles war so fremd, nie würde man sich eingewöhnen können!
Ich war erschöpft von der Reise, der Seekrankheit, von der totalen Veränderung, die mit uns geschehen war und die uns weitertrieb in immer größere Veränderungen. Statt dankbar zu sein, war ich in einem Grad verzweifelt, der mich vollkommen lähmte. Ich hatte Angst, Angst und wieder Angst: Ich werde nicht bestehen, ich werde Lothar keine Hilfe sein können, ich werde zugrunde gehen.
Lothar und ich saßen nebeneinander und starrten ins Leere, wie sollte es mit uns beiden weitergehen, ohne Geld, ohne Sprachkenntnisse, mit einem Willen, der schon auf sehr wankenden Beinen stand. Eines war uns klar: Aus dieser Bruchbude mußten wir so bald als möglich heraus.
Die nächsten Tage waren schauerlich, nur eines blieb: keine Angst mehr vor Hitler. Das mußte man sich immer wieder vorsagen, sonst hätte man keine Kraft gehabt und wäre auf der Strecke geblieben.
Raoul Auernheimer zeigte uns die große Public Library. Dort verlangte er Lothars Buch »Die Mühle der Gerechtigkeit«. Wir bekamen eine Nummer und wurden aufgefordert Platz zu nehmen und zu warten, bis wir aufgerufen werden. Nach kurzer Zeit hatten wir ein Exemplar des Buches in der Hand.

Wir waren zu Tränen gerührt, auch Lothar war sprachlos. Es machte ihm Freude, sein Buch unter den Großen der Großen gefunden zu haben.
Nach der Library gingen wir mit Raoul in den Central Park, der vom Central Park Circle bis nach Harlem reicht. Am Beginn des Parkes kam man an dem beliebten Teich der Seelöwen vorbei. Dieses Schauspiel anzusehen war immer wieder eine Attraktion. Man konnte lebende Fische kaufen und sie einem lauernden Seelöwen in den Rachen werfen. Die Tiere waren gut dressiert, und ihre Geschicklichkeit und Fröhlichkeit lockte von früh bis abends Besucher an. Wir hielten uns eine Weile dort auf, spendierten jeder einen Fisch und gingen weiter.
Es war ein besonders heißer Tag, und Raoul, wie Franzl Horch schon ein echter Amerikaner, legte sich, da es sehr wenig Bänke gab, mit Lothar auf den Rasen. Dem armen Lothar behagte es sicher nicht auf dem Rasen des weltberühmten Central Park. Es schien mir so ungeheuer und ungewohnt, daß ich streikte und endlich ein kleines Plätzchen auf einer Bank fand.
Die Hitze war unerträglich, der ganze Park war kahl, der Rasen bestand aus nackten, buckligen, ausgetrockneten Flächen, gelegentlich gab es etwas Grün. Doch plötzlich, etwas weiter entfernt, entdeckte ich auf einer Anhöhe einen kleinen blühenden Baum, wie es ihn bei uns überall gibt.
Der Anblick dieses Bäumchens erschütterte mich so, daß meine Gedanken wie ein Sekundenflug in die Heimat zurückkehrten. Wie selten war ich in den

letzten Jahren im Tiergarten gewesen, wie selten im Stadtpark, die Natur hatte ich vernachlässigt. Ich war einer Oberflächlichkeit nahe gewesen, vielleicht wurde ich mit Recht bestraft.
Das Bäumchen leuchtete in der untergehenden Sonne.

Ein Besetzungszettel unseres deutschsprachigen New Yorker Emigrantentheaters

---

THE EDUCATIONAL DEPARTMENT OF THE Y.M.H.A.

PRESENTS

THE AUSTRIAN THEATRE
Österreichische Bühne
Direction: Dr. Ernst Lothar

Sunday Evening, April 27th, 1941, at 8:30

IN THE
THERESA L. KAUFMANN AUDITORIUM
1395 Lexington Avenue (At 92nd St.)

FESTVORSTELLUNG
Einleitende Ansprache

GUIDO ZERNATTO
Minister a.D.

DAS ÄLTERE FACH
(The Older Part)

Lustspiel in einem Akt von **Raoul Auernheimer**

Mady Rohn, eine berühmte Schauspielerin in gewissen Jahren	Adrienne Gessner
Graf Güns	Arnold Korff
Graf Leopold, sein Neffe	Oskar Karlweis
Der Theaterdirektor	Fred Essler
Fräulein Josefine	Paula Janower
Elise	Ely Ventura

LIEBELEI
(Playing With Love)

Schauspiel in drei Akten von **Arthur Schnitzler**

Hans Weiring, Violinspieler am Josefstädter Theater	Arnold Korff
Christine, seine Tochter	Katherine Mattern
Mizi Schlager, Modistin	Vilma Kurer
Katharina Binder, Frau eines Strumpfwirkers	Adrienne Gessner
Lina, ihre Tochter	Ely Ventura
Fritz Lobheimer	Herbert Berghof
Theodor Kaiser	Oskar Karlweis
Ein Herr	Ernst Deutsch

Regie: Ernst Lothar
Bühnenbild: H. A. Condell

Pause nach dem ersten Akt von "Liebelei"

YOUNG MEN'S HEBREW ASSOCIATION
FREDERICK M. WARBURG, President
92nd STREET & LEXINGTON AVENUE
NEW YORK CITY
ATwater 9-2400

10

Viele unserer Freunde waren schon in New York, es gab ein Austrian Centre, wo man ihre Adressen erfahren konnte und wo den »Gestrandeten« erste Hilfe geboten wurde. Lisl Polgar, die Frau von Alfred, kannte eine Dame, die eine Dame kannte, die wieder eine andere Dame...
Kurz, nach einigen Tagen bezogen wir ein großes Zimmer im sechzehnten Stockwerk eines ziemlich neuen Hauses: 88th Street, zwischen Fifth und Madison Avenue.
Gerade in diesem schönen Raum, den wir sehr bald verlassen mußten, da Eigenbedarf geltend gemacht wurde, erlebten wir unsere traurigste Zeit. Obwohl das Zimmer in den Hof schaute, störte uns das nicht, im Gegenteil: Wenn wir es wirklich nicht mehr aushalten konnten, dann, dann...
Wir dachten viel an Selbstmord in diesen ersten Tagen, sicher waren wir nicht die einzigen. Vielleicht band uns das so eng an unsere Freunde, vor allem an Molnár und Lili Darvas, Auernheimers, Dr. Fritsch, der auch unser Arzt wurde, an Hans Jaray, Bruno Walter und seine Familie, Oskar Karlweis – der da-

mals mit Marietta befreundet war, später heiratete sie Friedrich Torberg, der auch ein besonders guter Freund war – und Zuckmayers, solange sie in New York waren. Dorothy Thompson hatte ihnen ihre Wohnung zur Verfügung gestellt, bevor sie nach Vermont übersiedelten. Dazu kamen Kortners, Grete Mosheim, die damals schon mit dem millionenschweren Mister Gould verheiratet war und als einzige von uns keine Existenzsorgen hatte, sowie Heinrich und Lilly Schnitzler, beide todunglücklich, aber auch sehr, sehr wohlhabend.
Das erste Gebot war, die Sprache zu erlernen. Man riet uns, eine bestimmte Telephonnummer anzurufen, bei der man erfragen konnte, wo in unserer Nähe eine Englischschule sei. Das war und ist eine fabelhafte Einrichtung in den USA, daß sich jeder in so eine Schule kostenlos einschreiben lassen kann.
Schon am nächsten Tag gingen wir mit Bleistift und Heften bewaffnet um neun Uhr früh in die Schule. Die Lehrerin war besonders nett, und sie war sehr gut.
Lothar besuchte mit ein paar Freunden eine eher literarische Schule *down town*. Wie immer in seinem Leben machte er sich auch das schwer. Er mußte eine ziemlich lange Strecke mit der *Subway* fahren, während ich zu meiner gemütlichen Lehrerin zu Fuß gehen konnte. Ich hatte täglich Unterricht von neun bis ein Uhr.
Am Nachmittag ging ich zu Agenten, bemühte mich um kleinere Rollen am Broadway. Es war ähnlich

wie in Paris und endete immer mit einem »Sorry«. Von Mal zu Mal ging man mutloser nach Hause.

Lothar traf ich meistens an seinem »gewohnten Platz«, er wartete auf Hansi und mich. Ich glaube, ich habe ihn damals nicht richtig behandelt, er hätte Zuspruch gebraucht, ein »Lichterl«, wie wir es immer nannten, aber nicht dieses trostlose Schweigen, da keiner etwas Positives zu berichten hatte.
Unsere Lage war rettungslos verzweifelt, denn lange würde Hans uns nicht mehr helfen können, so deutete er wenigstens in seinen Briefen an. Ohne ihn, den ich sehr geliebt habe, anzugreifen: die Summe, mit der er uns unterstützte, war ein Minimum. Er war ein reicher Mann, hatte aber ewig Angst, zu verarmen. Schließlich hatte er im Ersten Weltkrieg seine gesamte Kriegsanleihe verloren.
In New York gab es kein deutsches Theater mehr, das deutsch sprechende Publikum war zu klein. So machte Lothar den Versuch, ein paar »deutsche Vorstellungen« zu arrangieren. Schließlich hatten wir gute Schauspieler zur Verfügung: Oskar Karlweis, Dolly Haas, Erika Wagner, Ernst Deutsch.
Wir mieteten ein *desk space,* das war unser Büro, und nannten das Unternehmen »The Austrian Theatre«. Angestellt waren Lothar als Direktor und Wilhelm Schmelnitzky, der sich in Amerika William Melnitz nannte, als Regisseur. Er war ein aus Wien emigrierter Regisseur des Volkstheaters und einer der wenigen, der später in den USA blieb und Dekan des Colleges Los Angeles wurde. Für den ersten

Abend wählten wir Wildgans' *In Ewigkeit Amen* und Schnitzlers *Komtesse Mizzi*.
Ich erinnere mich noch, wie wir Requisiten aus unserer neu gemieteten Wohnung in der 79. Straße, die wir erst kürzlich bezogen hatten, in das nahegelegene Theresa-Kaufmann-Auditorium schleppten. Immer wieder fanden wir etwas, um die Dekoration zu bereichern.
Wir setzten drei Vorstellungen an. Man hatte uns gesagt, mehr deutschsprachiges Publikum, also Emigranten, sei nicht zu erwarten.
Die Premiere verlief überraschend gut, wir waren wieder einmal verzaubert durch die Magie unseres Berufs. Nach Ende der Vorstellung warteten viele Besucher, die uns danken wollten. Über einen war ich gerührt, es war ein Kollege aus meiner amerikanischen Schule, der sich eine Karte gekauft hatte, was ihm sicher schwergefallen war. Er trat in einem Varieté weit unten am Broadway auf und mußte schnell weg, er war Jongleur. Er erzählte mir, er käme immer sehr spät nach Hause, weshalb er auch nie rechtzeitig in unserer gemeinsamen Schule sein konnte. Unsere Lehrerin ermahnte ihn täglich, aber er antwortete in einem nicht nachzuahmenden Wiener Dialekt – seine Wiege stand in der Quellenstraße –: »Ei kent, ei em tu teiert!«
Wir waren mit dem Abend sehr zufrieden. Es war die erste kleine Freude, die wir in New York erlebten.
Wir spielten noch die anderen zwei Vorstellungen, auch sie waren gesteckt voll. Nach der letzten holten

wir die Requisiten wieder zurück in unsere Wohnung, da wir bis zur nächsten Premiere nicht ohne Möbel sein wollten.
Unser kleiner, recht anstrengender Versuch machte uns aber doch nicht recht froh. Der Erfolg hatte uns große Freude bereitet, aber als wir Bilanz zogen, sahen wir ein, daß wir ohne Geld die Vorstellungen schwerlich fortsetzen konnten. Einige Kollegen gingen nach Hollywood, die anderen wollten auf Dauer nicht für so kleine Gagen arbeiten.
An ein Stück erinnere ich mich aber noch genau. Wir spielten es, da Hansis Verlobter Ernst Haeusserman eingetroffen war. Es war Claude André Pugets Lustspiel *Die glücklichen Tage*, das wir in Paris gesehen hatten. Darin war eine entzückende Rolle für einen jungen Mann, und die wurde nun mit Ernst besetzt. Es war wieder ein reizender Abend, den alle Zuschauer bejubelten, aber Lothar, Schmelnitzky und ich wußten, es war der Grabgesang. Die Einnahmen deckten die Kosten nicht. Wir schleppten wieder unsere Requisiten zurück in die 79. Straße.
Unsere neue Bleibe bei Madame Mascal in der 79. Straße lag auf der East Side, ganz nah dem Central Park, die erste für uns wirklich gemütliche Lage. Ich weiß nicht mehr, ob es ein Bronston-Haus war, nur, daß die Straße sehr breit war und keine Wolkenkratzer hatte. Zum ersten Mal war es eine kleine Wohnung.
Als Lichtblick kam bald Hansis Hochzeit mit Ernst Haeusserman, die bei Hansis Großmutter im Hotel Gladstone gefeiert wurde. Für uns war es nur eine

zitternde Freude, da wir wußten, daß Ernst Hollywood anstrebte. Das bedeutete für Lothar eine neuerliche Trennung von seiner Tochter, immerhin war New York – Hollywood damals eine Zweitages- und Nachtreise.
Wir gingen unseren kleinen, recht sinnlos aussehenden Pflichten nach. Entweder stand Lothar an der Türe eines Verlegers oder ich im Vorzimmer eines Agenten.
Nach einiger Zeit wurde es auch in unserem Leben etwas rosiger. Lothar fand endlich einen sehr guten Verleger, nämlich Doubleday, und erhielt durch die Quäker gleichzeitig den Antrag, für ein Jahr an das Colorado Springs College zu kommen, um Theaterwissenschaft und vergleichende Literatur zu unterrichten.
Nie werde ich vergessen, wie Ely Ventura und ich ihn an einem Abend in den Zug setzten, ich heulend in namenloser Verzweiflung, weil ich ihn in die Ungewißheit fahren ließ. Er schaute zuversichtlich aus dem Fenster und schien fast vergnügt, daß man eine Aufgabe für ihn gefunden hatte.
Der Zug war längst abgefahren, noch immer stand ich regungslos und völlig außer mir auf dem Perron. Ely mußte mich vom Bahnhof nach Hause schleppen.
Es war unsere erste Trennung. Ich hätte ihn gar nicht begleiten können, weil ich seit einigen Wochen eine kleine Rolle in Rose Frankens Stück *Claudia* spielte. Es war gut ausgegangen, obwohl ich vorher die Hölle durchgemacht hatte.

In Amerika ist der Besetzungsvorgang am Theater so: Die Schauspieler sitzen mit dem Autor an einem Tisch und lesen das Stück fünf Tage lang immer wieder durch. Am sechsten Tag wird entschieden, wer in der Besetzung bleibt und wer »gefeuert« wird. Ich gehörte zu den Seligen, die blieben und somit die Rolle erhalten hatten.
Ich eilte in ein Telephonhäuschen, Lothar war am Apparat, ich schrie nur hinein: »Mich ham's g'halten!«, ging wieder zurück und schien völlig gleichgültig, dabei jauchzte es in mir vor Freude und Glück.
Damals ahnte ich noch nicht, daß Lothar mir so bald entwischen würde.
Hansi war inzwischen mit ihrem Ernst in Hollywood, wo ihnen Hansis Großmutter zu einem kleinen Haus verholfen hatte. Sie waren sehr zufrieden. Ernst hatte einen Job bei dem berühmten Agenten Paul Kohner, und es war ihm gelungen, ein Liebling Reinhardts zu werden. Dieser erkannte seine Originalität, seinen Humor und seinen blitzgescheiten Kopf. Die Kinder also waren versorgt, nur der Krieg stand als warnendes Zeichen vor uns allen.
Versorgt waren wir alle drei, nur kam ich mir in der Schlauchwohnung der Madame Mascal sehr einsam vor. Gleichzeitig traf ich einen Sohn Gustav Stresemanns, der auch im Haus wohnte, und dabei gab es immer eine Anekdote über unsere Hausfrau zu erzählen.
Wie ich diese Tage verbrachte, weiß ich kaum mehr,

nur daß ich pünktlich zu den Vorstellungen, Mittwoch und Samstag zweimal, ging, auch daß das Theater immer ausverkauft war, ist in meiner Erinnerung geblieben.
Einmal kam Reinhardt von Hollywood nach New York, sein Sohn Gottfried hatte ihn eingeladen. Ich besprach mit Reinhardt, daß er sich eine Vorstellung ansehen sollte. So kaufte ich zwei teure Karten für ihn und bat ihn nachher auf die Bühne. Das entging unserem Photographen natürlich nicht. Er knipste und knipste, ich ahnte Böses und war nicht erstaunt, am nächsten Tag meinen Namen groß mit dem von Reinhardt in der Herald Tribune zu finden; dem Text nach war ich der größere Star. Ich war außer mir, wollte immer wieder Reinhardt anrufen, ihm sagen, daß ich verzweifelt über diese Taktlosigkeit sei, aber ich wagte es nicht.
Dabei hatten er und ich nach der Vorstellung noch einen sehr netten Imbiß bei Sardi's. Ich fragte ihn, mit wem er im Theater gewesen sei, er deutete auf seinen neben ihm liegenden Hut. Ich sagte noch – ich glaube, es war halb drei Uhr früh –, er müsse unbedingt unseren gemeinsamen Freund Beer-Hofmann besuchen, worauf er antwortete: »Jetzt gleich?«
Die Erinnerung an diesen Abend trug ich lange in mir, sie half mir über den monotonen Alltag hinweg. Immer noch ging ich gelegentlich zu meiner Lehrerin, der ich viel zu verdanken hatte und die rührenderweise sehr stolz auf mich war.
Sehr oft besuchte ich Molnár, der immer in seinem

Hotel Plaza an irgendeinem Tisch in der Halle oder in einer der zahlreichen Bars zu finden war. Wir sprachen viel, wie damals in Wien vor Hitler, aber wir schwiegen auch, wie wir in Wien geschwiegen hatten. Einmal erzählte er mir, daß eine Tante von ihm gestorben war. Er ging mit seinem Vetter auf den Friedhof, und als der Totenwagen vorbeifuhr, sagte er: »Immer hat sie mit dem Gummiradler fahren wollen, jetzt endlich fährt sie.«
Ein anderes Mal: »Was glaubst du, wie oft ich mit Gromyko schon im Lift gefahren bin? Er ist einer der prominentesten Fahrer!«
Wenn meine Stunde schlug, ging ich immer schon ein bißchen früher, um ihm Zeit zu lassen, sich für das nächste Rendezvous vorzubereiten. Er hatte die anderen gerne, so wie er mich gerne hatte, und ich bin heute noch stolz auf diese seltsame Freundschaft, die eigentlich keinen Anfang und kein Ende hatte. So erinnere ich mich an eine spätere Begegnung im Jahre 1949. Er saß, wie immer, in der »Windsor«-Bar, das war sein Vormittagsplatz. Dann ging er, wie er es nannte, »zum Juden«, wo er um sehr billiges Geld Hähnchen essen wollte.
Damals war die Mode der Paletots aufgekommen, die es in unsäglichen Farben gab. Als wir eines Vormittags zu ihm kamen, sagte er: »Jetzt habe ich 85 rote, 60 grüne und 88 gelbe Paletots gezählt. Das ist Amerika.«

Meistens ging ich zu Fuß den Broadway entlang und sah ihn so, wie ihn nur wenige kannten. Der Broadway war für mich schlichtweg Theater. Er hatte ein merkwürdiges Gesicht. Die Theater, es waren damals vielleicht vierzig, standen Haus an Haus. Einmal, als ich zur Vorstellung unterwegs war, plötzlich Geschrei – aber es war nur eine Ratte, die einer Katze entkommen war... Damit will ich sagen: Mir erschien der Broadway unheimlich, unwirklich bei Tag und gänzlich real bei Nacht, wenn einem die Namen der Theater entgegenleuchteten.

Im Booth Theatre hatte ich also in *Claudia* meinen kleinen großen Erfolg, auch was die Geldfrage betraf. Das Haus hatte etwas Magisches, nicht nur weil Lincoln dort ermordet worden war.

Gestartet wurde *Claudia* allerdings nicht in New York. Wir hatten unser erstes *try out* in Baltimore. Dort schien es ein mäßiger Erfolg zu sein, was uns alle sehr deprimierte.

Die nächste Station war Washington, was sicher Mrs. Roosevelt zu danken war, die mit Rose Franken sehr befreundet war. Dort hatten Stück und Darsteller einen ganz großen Erfolg. Alle drei Wochen waren wir ausverkauft. Bei Tag wurde noch heftig probiert, wie das in Amerika üblich ist, manchmal wurden ganze Szenen umgestellt und umgeschrieben: für uns Schauspieler eine große Belastung. Thornton Wilder, der Lothar und mich aus Wien und von der Josefstadt her kannte, schickte mir zur Premiere Blumen.

Einmal besuchte mich Lothar, das war eine ungeheure Freude. Ich hatte ihn gebeten, mir einen Hut mitzubringen. Er war von mir so klein wie möglich

verpackt und ich hatte genau beschrieben, wo er lag.
Als ich Lothar vom Bahnhof in Washington abholte,
stand er mit einer großen Hutschachtel da. Sie war
leer, der Ärmste hatte sich umsonst abgeschleppt.
Als Wilder erfuhr, daß Lothar mich besuchen kommen würde, lud er uns beide zu einem entzückenden Lunch ein. Wir sprachen noch nicht sehr gut Englisch, er ein bißchen Deutsch, aber es wurde ein wirkliches Fest, das Lothar und ich nie vergessen haben. Ich glaube, daß Thornton Wilder sowohl menschlich als auch dichterisch einer der Großen war.
Wir haben uns wiedergesehen, Gott sei Dank. Lothar inszenierte Wilders *Alkestiade* im Jahr 1957 am Burgtheater. Ich traf ihn später noch einmal in München, als ich die Großmutter in *Geschichten aus dem Wiener Wald* spielte und er eine Vorstellung besuchte. Wir freuten uns unendlich, auch Lothar war damals dabei, wir verbrachten wieder unvergeßliche Stunden. Leider war das unser letztes Wiedersehen.
Eine Überraschung stand uns in Washington noch bevor, Lothar war schon wieder in New York. Das Ensemble erhielt für den 8. April eine Einladung in das Weiße Haus. Unsere Aufregung war groß. Nach der Vorstellung fuhren wir im Taxi hin, das rechts und links mit Geheimpolizisten besetzt war. Ich war tief gerührt, schließlich kannten sie mich genausowenig wie die anderen, und doch ließen sie mich vertrauensvoll einsteigen.
Der Weg vom Theater zum Weißen Haus war kurz, wir wurden von Schwarzen in prunkvoller Livree

empfangen und fuhren gleich mit dem Lift in ein unteres Stockwerk, wo der Empfang stattfinden sollte. Eleanor Roosevelt stand ohne ihren Gatten im Saal. Der Präsident hatte eine wichtige Konferenz. Es war der Abend der Schlacht von Bataan. Er hatte nicht einmal Zeit uns zu begrüßen.
Ich stand unmittelbar neben Frances Starr, einer der Hauptdarstellerinnen unseres Stückes. Es gab keine Tischordnung.
Plötzlich sagte Mrs. Roosevelt: »Niemand will sich zu mir setzen, immer muß ich alleine sein.« Worauf mir Frances einen Stoß gab, und schon saß ich an einem der kleinen Tische, an dem auch Frances und Mrs. Roosevelt Platz nahmen. Ich überblickte schnell durch die geöffneten Türen mehrere Luxusräume mit zahlreichen gedeckten Tischchen. Unsere ganze Crew war eingeladen worden.
Ich brauchte eine Weile, um zu realisieren, daß ich an diesem Tisch saß. Es ist mir ein paarmal im Leben passiert, daß ich mit den »Großen des Reiches« an einem Tisch saß. Jedesmal hätte ich mich am liebsten in ein Mauseloch verkrochen.
Frances Starr versuchte Konversation zu machen, was nicht recht gelingen wollte. Ich war taubstumm. Da begann Mrs. Roosevelt zu sprechen. Sie redete über alles, über Arme, über Reiche, über Kinder, denen man mehr helfen sollte, über Erziehung, über Theater – einfach über alles. Sie war eine ungeheuer gescheite Frau, und ich nehme an, daß das Reden es ihr erleichterte, fremde Menschen über ihr Schicksal zu befragen.

11

Etwas Böses lag in der Luft, etwas, das wir alle spürten und nicht wahrhaben wollten. Bei seinem Besuch in New York las Lothar Zeile um Zeile der großen Zeitungen, um sich klar zu machen, was vor uns lag, das heißt liegen könnte.
Wenn auch jeder briefliche Verkehr mit Österreich und allen anderen mit Deutschland verbündeten Staaten gesperrt war, erfuhren wir doch sehr viel via Schweiz und London.
Wir hatten natürlich alle große Sorgen, ich um meinen Vater und Gretl, Lothar um seinen Bruder Hans Müller, obwohl er vorläufig unbehelligt in Einigen war.
Wenn ich den Namen Hans Müller vor mich hinsage, öffnet sich ein helles, ungeheuer heiteres Tor. Ich hatte Hans sehr gerne; allerdings als ich seinen Bruder kennenlernte, verliebte ich mich sofort in ihn.
Hans war von ganz besonderem Saft: Wenn zum Beispiel bei einer Party ein paar Grüppchen beieinander standen, wurde es beim Erscheinen von Hans sofort eine große Gruppe. Er sprach, war von einem ungeheuren Temperament und konnte mit dem größten Charme über seine eigenen Witze lachen.

Hoffentlich gibt es für uns ein Wiedersehen in einer anderen Welt!

Viele, viele Stunden Eisenbahn bringen viele, viele Gedanken. Ich liebte die amerikanischen Züge, sie waren so bequem, eigentlich luxuriös. Man hatte verschiedene Möglichkeiten sich aufzuhalten, es gab einen Damensalon, und es gab die so geliebten Pullman-Chairs, die man selbst drehen konnte, um die am Fenster vorüberziehende Landschaft von allen Seiten zu betrachten...
Wieder falle ich aus meinen Träumen.
Ich war froh, daß Lothar wieder in Colorado war, seinen Lehrauftrag liebte und mit guten Menschen beisammen war.
Ich war nicht ungern in New York und wohnte immer noch bei Madame Mascal. Ohne Lothar, alleine, interessierte ich sie weniger. Sie hatte noch keine Verdunklungsvorhänge angeschafft: »Who is going to bombe a small little house in 79th street?«
In diese halbruhige Zeit – ganz ruhig schien sie uns nie – platzte am 7. Dezember 1941, es war ein Sonntag, die Bombe: Pearl Harbor.
Es gab Extraausgaben, es gab ungeheure Aufregung in der Stadt, ich hatte den Namen Pearl Harbor nie zuvor gehört.
Ich ging früher als sonst zur Vorstellung von *Claudia*. Wie würde Lothar die Schreckensnachricht aufnehmen, denn daß es eine Schreckensnachricht war, merkte man an der Stimmung auf den Straßen.

Ich war beim Aufbruch an Madame Mascals Wohnzimmer vorbeigekommen und hatte sie zu einem ihrer Lieblingsmieter, einem ehemaligen Offizier, sagen hören: »Harry, you were Admiral, you will arrange everything.«
Ich überquerte die 5th Avenue, eilte durch den Central Park, um schneller auf der Broadwayseite zu sein. Der Times Square schien ein Rummelplatz, Daily Mirror und Daily News wurden den Kolporteuren aus den Händen gerissen.
Im Theater war es wie immer bei großen Anlässen, manche ging es überhaupt nichts an, die anderen wieder sprachen nur von »War is on«.
Am aufgeregtesten schien Gioia, die bildschöne italienische Frau des Hauptdarstellers Donald Cook. Sie lebte schon sehr lange in den USA, hatte aber immer noch großes Heimweh nach Italien.
Wie die Dinge sich jetzt entwickeln würden, konnte wirklich kein Mensch vorausahnen.
Ich setzte mich in meine Garderobe und schrieb an Lothar einen Brief. Mein Hirn, das nie ein Männerhirn war, quälte sich mühevoll über die Nachricht, die zu einer Weltkatastrophe führen konnte. Deutschland war bereits mit fast allen Staaten Europas im Kriegszustand, mit Polen, Dänemark, Norwegen, Frankreich, dem Balkan, der Sowjetunion...
Drei Tage später erklärte Deutschland den USA den Krieg. Die Unruhe war groß, die Leute stürmten die Kirchen, so daß man sie schließen mußte. Ich war fassungslos vor Fassungslosigkeit.

Ich wußte auch, daß Lothar sich um seine Arbeit Sorgen machen würde, da seine Schüler, die über Schiller und Goethe etwas wissen wollten, nun Soldaten werden würden.
John Golden, unser Produzent, kaufte für jeden Schauspieler für 200 Dollar Kriegsanleihen, er mußte also der Ansicht sein, daß sich ein lange andauernder Krieg vorbereitete. Er war ein großer Roosevelt-Verehrer.
Da das Stück in New York gut ankam, war es ein Erfolg für uns alle, weil es bedeutete, daß wir es nun auch auf Tournee spielen würden. Ich begann zu packen, Ely half mir dabei. Ich mußte einen Schrankkoffer kaufen – was schwierig für mich war –, denn Garderobe und Schminksachen hatte man natürlich selbst mitzubringen.
Vor Beginn der Tournee trafen wir uns mehrmals lange vor den Abendvorstellungen, die Koffer wurden gepackt. Auf der einen Seite hingen die Kleider, auf der anderen standen die Laden...
Ich nahm die Schreibmaschine mit für die Briefe an Lothar und über dem Arm einen Mantel. Dieser Kamelhaarmantel war für die Reise sehr praktisch, da er auch elegant war.
Die Tournee führte durch viele der großen Städte, und bald sprach es sich herum, daß *Claudia* ein großer Kassenerfolg sein würde.
In unserem Ensemble war die charmante Dorothy McGuire »the Lead«, die großartige Frances Starr gab die Mutter. Außer mir gehörten zum *cast* die temperamentvolle Russin Olga Baclanova, die eine

Sängerin spielte, unsere gute Freundin Audrey Ridgwell, eine Engländerin, Donald Cook und John Williams, der später auf Wunsch seines Vaters nach England zurückkehrte, wahrscheinlich um zu kämpfen. Die blutjunge Phyllis Thaxter spielte die Titelrolle.

Wir hatten uns bald aneinander gewöhnt und führten ein nettes Familienleben. Meistens wohnten wir Frauen im selben Hotel, wenn es für mich nicht zu teuer war. Wir nahmen auch die Mahlzeiten gemeinsam ein.

Manchmal gab es Mißstimmungen, so wenn wir nach den Vorstellungen zu müde zum Ausgehen waren. Dann hieß es: »Immer die ›continental people‹.« Das waren wir, die wir nicht mit der Mayflower gekommen waren.

Unsere erste Station war Philadelphia, wo wir vier Wochen blieben. Die Tage waren etwas eintönig, aber dort war der Dirigent Eugene Ormandy, und wir trachteten, wenn es mit unseren Vorstellungen ausging, in seine Konzerte zu gehen. Er war ein meisterhafter, außerordentlich beliebter Dirigent und leitete das Philadelphia Orchestra.

Lothar und ich schrieben uns täglich. Das war so ausgemacht, es brachte einem den Partner näher. Er war nach wie vor gerne in Colorado, denn das Universitätsleben interessierte ihn sehr, aber leicht wurde es ihm nicht gemacht.

Ich wollte immer wissen, wie seine Behausung aussah. Sein Freund Raoul Auernheimer, der mit seiner Familie nahe bei Colorado wohnte, besuchte ihn.

Auf meine Frage, wie er zufrieden sei, meinte Auernheimer: »Weißt du, das Zimmer ist zu jung für ihn.«
Lothar hatte sehr nette Vorgesetzte und Kollegen. Sein Chef, »Leftie« genannt, hatte eine besondere Sympathie für ihn. Lothars Liebling war die Bibliothekarin Carol Truax, sie war weder schön noch jung, aber ein herzensguter Mensch. Lothar hatte das Glück, daß er und seine Kollegen gleiche Interessen hatten. Auch mit der Völkerrechtlerin Miss Bramhall verstand er sich, obwohl er jünger als die ganze Runde war.
Bei dem Namen Miss Bramhall darf ich eine Geschichte nicht vergessen, die mich heute noch zum Lachen bringt. Die Guten saßen wie immer abends beim Dinner, und Lothar begann wieder einmal zu klagen, daß er mich so gerne in Philadelphia besuchen würde, doch die Reise für einen kurzen Aufenthalt sei zu teuer. Da rief Miss Bramhall: »Gehen Sie sofort zum Leichenbestatter und fragen Sie ihn, wann wieder ein Toter nach Philadelphia gebracht wird. Sie bekommen eine Fahrkarte für die Hin- und Rückfahrt, dafür müssen Sie nur während der Reise alle paar Stunden nach der Leiche sehen!«
Carol Truax brach in schallendes Gelächter aus. Dieses skurrile Angebot wurde rasch fallengelassen, was Miss Bramhall ein bißchen verletzte.
Nach Philadelphia und Chikago gingen wir nach Los Angeles und San Francisco. Wir blieben in all diesen Städten wochenlang.
Städte wie Philadelphia und Chikago konnten dem

◁ ◁ 20 Vorhergehende Seite: Die Crescence in Hugo von Hofmannsthals Lustspiel »Der Schwierige« hatte ich mir lange gewünscht. Zum ersten Mal spielte ich diese Rolle unter Rudolf Steinboecks Regie am 31. Dezember 1954 an den Münchner Kammerspielen. In der Titelrolle: Axel von Ambesser

21–24 Vor allem in den fünfziger Jahren spielte ich in zahlreichen Filmen, obwohl mir hier der direkte Kontakt mit dem Publikum fehlte.

Oben und unten: In »Hannerl«, 1952, hatte ich ein paar herrlich komödiantische Szenen mit Richard Romanowsky...

...in Ernst Marischkas Verfilmung von Roda Rodas »Feldherrnhügel«, 1953, waren Susi Nicoletti und Loni Heuser meine Partnerinnen...

...und in Kurt Hoffmanns »Ich denke oft an Piroschka«, 1955, fiel mir eine schöne Rolle neben Gunnar Möller und Rudolf Vogel zu.

25 Mit Ernst Haeusserman 1955 in Bad Gastein

26 Meine Antrittsrolle am Burgtheater am 11. Januar 1956 war die Mater Katharina Agnes in Henry de Montherlants »Port Royal«.

Europäer nicht gefallen. New York war die einzige große Ausnahme. Werfel sprach von der »aufregendsten Stadt der Welt«.
Aber vielleicht waren wir auch ungerecht gegen die amerikanischen Städte. Als sich die Tournee immer länger ausdehnte, war Lothar mein Reisegefährte geworden, nachdem er seinen Lehrauftrag beendet hatte. Hätten wir unsere Wohnung bei Madame Mascal beibehalten, wäre es viel teurer gewesen, und schreiben konnte er während der Reise genauso. Allerdings wog der Gedanke, Madame Mascal nicht wiederzusehen, schwer. In Chikago haben wir oft an sie gedacht.
Lothar arbeitete viel, ich habe ihm geholfen und für ihn getippt. Es war eine schwierige Tätigkeit, aber ich liebte sie. Mit den Terminen mußten wir sehr pünktlich sein, wir hatten immer eine bestimmte Anzahl von Manuskriptseiten innerhalb einer gewissen Zeit abzuschicken.
Wir spielten in Virginia, das schon sehr südlich liegt, aber auch in Seattle im Staate Washington oder sogar in Butte/Montana. Wir waren in der häßlichsten Stadt überhaupt, in Pittsburg, wo es nur Kohle und Kumpel zu geben schien. Auch dort spielten wir eine Woche vor ausverkauftem Hause und einem *overdressed* Publikum. Dann stand eine Woche Toronto auf unserem Tourneeplan.
Lothars zweites Buch »Beneath another Sun«, wieder bei Doubledey herausgebracht, wurde ein Bestseller. Er erhielt das Angebot, einen Roman über das

alte Österreich zu schreiben. Arbeit lag genug vor ihm.
Die Amerikaner kennenzulernen war nicht leicht. Sie sind, obwohl sehr sentimental, doch sachlich und nüchtern. Sie sagen von sich »We are guileless – wir sind vertrauensselig«, und wehe, wenn sie einen bei einer Lüge ertappen. Da gibt es keine Versöhnung. In diesem Punkt hatte ich es leicht, ich habe immer gesagt, ich bin zu phantasielos, um zu lügen. Außerdem ist die Wahrheit interessanter.
Ein kleines Abenteuer hatten wir in Buffalo. Als wir nachmittags im Hotel ankamen, warnte man uns schon vor dem großen Sturm, der angesagt war. Buffalo grenzt unmittalbar an den Eriesee. Als ich ins Theater ging, es lag unserem Hotel gegenüber, mußte ich mich beim Überqueren der Straße an parkenden Autos festhalten. Nach der Vorstellung übernahm einer unserer cleveren Kollegen die Führung ins Hotel. Der Sturm hatte sich um ein Vielfaches verstärkt. Wir waren acht, und wir acht bildeten eine Kette. So erreichten wir mit Mühe die andere Straßenseite. Lothar hatte man dringend abgeraten, mich zu holen, er wartete mit Todesangst. Eine kleine Sensation – für mich war es eine große! Jetzt wußten wir, was ein Hurrikan ist und verstanden noch weniger als früher, daß all die gefürchteten Hurrikans Mädchennamen wie Daisy, Betty, Dolly, Mary und Jenny hatten.
Die zweiten sechs Wochen San Francisco lagen noch vor uns, wir freuten uns alle darauf. San Francisco ist eine der schönsten Städte der Welt. Wir wohnten

in einem der beiden höchstgelegenen Hotels, im Fairmont. Da es so steil hinunterging, lief ich nie zu Fuß, sondern benützte die Pendelbahn. In der Stadt hatten wir gute deutsche Freunde, und es war eine herrliche Zeit. An der Golden-Gate-Brücke, die hinüber nach Berkeley führt, konnte man sich nicht sattsehen. Sogar Lothar war fröhlich.
Einmal waren wir eingeladen, ich mußte absagen, weil ich Vorstellung hatte. Als ich heimkam, war Lothar noch nicht da. Später erschien er lachend, wie ich ihn noch nie gesehen hatte – er lachte ja so selten –, er konnte einfach nicht aufhören. Lothar war ein bißchen beschwipst, und da er eigentlich nie trank, vertrug er auch nichts. An diesem Abend hatte er einige Manhattan getrunken – ich glaube, daß er nur die Kirsche wollte, die am Boden des Glases lag. Auch wegen Lothars Lachen ist mir die Stadt in so heller Erinnerung!
Zu San Francisco fällt mir ein Witz ein.
Ein Mann steht vor der Himmelstür, Petrus fragt ihn, woher er komme. Er antwortet: »Aus San Francisco.«
Darauf Petrus: »O je, dann wird es dir hier nicht gefallen.«

Die Tournee ging ihrem Ende entgegen. Man trennte sich mit einem lachenden und einem weinenden Auge.
Vieles in dieser Zeit war doch sehr schön gewesen, trotz der ungewissen und angsterfüllten Zeitumstände. Man sagte äußerlich ohne viel Gefühl adieu

und vergoß doch manche Träne darüber. Jeder hatte etwas anderes vor und war mit seinen Gedanken bei neuen Plänen, neuen Aufgaben – mit einem Wort, man jagte dem Dollar nach, um so mehr, als der Krieg immer schlimmer wurde. Das hatten wir im sonnigen Kalifornien kaum bemerkt.
In Hollywood war es mir wichtig gewesen, daß Otto Preminger mich zu einem Lunch ins »Romanov« eingeladen hatte. Je nach Rang wurden vom Chef des Hauses die Tische angewiesen. Preminger hatte natürlich einen Ehrenplatz an der Seitenwand rechts vom Eingang in einer kleinen, logenartigen Nische. Als ich mit ihm dort zusammensaß, eilte mit großem Hallo und ungeheurer Herzlichkeit ein bildschöner Hollywoodstar auf mich zu, umarmte und küßte mich. Hedy Lamarr! Die geborene Wienerin, die 1931 noch unter ihrem ursprünglichen Namen Hedy Kiesler in einer winzigen Rolle in der Bourdet-Komödie *Das schwache Geschlecht* mit mir auf der Bühne der Josefstadt gestanden war, hatte mich schon bei der Premiere von *Claudia* so stürmisch begrüßt, worauf mein Image bei den Kollegen sehr gestiegen war. Hedy fragte, ob sie mit uns essen dürfe. Ich stieg in der Achtung der Umsitzenden. In dieser Situation empfand ich es wieder einmal besonders stark: Emigration ist ein Orden!
Während wir aßen und uns unterhielten, ging eine Dame an unserem Tisch vorbei und grüßte ein wenig geniert. Sie wurde sofort vom Chef des Hauses sehr höflich zum Weitergehen aufgefordert, in diesem Saal seien leider alle Tische besetzt, sie möge sich in

den rückwärtigen großen Speisesaal begeben. Die genierte Dame war eine der geschiedenen Frauen von Otto.

Ich habe Preminger in guter Erinnerung. Er war zwar kein Reinhardt, aber ein Regisseur, der zu besetzen wußte und gut mit den Leuten arbeiten konnte. Wenn er Regie hatte, kam er nach Schluß der Vorstellung in jede Garderobe und sagte: »Sie waren hervorragend.«

So war es eben: Wenn man mit Emigranten zusammensaß, mischte sich in die Freude des Wiedersehens, des Halbwegs-Geborgenseins doch immer wieder die Angst vor der Zukunft, das Heimweh und die sentimentale Sehnsucht nach zu Hause.

Mir kam in Hollywood alles unendlich fremd vor. Dort hätte ich mich nie eingewöhnen können. In New York ja! Wenn alles so bleibt, ging es mir oft durch den Kopf, könnte ich für immer in dieser Stadt leben.

Es gab viel Tränen: Max-Reinhardt-Gedenkfeier, der am 31. Oktober 1943 in New York starb.

CARNEGIE HALL

Photo by Lotte Jacobi, New York

IN
MEMORIAM
MAX REINHARDT

56-11-30E-43   ALFRED SCOTT · PUBLISHER · 156 FIFTH AVENUE, NEW YORK

12

Zurück in New York, waren wir zuerst obdachlos. Madame Mascals wunderliche Behausung war ausgebucht. So beschlossen wir ein paar Tage ins Gladstone zu gehen, in dem Hansis Großmutter noch immer residierte. In ihren alten Tagen hatte sie sich Hals über Kopf in Reinhardt verliebt. Er war siebzig, sie war siebzig. Sie hatte ihm einen Hund geschenkt, den er sehr gerne hatte. Da er seit einiger Zeit ebenfalls im Gladstone wohnte, versuchte sie ihn immer irgendwo zu erhaschen. Abends, wenn sie ihn zum Dinner einladen wollte, steckte sie Zettel in seine Türe. Diese Zettel wurden jedesmal weggerissen, was sie glauben ließ, daß Reinhardt die Billetts so stürmisch erwartet hatte...
Nach kurzer Zeit gelang es uns, ein sehr nettes Apartment ganz nahe beim Plaza und dem Central Park zu finden.
Das war, ab Sommer 1944, unser letztes Domizil vor der Heimkehr, von der wir noch nichts ahnten.

Am Broadway mußte man als Nichtamerikaner nach jedem Stück, auch wenn es ein *flop* war und nur ein paar Tage lief, sechs Monate warten, um wieder eine neue Rolle zu bekommen. Das war Gesetz seit den

zwanziger Jahren wegen der vielen von den USA angezogenen Engländer, die großartige Schauspieler waren und wußten, daß am Broadway mehr Geld zu verdienen war als in London. So war auch Laurence Olivier nach Amerika gekommen, obwohl man ihm in London rote Teppiche gelegt hatte. Er war eine Ausnahme, er durfte zwischen Europa und Amerika hin und her fahren, weil er einer der hinreißendsten Schauspieler war...
Als meine Wartezeit vorüber war, konnte ich mich wieder nach Arbeit umsehen. Mein Name hatte durch den Erfolg in *Claudia* bei den Agenten einen guten Klang. Diesmal aber brauchte ich keinen Agenten, denn Mady Christians empfahl mich dem Autor John van Druten, dessen Stück *I Remember Mama (So war Mama)* als nächste Premiere geplant war. Die Produzenten waren Rodgers & Hammerstein. Diesmal war die Prüfung auch nicht so streng wie bei *Claudia*. John van Druten bat mich, ihm die Rolle vorzulesen, und nahm mich als Tante Trina.
Die Proben begannen bald, wir arbeiteten drei Wochen Tag und Nacht. Morgens fingen wir um zehn Uhr an und unterbrachen nur für eine kurze Mittagspause, dann ging es weiter bis sieben Uhr abends. Nach zwei Stunden, in denen man Zeit hatte sich etwas auszuruhen, nach Hause zu gehen oder sich mit einem Steak zu stärken, begann die Abendprobe, die meistens bis spät in die Nacht dauerte.
In der Besetzungsliste hatten wir erstklassige Schauspieler, und ich war sehr froh über meinen Part. Zehn Tage nach Probenbeginn wurden einem die

Rollenbücher, die man bis dahin als Textstütze in der Hand behalten durfte, abgenommen. Der erste »Durchlauf« brachte meistens ein Chaos. Unsere Angst war groß, aber es ging gar nicht so schlecht. Wir waren hinterher erschöpft, aber doch sehr befriedigt.
»Hängenbleiben« ist ja der Alptraum eines jeden Schauspielers jedes Landes, und am Broadway gibt es keinen Souffleur, dafür einen *stage manager,* der Inspizient und Abendregisseur in einem ist und dem man unbedingt zu gehorchen hat. Er hat in der Kulisse zu stehen, vor sich einen Tisch mit einem Textbuch. Man erzählte sich, daß John B. Barrymore einmal hängenblieb, eine Pause machte, auf die Seite des *stage managers* ging und vernehmlich forderte: »Please my line.«
Anders als bei uns verhält es sich auch mit dem sogenannten *understudy.* Bei allen Broadway-Produktionen gibt es für jede Besetzung noch einen weiteren Schauspieler und eine Schauspielerin, die die Rollen mitstudieren und immer und jederzeit zum Einspringen oder Weiterspielen bereit sein müssen.
Die Proben zu *I Remember Mama* habe ich in sehr angenehmer Erinnerung. Van Druten, der 1943, ein Jahr zuvor, mit *Voice of the Turtle (Das Lied der Taube)* einen Riesenerfolg hatte, war ein glänzender Regisseur, hatte viele Einfälle, ließ einem aber auch eigene Ideen, was es heute fast nicht mehr gibt.
Unser *try out* war in Boston. Wir wohnten in dem herrlichen National Hotel und probierten dort zwei Wochen lang den ganzen Tag. Einige Szenen wur-

den umgestellt, was manchmal für den Schauspieler recht schmerzhaft war. Mich traf es besonders, da eine Szene, die knapp vor der Pause lag und die eine sichere Pointe hatte, vorgezogen wurde. Trotzdem hatte es bei der Aufführung keinen Einfluß, die Pointe blieb, und ein Kritiker schrieb nach der New Yorker Premiere: »Wenn sie sagt: ›The mail must go through‹, anstatt ›The show must go on‹, bricht das Haus zusammen.«

In Boston spielten wir zwei Wochen en suite, nachdem die dortige Premiere ein großer Erfolg und jede Vorstellung ausverkauft war. So gingen wir, eigentlich mit völliger Sicherheit und ohne jede Angst, nach New York.

Mady Christians und Oskar Homolka hatten sowohl beim Publikum als auch bei der Bostoner Presse ganz großen Erfolg gehabt. Ich war viel mit den beiden zusammen, da wir doch Josefstädter waren. Homolka, der freiwillig emigriert war, sprach nie ein deutsches Wort, obwohl er einen besonders starken Wiener Akzent hatte. Aus Spaß bestellte er einmal bei einem Kellner einen »Unblachten«.

Der New Yorker Premierenabend am 18. Oktober 1944 im Music Box Theatre war glanzvoll: Glanz, wie ich ihn so sehr liebte, und etwas von diesem Glanz fiel auch für mich ab. Ich erinnere mich, daß Grete Mosheim in die Garderobe kam und rief: »Das ist ja ein hinreißender Abend.« Auch Lothar, der mir immer alles so ungeheuer gönnte und der sich so über einen Erfolg von mir freuen konnte, war zufrieden. Er hatte sich für die Premiere einen Smoking gekauft, der allerdings nur dreißig Dollar gekostet hatte. Er schaffte sich nie mehr einen anderen an, bis zu seinem Lebensende trug er ihn.

Ein kleiner Mittelpunkt der Premiere war das Auftreten des blutjungen Marlon Brando als mein Neffe und Madys Sohn Nels. Er hatte eine kleine Szene mit seinen Eltern, die über die Probleme seiner schwierigen Schwester sprachen. Unvermittelt hatte Marlon »Good night« zu sagen und abzugehen. Schon bei der Premiere hatte er einen großen Abgangsapplaus, der sich jeden Abend wiederholte. In dem »Good night« lag alles: sein Widerwillen gegen Unannehmlichkeiten, seine Lebenslust und die Freude an seiner herrlichen Jugend.

Mady Christians' Erfolg als Mama war unbestitten, es war bestimmt die Rolle ihres Lebens und fast ungut für sie, denn so etwas läßt sich schwer wiederholen. Sie suchte später immer nach etwas Gleichwertigem, doch es ergab sich nichts. Sie hatte wohl Angebote, manchmal trat sie wieder auf, doch der Triumph von *Mama* war es nicht mehr.

Mady hatte kein gnädiges Schicksal. Walter Slezak, mit dem sie eine lange Freundschaft verband, verließ sie, auch aus beruflichen Gründen, denn er übersiedelte nach Hollywood. Der Astrologe Oblo hatte ihm vorausgesagt, daß seine schlechte Zeit sich dem Ende nähere und er in eine gewaltige Glückssträhne hineingeraten werde. Abergläubisch wie alle Theaterleute, glaubte er dem Mann, und es kam genauso, wie es vorausgesagt war. Im Frühjahr filmte Slezak in Hollywood und war über Nacht ein Star.

Übrigens war ich auch einmal bei Herrn Oblo, der am Broadway seine astrologischen Prophezeiungen verkaufte. Mein Besuch bei ihm war eher ein *flop:* Manches Gute, manches weniger Gute läge vor mir. Es stellte sich zwischen uns kein Kontakt ein, nur als ich ging, fragte er mich: »Haben Sie nie etwas mit Ihren Knochen gehabt?«
Ich sagte triumphierend: »Nie!«
Sechs Wochen später begann, in verhältnismäßig jungen Jahren, meine Arthritis, die mir vieles in meinem Leben erschwerte, mich gehandicapt hat und an der ich heute noch sehr leide.
Auch Homolkas Erfolg als Onkel Chris war unbestritten. Die Rolle war ihm auf den Leib geschrieben. Er brauchte nur aufzutreten, und schon machte er mit dem Publikum, was er wollte.
Während des *runs* unseres Stückes gab es erfreuliche und weniger erfreuliche Dinge. So war zu beobachten, daß sich Mady und Homolka haßten. Er war ein besonders rücksichtsloser Partner, und als die arme Mady eines Nachmittags, nach einem Essen mit einem berühmten Freund, etwas verspätet und angeheitert zur Vorstellung kam, war seine Schadenfreude grenzenlos: Sie hatte sich bei dieser *matinee* nicht völlig in der Gewalt und weniger Erfolg als sonst. Homolka verliebte sich in die bildschöne Joan Tetzel, die die Katrin spielte. Sie war gleichzeitig die Kommentatorin. Homolka heiratete Joan, es war seine dritte Ehe, und trotz des großen Altersunterschiedes wurde es eine sehr gute, feste Beziehung. Die Liebe zu Kunstsammlungen – er besaß viele

wertvolle Gemälde – und zum Geld band beide aneinander.
Das Ehepaar Homolka sahen wir noch öfter nach dem Krieg in Gastein und 1951 bei den Salzburger Festspielen, wo Oskar den Adam im *Zerbrochenen Krug* spielte. Sie hatten sich inzwischen in der Nähe von London niedergelassen. Oft gingen wir in Gastein miteinander spazieren. Lothar fand großen Gefallen an Homolkas Originalität und an seiner ganzen Persönlichkeit. Er war ein Schwieriger. Wir erinnerten uns, daß er im Mai 1925 bei Reinhardt in Franz Werfels *Juarez und Maximilian* eine Rolle spielte. Er war ein unausstehlicher Probenarbeiter, und Reinhardt und er hatten große Meinungsverschiedenheiten, so daß sie zuletzt nicht mehr miteinander sprachen. Bei den Generalproben ließ Reinhardt den Schauspielern von seiner Sekretärin Gusti Adler immer Zettel übergeben. Auch Homolka bekam bei dem Werfel-Drama einen solchen Zettel, er öffnete ihn und fand nur das eine Wort: »Großartig!«
Vor ein paar Jahren habe ich gehört, daß die arme Joan qualvoll an Brustkrebs gestorben sei. Homolka starb bald darauf, 1978. Wo mögen die schönen Gemälde, seine Degas und die Expressionisten hingekommen sein? Übrigens laufen zwei kleine, jetzt schon sehr große Homolkas in der Weltgeschichte, wahrscheinlich in Amerika, herum. Sie stammen aus Oskars zweiter Ehe. Ich habe sie einmal in Gastein gesehen, es waren recht komische Buben.
Während der Laufzeit von *I Remember Mama* hatte

ich ein angenehme kleine Episode. Damals verlieh der sehr bekannte Kritiker George G. Nathan jedes Jahr Preise in seiner Zeitung: je einen für die beste Darstellung der besten Haupt- und der besten Nebenrolle, sowie je einen für die schlechteste große und die schlechteste kleine Rolle. Ich war unter den »guten« vier. Oskar Homolka bekam die Auszeichnung für seinen Onkel Chris und ich für meine kleine Rolle.
Daraufhin wurde ich sehr bald von meinem Chef »gefeatured«, das heißt, mein Name stand in den Anzeigen und am Theater zwar nicht über dem Titel – dieser Platz war nur für die Stars reserviert –, aber direkt darunter. Ich war darüber sehr glücklich, weil es eine wirklich wertvolle Bestätigung war. Am meisten freute sich wieder Lothar. Unser Stück wurde so populär, daß ich oft auf der Straße gefragt wurde: »Are you Aunt Trina?«
Eine Zeitlang hatte ich acht Vorstellungen in der Woche zu spielen, davon zweimal auch nachmittags, die sogenannten *matinees*. Einen Tag war man frei, in noblen Produktionen war es der Sonntag. So hatten wir Zeit, uns ein paar Vorstellungen in anderen Theatern anzusehen und die Abende bei Grete Mosheim zu verbringen, worauf wir uns jedesmal besonders freuten.
Zu Grete kamen die Spitzen der Emigration: das Ehepaar Werfel, wenn es in New York war, mein bester Freund Hans Jaray, Lili Darvas, Alfred Polgar und manchmal auch Oskar Karlweis, der eigentlich den größten Erfolg von uns allen hatte. Er lud

mich nach seiner Premiere von Werfels *Jacobowsky and the Colonel* zu einem Lunch ein. Ich fragte ihn, was er seiner Schwester, Frau Marta Wassermann, telegraphieren wolle, und schlug »Great success« vor, worauf er mit ungeheurer Selbstverständlichkeit »Triumph« sagte.
Der Arme hatte eine schlechte Zeit vor sich. Er war immer ein bißchen kränklich. Während einer Tournee von *Jacobowsky* erkrankte er an einem der heißesten Tage in Chikago und mußte sofort in ein Spital eingeliefert werden. Sicher hatte er sich bei der Vorstellung erkältet und es nicht beachtet. Die Hitze war fürchterlich – es gab damals in Amerika schon Air-condition in den Theatern, aber nur für das Publikum.
Ende der vierziger Jahre ging er dann mit Micaela, der er viel zu verdanken hatte und die er heiratete, nach Wien zurück, arbeitete wieder zuviel und bekam einen zweiten Herzinfarkt, von dem er sich nicht mehr erholte. Er starb 1956 und liegt am Matzleinsdorfer Friedhof begraben. Er war ein solches Temperament, ein lieber Mensch ohne Arg und immer der beste Freund und Kamerad.
Jetzt hatten wir eine ruhige Zeit. Jeden Freitag, wenn man ins Theater kam, mußte man erst seine Wochengage in Empfang nehmen. Ein Angestellter von Rodgers & Hammerstein saß bei der Eingangstüre, und keiner von uns hätte an ihm vorbei dürfen, ohne seine Gage zu beheben. Ich ging gerne zur Vorstellung, weil ich Rolle und Stück mochte, auch die Atmosphäre war angenehm.

Lothar hing fast immer am Radio. Als am 7. Mai 1945 die Nachricht von der Kapitulation Deutschlands durchgegeben wurde, war ich zufällig mit unserem guten Freund Dr. Fritsch am Times Square.

Ich wollte eigentlich zur Nachmittagsvorstellung, aber die wurde wegen des Ereignisses abgesagt. Aus den Fenstern der höchsten Häuser flogen Zeitungen auf den Platz. Zeitungswerfen war immer ein Ausdruck der Freude. Der ganze Times Square war in einem einzigen Freudentaumel.

Wir armseligen Emigranten durften dieses Elementarereignis miterleben. Alle Kollegen saßen auf den Stufen vor dem Theater, wir setzten uns dazu und schrien und weinten mit.

Ich versuchte durch die Menge zu kommen, wollte zu Lothar. Er dachte bestimmt schon an die Heimreise.

Wir feierten still miteinander. Danach gingen wir zu Hansi – die, seit Ernst eingerückt war, wieder in New York arbeitete –, um ihr zu gratulieren, weil er nun sicher bald nach Hause kommen würde. Ernst war zu Anfang des Kriegseintritts Amerikas zum Militär eingezogen worden, damals war er in Salt Lake City bei einer Luftwaffeneinheit der First-Masters-Picture-Staffel, wo er Captain Ronald Reagan begegnete.

An einem Tag im Dezember rief Lothar Hansi in ihrem Büro an, was er täglich tat. Er bekam die Antwort, sie sei nicht gekommen.

Er versuchte sie zu Hause zu erreichen, es meldete sich niemand.
Voller Panik eilte Lothar in ihre Wohnung. Im Haus verspürte er Gasgeruch. Er fand sie bewußtlos auf ihrem Bett. Nun ging es um Minuten.
Lothar rief Dr. Fritsch an und dieser gleich die Rettung. Fritsch kam sofort. Lothar hatte auch mich verständigt – ich lag mit einer schweren Grippe und hatte schon ein paar Abende nicht gespielt. Um mich zu schonen, ließ Lothar mir sagen, Hansi habe eine starke Erkältung. Wäre ich nur mitgegangen!
Die Männer von der Rettung sagten: »Oh, wir bringen sie durch«, und transportierten sie ins Bellevue-Spital. Dort wurde sie sofort aufgenommen und kam in ein Zimmer mit vielen anderen. Lothar wollte nicht weg, aber man verbot ihm bei ihr zu bleiben. Ich allein wußte, was auf dem Spiel stand. Es war mir klar, daß es für ihn entsetzlich war, obwohl er immer noch hoffte. Er klammerte sich an die Worte, die die Männer von der Rettung gesagt hatten.
Wie diese Stunden vergingen, weiß ich nicht mehr, ich weiß nur noch, daß plötzlich ein Page mit einem Telegramm kam. In einer spontanen Abwehrreaktion sagte ich: »Das ist sicher wegen des Hauses in Morzg.«
Es war eine Nachricht des Spitals. Lothar las: »Mrs. Haeusserman criticly ill.«
Lothar lief hinunter, ich verständigte Dr. Fritsch, beide fuhren ins Hospital, sie wußten, daß sie eine Sterbende finden würden.
So war es auch. Für Dr. Fritsch war es klar, daß es

keine Rettung mehr gab. Er sagte zu Lothar: »Jetzt sag ihr schön adieu.«
Auch ich wußte, daß sie nicht mehr zu retten war, denn ich hatte gelernt, daß das Wort »criticly« immer die Katastrophe bedeutet. Ich war so verzweifelt und machte mir Vorwürfe, daß wir nicht zusammen gewohnt hatten. Aber Hansi war nicht seßhaft, weil sie immer gerne dort gelebt hätte, wo ihr Ernst gerade war.
Am nächsten Morgen kam die Nachricht von ihrem Tod.
Ein zweites Kind zu verlieren ist eine Tragödie!
Jetzt mußte gehandelt werden. Lisa, Hansis Großmutter, sagte mir, daß einem in Amerika bei einer Bestattung alles abgenommen würde. Man brauche nur die Daten anzugeben.
Lothar hatte Ernst verständigt, daß Hansi schwer erkrankt war. Ernst flog sofort nach New York, aber er hat Hansi nicht mehr lebend gesehen. Er kam am Nachmittag, für das Begräbnis zu spät.
Unsere Fahrt zum Friedhof werde ich nie vergessen. Sie war makaber. Wir waren nur fünf in einem Auto, und Lisa schwätzte ununterbrochen.
Ernst und ich waren in einem unbeschreiblichen Zustand, und Lothar erkannte, daß er auf uns aufpassen mußte. Das war vielleicht gut für ihn. Ich erinnere mich, daß Ernst und ich täglich auf einem Sofa im Livingroom saßen und vor uns hinstarrten. Mindestens zehn Tage saßen wir so. Dann mußte Ernst zurück zu seiner Staffel. Es war ein trauriger Abschied.

So viel hätte man tun können, und wir hatten Hansi, die so labil war, viel zu viel ihrem Schicksal überlassen. Lisa war ihr keine Hilfe gewesen, und außerdem hatte Hansi Agathes Tod nie verkraftet.
Am Tag nach Hansis Tod läutete das Telephon. Ein Herr wurde gemeldet, der Lothar sprechen wollte. Lothar ging in die Halle, der Herr drückte Lothar die Hand, wandte sich schnell ab und verschwand wieder. Es war Franz Molnár. Wer ihn gekannt hat, weiß, daß ein Kondolenzbesuch für ihn etwas Ungeheures war.
Auch Bruno Walter kam zu Lothar, hatte er doch selbst eine seiner beiden Töchter auf tragische Weise verloren: Sie war von ihrem Mann erschossen worden, es war ein Eifersuchtsmord. Schlüsselfigur in dem Drama war der berühmte Sänger Ezio Pinza.
Die erste Zeit nach der Katastrophe war die allerschlimmste. Unsere Freunde kümmerten sich viel um uns. Torberg und Jaray kamen jeden Nachmittag und arbeiteten mit Lothar an einem Filmmanuskript, sie versuchten ihn abzulenken. Mein Krankenurlaub wurde von den Direktoren bereitwillig um ein paar Tage verlängert.
Es waren traurige Weihnachten. Es waren traurige Monate. Herausgerissen wurden wir ein wenig durch die Tatsache, daß wir jetzt amerikanische Staatsbürger wurden. Ich war eine gute Amerikanerin und entschlossen, was immer kommen sollte, es zu bleiben.
Ich hatte gelernt das Land zu lieben und vor allem dankbar zu sein. Meine Schule würde ich nie verges-

sen, die Bereitschaft der Kollegen, mich wie eine der ihren aufzunehmen. Dorothy McGuire sagte einmal: »Adrienne, wenn du eine Spionin bist, bist du eine gute.« Sie meinte es nicht wirklich.
Und dann ereignete sich etwas, was unser Leben völlig verändern sollte. Mady Christians rief eines Tages bei uns an, sie müsse dringend mit Lothar sprechen. Sie war politisch stark engagiert und versuchte zu helfen, wo immer sie konnte. Das Gespräch mit Lothar ergab Folgendes. Für das besetzte Wien wurde ein Kulturbeauftragter vom State Department gesucht. Mady dachte sofort an Lothar. Er zögerte nicht eine Sekunde und sagte, er würde mit größtem Interesse diesen Auftrag annehmen. Sicher war der Gedanke, nach Österreich zurückzukehren, ausschlaggebend.
Mady setzte es durch, und Lothar erhielt die Stelle eines »Theatre and Music Officer«, sein Dienstgrad war »CAF 12« und entsprach dem eines Oberstleutnants. Sein vorgesetztes Kommando würde die United States Forces Austria (USFA) sein. Als Reisetermin wurde spätestens Mai 1946 in Aussicht genommen.
Nun gab es noch eine schwere Hürde. Ehefrauen durften nicht gleich mitfahren, es gab eine Frist von sechs Monaten, erst danach konnten »dependant wives« in die okkupierte Zone nachkommen.
Lothar mußte nach Washington fahren, er hatte ein Gespräch mit Mrs. Shipley, sie war die Allmächtige in allen Paßangelegenheiten, und sie hatte Verständnis für sein schweres Schicksal. Wir bekamen gleich-

zeitig unsere schönen grünen Pässe, auf denen mit goldenen Buchstaben »Special Passport« stand.
Jetzt gab es kein Zurück mehr. Die so klein gewordene Familie war auf dem Weg nach Hause. Ernst war bereits seit Februar in Wien. Er hatte sich sofort um einen Job und damit um eine Versetzung nach Wien beworben. Er bekam eine Stelle beim Rundfunk. Natürlich war bei ihm alles schneller gegangen, und da er aktiv in der Armee war, fiel es ihm, der so gut mit Menschen umgehen konnte, nicht schwer, seine Vorgesetzten von der Wichtigkeit seiner Bewerbung zu überzeugen.
Ich greife wieder vor: Ernst war es, der uns schon in Salzburg begrüßte, er war uns entgegengereist. Ich erinnere mich gut, wie er auf den Zug zulief: wie ein Knabe. Auch er, wie Lothar, in Uniform. Mir kam das Ganze etwas seltsam vor. Lothar ein Offizier, Ernstl ein Offizier.
Aber noch einmal zurück nach New York. Uns erreichte ein Brief von Gretls langjährigem Freund. Er teilte mir mit, daß mein Vater gestorben war. Ich hatte es längst geahnt, und doch traf es mich schwer. Er war einer der liebsten Menschen gewesen. Gretl und ich haben ihn vergöttert.
Gretl, so schrieb er, ging es Gott sei Dank relativ gut, sie wäre nur noch etwas geschwächt von ihrer Haftzeit. Sie war in den allerletzten Kriegswochen wegen einer wehrzersetzenden Äußerung in der »Lisl«, der Rossauerkaserne, inhaftiert worden, hatte aber noch vor der Kapitulation mit einer Leidensgenossin fliehen können. Ihr Freund hatte Schwie-

rigkeiten mit ihr zusammenzukommen, weil sie noch nicht in ihre Wohnung zurückgekehrt war, sondern bei ganz einfachen Leuten Unterkunft gefunden hatte.

Unsere Abreise fand nach großen Mühen mit Unmengen Gepäck statt. Es hatte sich in den Jahren doch einiges angesammelt, obwohl wir nur mit ein paar Kleidungsstücken angekommen waren. Ich weiß noch, daß ich im letzten Moment, am Vormittag vor der Abreise, hinunterlief, um in einem Drugstore eine Tasche mit Reißverschluß zu kaufen. Sie kostete fünf Dollar. Die Tasche habe ich heute noch.

Ein paar Tage vorher hatte ich Rodgers verständigt, daß meine Abreise unmittelbar bevorstehe und es mir sehr, sehr leid täte. Das Schicksal wäre stärker als mein Wille, denn ich würde gern in Amerika bleiben, könnte aber Lothar nicht allein lassen. Wir sprachen im Zuschauerraum während einer Probe zu *Annie Get your Gun*. Rodgers hörte sich meine für ihn wahrscheinlich sentimentalen Reden an und war eigentlich nur wütend. Er verstand nicht, daß man aus einem Erfolgsstück wie *I Remember Mama*, das noch lange Zeit auf dem Spielplan bleiben würde, ausstieg.

Es fiel mir ungeheuer schwer, mein Röllchen mit der großen Pointe im Stich zu lassen. Es fiel mir ungeheuer schwer, die Kollegen zu verlassen, ich konnte nur hoffen bald zurückzukommen. Es fiel mir ungeheuer schwer, den Broadway aufzugeben, der für mich eine solche Faszination hatte. Er war real, was alles Geschäftliche betraf, und er war unreal, was die Kunst betraf.

Ich habe in Amerika die schönsten Theaterabende erlebt mit Schauspielern wie Laurette Taylor, Laurence Olivier, Alec Guinness, Mady Christians, Fred Astaire, Danny Kaye, Gene Kelly, Kathrin Cornwell, Tallulah Bankhead, Helen Hayes... Ich habe Musicals gesehen wie *Oklahoma, On the Town* und *Carousel.* Außerdem waren wir oft in der Loge von Bruno Walter in der alten Met, die ein unbeschreibliches Flair hatte. Überdies lag sie so nahe am Broadway, ich empfand es wie Haus an Haus. Im Foyer waren Büsten der großen Sänger: Caruso, Scotti... Ich stand einmal lange vor der Büste Carusos und ließ mein Leben Revue passieren. Ich näherte mich den Fünfzigern. Wie schön war es, jung zu sein –

An manchen Logentüren hatten Multimillionäre kleine Schilder mit ihren Namen angebracht. Mr. Vanderbilt, Mr. Astor... Familie Astor kam, glaube ich, immer montags in die Oper.

Vor jeder Vorstellung im Theater und auch in der Oper wurde die amerikanische Nationalhymne gespielt. Frau Walter, die meist an ihrem Mann etwas auszusetzen hatte, sagte einmal in unserem Beisein zu ihm: »Die Hymne hast du heute wieder scheußlich dirigiert!« Er hatte sich im Laufe der Jahre an diese sicher nicht böse gemeinten Aussprüche gewöhnt, wie sich wahrscheinlich auch Richard Strauss an seine Gattin gewöhnt hatte.

Lothar war ein großer Verehrer von Bruno Walter.
Wir haben ihn Gott sei Dank in Europa wiederge-
troffen. Seine Frau war etliche Jahre zuvor in New
York gestorben. Er hatte sie bis zuletzt mit einer
Pflegerin in der Wohnung behalten, obwohl sie sehr,
sehr krank war. Bruno Walter starb im Februar 1962
in Beverly Hills.

Wie die letzten Tage in New York verliefen, ist mir
nicht mehr gegenwärtig. Ich weiß nur, daß mir sehr
bang war, Amerika zu verlassen, das Land der un-
begrenzten Möglichkeiten, von dem ich nur Gutes
erfahren hatte – ich kann es nicht oft genug wiederholen.
Die Abfahrt zum Pier, an Wall Street vorbei, die
uns, wie es schien, entgegenschwimmende Freiheitsstatue – all das ist so oft geschildert worden.
Unsere Freunde hatten sich zum Abschied eingefun-
den, sie winkten und schrien fast zwei Stunden,
denn so lange hatte die »Brazil« Verspätung. Torberg hatte Lothar ein kleines Eisenbahnpfeiferl gebracht: er betrachtete ihn als Zugsführer.
Auf dem Schiff und dort, wo die Nichtmitgenom-
menen standen, war eine wilde Hast.
Abschied von Paula, meiner besten Freundin. Wir
wußten, daß wir uns wiedersehen würden, und so
war es auch. Zwei Jahre später kam sie trotz ihrer
schweren Herzkrankheit nach Salzburg, genoß noch
alles, was zu genießen war, und verlöschte ganz
plötzlich.
Endlich fuhr das Schiff. Die Freunde verabschiede-

ten sich ein letztes Mal mit Winken. Das Bild der Gruppe wurde kleiner, man sah nur noch Mariettas roten Schal.
Ich setzte mich einen Augenblick mit Lothar an Deck auf einen Liegestuhl; die Bojen, die der Brazil den Weg wiesen, schwammen wie kleine Enten. War ich glücklich oder war ich unglücklich? Ich konnte die Frage nicht beantworten, zu tief lagen die Gefühle nebeneinander.
Wie würde sich unsere Zukunft gestalten? Jedenfalls begann mein drittes Leben – oder nicht?

Das Programmheft zu »Claudia«

13

Ich hatte keine Augen für die Schönheiten der Reise. Wir hatten Glück mit dem Wetter, trotzdem war ich wieder ein bißchen seekrank und sah alles verschleiert.
Lothar war geborgen, das spürte ich.
Wir kamen in Le Havre an. Die *Garde mobile* versuchte das Gepäck der Passagiere vom Schiff in den Zug zu befördern. Die Szenen, die sich abspielten, waren lustspielreif. Die Passagiere liefen auf einem großen grünen Platz hin und her, suchten nach Koffern, die auf dem Rasen lagen oder auf Bänken standen. Die Zollbeamten waren nicht Herr der Lage, sie setzten sich immer wieder erschöpft und wischten sich den Schweiß von der Stirne. Wir regten uns nicht auf, da der Verlust unserer kleinen Habe uns nicht in Panik versetzt hätte. Aber siehe da, plötzlich sah ich einen unserer Koffer. Wir versuchten einem Zöllner zu erklären, daß er auch noch in den Zug müsse. Neuerlicher Schweißausbruch von ihm. Erstaunlicherweise war dann unser Gepäck vollständig im Zug. Wir fuhren, rechts und links sahen wir Bäume, von denen Lothar sagte, daß sie ganz anders wären als in Amerika. Tränen rannen aus seinen Augen.

Lothar ging viel durch den Kopf. Ihn peinigte der Gedanke, daß er ohne sein Kind heimkehrte. Aber das Erlebnis der Rückkehr war stärker als alles andere.
Bei mir war es anders. Ich wurde das Gefühl nicht los, daß ich meinen Feinden entgegenfuhr. Außer Gretl hatte ich niemanden mehr. Man hatte uns verjagt, uns alles genommen, und wären wir nicht rechtzeitig davon, hätten wir in der Gaskammer geendet. Wie konnte man das vergessen?
Ich hatte wieder einmal Angst.
Aber weg mit dem Pessimismus, weg mit den schlechten Gedanken! Die Abfahrt von Paris verlief klaglos. Plötzlich waren wir in Zürich, wo mein Schwager uns erwartete. Lothar und Hans fielen sich wortlos in die Arme.
Hans sagte zu mir: »Du bist ja so elegant.«
Ich hatte mir tatsächlich ein dunkelblaues Kostüm gekauft, da ich inzwischen gelernt hatte, daß man auf einer Seereise Dunkelblau trägt.
Hans blieb eine kurze Zeit bei uns im Zug, dann mußte er wieder aussteigen. Er schien sehr krank zu sein, wir hatten schon davon gehört, daß er mit der Niere zu tun hatte. Mik war nicht mitgekommen, er hätte sich zu sehr aufgeregt.
In unserem Abteil, wir waren acht Personen, saß zufällig neben mir ein alter Tanzstundenfreund, Franzl Meier-Gunthof, ein lieber Mensch, der erst vor ein paar Jahren gestorben ist. Er bekniete Lothar, in seinem neuen Job so milde als nur möglich zu sein. Wir hatten ja via Zürich immer erfahren, wer Nazi war

und wer nicht. In Meier-Gunthofs Augen war niemand Nazi gewesen, obwohl er selbst, gleichzeitig mit Gretl, eine Zeitlang in der »Lisl« eingesperrt war.
Noch ein paar bekannte Gesichter sah man im Zug. Ich glaube nicht, daß es Heimkehrer waren, auch nicht, daß sie einen Beruf in Wien hatten. Damals hatte die große Schieberei, wie man uns in Paris erzählt hatte, längst begonnen. Nur die armen Wiener hungerten.
Jetzt waren wir in Salzburg. Dramatischer Empfang durch Ernstl, ein Blick auf die Festung, auf die Salzach, und weiter ging es Wien entgegen.
Scharfe Kontrolle im Gebiet von Enns, und wieder kamen wir Wien näher.
Wir fuhren in den Bahnhof ein, wieder war es der Westbahnhof, der nicht mehr als solcher bezeichnet werden konnte.
Ein Häuflein Menschen erwartete uns: Gretl, die von Ernst die Genehmigung bekommen hatte uns abzuholen, jemand vom ISB (Information Services Branch), ein Photograph und ein Reporter.
Wie ich in den Wagen einstieg, weiß ich nicht mehr, auch nicht, welche Straße wir durchfuhren, es konnte nur die Mariahilferstraße sein. Etwas weiter unten, am Getreidemarkt, war die Wohnung von Gretl. Wir fuhren daran vorbei und landeten im Hotel Bristol. Man wies uns ein wunderschönes Zimmer an, von dem man auf die Oper blickte. Sie war zerstört. Ich war im Begriff in Tränen auszubrechen und mußte mich zusammennehmen. Was

hatte uns die Oper bedeutet, und jetzt war sie eine Ruine.
Das Personal im Bristol war österreichisch, sonst gab es nur amerikanische Uniformen. Ein Page schien mich zu erkennen, er hatte einen Arm verloren, aber er war froh, einen so guten Job gefunden zu haben. Er ist heute ein reifer Mann und besitzt die Trafik neben dem Hotel Bristol. Ich besuche ihn öfters, meistens zu Neujahr, wenn ich kleine Glücksbringer bei ihm kaufe.
Lothar wurde ans Telephon gerufen. Sein Vorgesetzter machte bereits für den Nachmittag ein Treffen mit ihm aus. Sie verabredeten sich in der Hotelhalle.
Gretl kam mich besuchen. Blumen wurden abgegeben. Ein paar Kollegen riefen an.
Die meisten Portiers erinnerten sich an uns und freuten sich. Ich wurde von meinen Gefühlen hin und her gerissen, wie sollte ich mich den früheren Nazis gegenüber verhalten? Vorwurfsvoll, ohne ein Gefühl zu zeigen oder streng? Aber war ich denn jemand, der richten durfte? In meinem Kopf ging es hin und her. Mechanisch zählte ich unser Gepäck und öffnete die Koffer.
Lothar schien befriedigt von seiner Unterredung. Am nächsten Morgen sollte er in seinem Büro, in der Seidengasse, seinen Dienst antreten. Er hatte zu »entnazifizieren«, das brachte es mit sich, mit einigen streng zu verfahren. Ernstl, der Dienst hatte, rief jede halbe Stunde an. Ja, wir waren gut angekommen, waren herrlich untergebracht. Er lud uns

ein, zu seinem Stammtisch zu kommen, er war ja seit Februar in Wien und hatte bereits eine Runde in der Akademiestraße. Wir lehnten ab, da wir beide von der Reise und den ersten Eindrücken zu erschöpft waren.
Ernst hatte auch erzählt, daß Lothar ungezählte köstliche Weine in seinem Büro stehen hatte. Die besten waren von einer Schauspielerin, die anscheinend versuchte, ihn mit milden Gaben umzustimmen. Sie hatte sich für den nächsten Tag bei ihm angemeldet.

Sehr bald wurde uns eine Wohnung zugewiesen, denn das Bristol war nur eine Zwischenlösung. Sie gefiel mir gar nicht. Ich nörgelte so lange, bis mir eine andere zugewiesen wurde – angeblich die letzte, die im Moment zu haben war –, und fuhr mit Lothars Chauffeur hin, um sie zu besichtigen. Die neue Wohnung war in der Chimanigasse im Cottage und eigentlich das, was ich mir immer gewünscht hatte: drei Zimmer, ein schönes Bad, Küche, Mädchenzimmer und last not least eine herrliche Terrasse. Ich war glücklich.
Das Cottage war immer mein Traum gewesen: Sommerheidenweg, das Kainz-Denkmal, das Haus von Beer-Hofmann, das er nie wiedersehen sollte, er war im September 1945 in New York gestorben; der Döblinger Friedhof, auf dem die Eltern, die Großeltern und meine Tante Camilla lagen; das Cottage-Sanatorium, in dem wir so oft gewesen waren. Erinnerungen, Erinnerungen...

Gretl sagte einmal zu mir: »Es geht dir doch herrlich!«
Dessen war ich mir nur zum Teil bewußt. Das Leben, das ich jetzt führte, war vorläufig noch ohne Arbeit; von den Amerikanern war mir verboten, in deutscher Sprache Theater zu spielen. Trotz aller Monotonie war da aber doch wieder etwas Glanz, den ich ja immer so liebte. Man war viel eingeladen, es gab fast täglich Cocktailparties, zu denen man gehen mußte, man begegnete Bekannten wie Franzl Meier-Gunthof, Minister Hurdes... Die Österreicher, die wir trafen, waren fast alle im KZ gewesen, und man konnte sich ohne Mißtrauen unterhalten.
Lothars Job war anstrengend, auch seelisch. Jeder, der zu ihm kam, war kein Nazi gewesen und hatte eine weiße Weste.
Ziemlich bald brauchte er eine tüchtige Sekretärin. Er bekam Frau Gustl Mayer, die lange Jahre bei Reinhardt war und vom Theater viel verstand. Sie war vielleicht die letzte, die eine genaue Kenntnis davon hatte, wie ein wirklicher Schauspieler arbeitet. Sie wußte viel von Stücken und wurde Lothar eine große Stütze.
Ich habe wenig Ahnung von der Seidengasse und den Intrigen, die sich dort abspielten, denn wir Armee-Frauen wurden in den Büros der Männer nicht gerne gesehen.
Ich war so beschäftigt, besonders in der ersten Zeit, bis wir in die Chimanigasse übersiedelten, daß ich gar nicht merkte, wie wenig ich Lothar zu Gesicht bekam. Jeden Tag hatte ich noch Angst, daß ihm

etwas passiert sein konnte, wenn er verspätet zum Mittagessen kam. Aber die Angst legte sich bald. Bei Mr. und Mrs. Erhardt – er war der politische Berater des amerikanischen Kommandierenden in Österreich – waren wir Gott sei Dank beide sehr beliebt, und mit seinem schönen unmittelbaren Vorgesetzten, Oberst Lawrence K. Ladue, dem ISB-Chef, entstand eine wirkliche Freundschaft, worüber ich sehr froh war, denn ich sagte immer, Lothar spricht die Frauensprache, mit Männern hatte er es schwer. In Wien gab es damals so gut wie nichts zu essen, und ich konnte im PX einkaufen, was mich zu einem Übermenschen machte.
Leider durften wir in diesen amerikanischen Läden nicht so viel kaufen wie wir wollten, aber gelegentlich konnten wir unseren Freunden Kaffee, Zigaretten und Seife in die Tasche stecken.

Man dachte nicht mehr an den Krieg, alle dachten nur ans Überleben. Es gab unzählige Ausgebombte, es gab viele, die buchstäblich nichts zu essen hatten. Mit der Wohnung mußte ich mich beeilen, damit wir wenigstens im Herbst einziehen konnten. Sehr bald nach unserer Ankunft wurde von Salzburg gesprochen. Im Sommer 1946 sollte der *Jedermann* nach achtjähriger Pause wiederaufgeführt werden.
Immer wenn wir in Salzburg waren, wurden wir im Österreichischen Hof einquartiert, der schon damals ein erstklassiges Hotel war. Lothar war überbeschäftigt, in Wien gab es viel Arbeit, desgleichen in Salzburg, wo er auch ein Büro hatte.

Beide hatten wir die widersprüchlichen Gefühle, die uns bei der Rückkehr beherrschten, noch nicht überwunden, und der Alltag, obwohl für mich monoton, verlief in großer Hast.
Ich erfuhr, daß unser Salzburger Haus in Morzg von einem Ehepaar Pamperl bewohnt wurde. Als sie hörten, daß man uns das Haus selbstverständlich zurückgeben wollte, zogen sie todbeleidigt aus. Aus dem zauberhaften Atelier hatten sie eine Wohnküche gemacht, ein herrliches Bett hatten Herrn Pamperls Untermieter mitgenommen. Ich fragte nach unseren Möbeln. Er erklärte, sie seien in alle Winde zerstreut, denn er hatte eigene.
Nie vergessen werde ich es einer Nachbarin, der Baronin Dürfeld, eine der aufrechtesten Frauen, daß sie uns einen besonders schweren Schrank, den man bei ihr untergestellt hatte, nicht zurückgeben wollte, bevor er gerichtet war. Sie meinte, er sei bei ihr beschädigt worden, und das würde einer ihrer Söhne ehebaldigst richten. Auch das gab es! Sie verdient ein kleines Denkmal.
Baronin Dürfelds Mann war im Ersten Weltkrieg gefallen. Sie war mit vier Kindern, drei Knaben und einem Mädchen, zurückgeblieben. Sie bekam eine winzige Pension. So hielt sie Hühner, arbeitete, trotz einer schweren Arthritis, soviel sie konnte im Garten, einfach um die Kinder zu ernähren.
Ich hatte seit dem Jahr 1932 die freundschaftlichsten Gefühle für sie. In ihren letzten Jahren, sie konnte kaum mehr gehen, kam doch noch etwas Freude in ihr Dasein: Ihre Söhne heirateten, sie liebte ihre drei

Schwiegertöchter, und alle verehrten und liebten die Mutter respektive Schwiegermutter. Sie starb glücklich, umringt von ihrer Familie, und liegt in der Familiengruft in Morzg nicht weit von Agathes Grab. Einer ihrer Söhne, der viel zu früh mit 51 Jahren starb, hat das Hotel Schwarzenberg in Wien gebaut. Auf unserem Flurweg in Morzg lebte noch die Schusterfamilie Moser, ebenfalls unsere unmittelbaren Nachbarn. Sie begrüßten mich freundlicher als Herr Pamperl, der mir verwehrte, ein Zimmer zu betreten, da seine Kinder gerade dort schliefen. Ich sagte ihm, er würde verständigt werden, wann er auszuziehen hätte, und ging auf den Friedhof. Der war so schön wie eh und je. Ich blieb lange und versuchte meine Gedanken zu ordnen, aber es war unmöglich. Als ich mich endlich vom Friedhof entfernte, war ich nicht klüger geworden. Die Schönheit hier war unbeschreiblich. Ich dachte wieder, daß Gretl mir gesagt hatte: »Es geht dir doch herrlich!«, bestieg das Auto und fuhr über Hellbrunn in die Stadt zurück: »Zum Augenblicke durft ich sagen: Verweile doch, du bist so schön!«
Lothar hatte an diesem Vormittag Herbert von Karajan empfangen müssen, da Baron Heinrich Puthon, der damalige Intendant der Salzburger Festspiele, ihn angefleht hatte: »Bitt' dich, laß mir den Karajan frei!«
Karajan war für uns kein Begriff, obwohl wir den Namen in den letzten Wochen oft gehört hatten. Für Wien war er der liebe Gott. Lothar war sehr beeindruckt von seiner Persönlichkeit, von seiner Hal-

tung. Er war bestimmt kein Nazi gewesen, hatte aber alle Vorteile der Nazis genossen. Er war jung, ein leidenschaftlicher Musiker, und Oberst Ladue sagte: »Um zu dirigieren, würde er seine Großmutter erschlagen.« Karajan war in Lothars Büro hereingeweht, wie er viel später einmal, 1952, zu uns im Frack vor einem Konzert hereingeweht war, um Lothar zu beschwören, den *Jedermann* noch weitere fünf Jahre zu inszenieren.

Auch Werner Krauß kam, aber die alte Freundschaft ließ sich nicht mehr herstellen. Krauß war sehr böse darüber, daß man ihm sein Nazitum zum Vorwurf machte.

Lothars Situation war mehr als schwierig, er meisterte sie durch seinen ungeheuren Gerechtigkeitssinn, nicht umsonst war er als ganz junger Mann bei der Staatsanwaltschaft gewesen. Zum Glück hatte er die letzten Entscheidungen nicht allein zu treffen, da waren immer noch Oberst Ladue und Dr. Albert van Eerden, der stellvertretende ISB-Chef.

Im Herbst 1946 dirigierte Karajan in Wien. Ich war mit Ernst in seinem Konzert. Trotz der damaligen Notlage war das Publikum äußerst elegant. Ich erinnere mich, daß Ernst sich fast genierte, weil ich einen uralten Mantel trug aus Angst, er würde mir bei der Garderobe gestohlen werden. Angst hatte ich eben noch immer, und die war damals gänzlich unbegründet.

Das Konzert war herrlich, nur der Beginn etwas seltsam. Ein merkwürdig aussehender, nicht sehr großer, schlanker, fast schöner Mensch wehte in den

Saal. Er sprang aufs Podium, ließ die Arme langsam fallen, die Hände berührten beinahe den Boden. Dann hob er die Hände ebenso langsam, wartete noch immer, bis er den ersten Einsatz gab. Ich glaube, es dauerte mehrere Minuten. Aber was dann kam, war überwältigend. Jetzt verstand ich, daß Lothar beim ersten Zusammentreffen in Salzburg so fasziniert von ihm war.

Um wieder nach Salzburg zurückzukehren: Ich mußte für das Haus, wenn Pamperls ausziehen würden, meine Möbel zurückhaben. Sie waren, so hatte ich inzwischen herausgefunden, bei drei Damen in Ischl. Man hatte sie ihnen zugewiesen, da sie ausgebombt waren.

So fuhr ich eines Tages mit einem Lastwagen nach Ischl. Ich setzte mich neben den Fahrer, der stieg ein, schloß die Türe und sagte, als wir gerade im Wegfahren waren: »Leiden S' in Amerika auch so unter die Juden?«

Ich versuchte ihm zu erklären, daß am selben Abend ein berühmter Geiger mit Namen Yehudi Menuhin in Salzburg ein Konzert geben würde, ohne einen Groschen dafür zu erhalten. Der Erlös sollte ausgebombten Familien zugewendet werden.

Darauf sagte der Mann: »Ja, ja, ich weiß, es gibt auch gute Juden.«

Und ich fuhr nach Ischl, um meine eigenen Möbel zurückzukaufen!

Die drei Damen in Ischl waren sehr ungehalten über meinen Besuch und wollten verhindern, daß die Möbel auf den Lastwagen gestellt wurden. Es war mir

schrecklich, aber eigentlich war es doch selbstverständlich. Ich bezahlte und lud die Möbelpacker, auch den Judenfeind, auf einen Kaffee ein. Politisiert wurde nicht mehr.
Wir fuhren denselben Weg zurück, den wir im Sommer 1933 mit Hansi und Professor Herschmann gefahren waren. Damals hat sie ihre Hand auf sein Knie gelegt, Hilfe gesucht...

*

Heute schreiben wir den 7. Dezember 1981.
Heute vor vierzig Jahren war Pearl Harbor, der Beginn der Weltkatastrophe. Ich denke an meine Flucht, an die letzte Tournee 1938. Warum denke ich gerade daran? Weil gestern ein Freund von Ernstl mich besuchen kam, der mit auf dieser Tournee war. Damals spielte er einen Knaben, heute ist er ein reifer Mann, doch ich sehe ihn unverändert, wie er in seiner Jugend aussah. Durch ihn erinnerte ich mich an unseren Abend in Graz.
Wir spielten die *Hochzeitstage* vor ausverkauftem Haus. In der Pause kam Frau Dr. Hansa, die langjährige Freundin von Joseph Marx, zu mir in die Garderobe und sagte: »Du, es heißt, der Führer ist unterwegs nach Wien!«
Ich bestritt das, sie sagte nur: »Der, der mir's gesagt hat, ist eigentlich sonst sehr gut informiert!«
Es mußte also eine entsprechende Nachricht durchgegeben worden sein, denn nach der Pause war das Haus vollkommen leer, bis auf vier Personen. Die

Theaterbesucher schienen alle zum Radio gestürzt zu sein oder begannen gleich mit dem Feiern. Wer die vier waren, die ausharrten, wußte niemand. In mir wuchs die Angst ins Unermeßliche. Wir spielten das Stück zu Ende, für vier Besucher.
Nach der Vorstellung waren wir bei dem Besitzer eines großen Kaufhauses eingeladen, die meisten waren eigentlich ganz fröhlich, bis auf Fritz Delius, Hans Thimig, mich und den Gastgeber. Er war in einer verzweifelten Stimmung, sah alles voraus. Und er behielt recht, denn er endete in Auschwitz.
Am nächsten Morgen, unmittelbar vor unserer Weiterfahrt, besuchte mich eine Jugendfreundin, deren Mann ein bekannter Chirurg war. Während des Gesprächs stellte sich heraus, daß sie eine ungeheure Hitler-Verehrerin war.
Ich sagte ihr: »Du hast doch drei Söhne, was würdest du machen, wenn sie alle drei einrücken müßten?«
Sie antwortete emphatisch: »Dann wer'n s' halt für den Führer fallen!«
Ich sagte ihr adieu und ließ sie stehen.
Noch heute steigt in mir Empörung auf, wenn ich daran zurückdenke.

*

Zurück nach Salzburg 1946. Ich traf Lothar im Österreichischen Hof, wo wir zu Abend essen wollten. Ich war sehr erregt und außerstande, ihm irgend

etwas zu erzählen. Alles, die Fahrt, die Rückgabe der eigenen Möbel, die Gedanken an das lange zurückliegende Erlebnis in der Nazihochburg Graz, das ich fast vergessen hatte, das Unglück der armen Hansi über den Tod der Schwester. Das alles beherrschte mich noch.
Solche Gedanken befielen mich oft, es war wie ein bitterer Schmerz. Lothar, der einen arbeitsreichen Tag hinter sich hatte, fing nun Gott sei Dank selbst an zu erzählen, was sich heute alles zwischen seinem Salzburger Büro, der Seidengasse und den Festspielen abgespielt hatte.
Wir mußten bald zurück nach Wien. In der nächsten Zeit pendelte Lothar ein paarmal mit dem Nachtzug, den die Amerikaner »Mozart« tauften und »Mosár« aussprachen, zwischen Wien und Salzburg hin und her. Es gab bequeme Schlafwagen, und die Fahrt dauerte nicht allzulange.
Ich begann die Wohnung in der Chimanigasse einzurichten, da sie nur zum Teil möbliert war. Die vielgereisten Möbel aus Morzg sollten zum größten Teil nach Wien übersiedeln und die Wohnung wurde entzückend. Jetzt war das Leben wirklich schön.

14

Immer noch bin ich dankbar, daß Lothar nach seinem schweren Schicksalsschlag nach Wien zurückgekehrt ist. Ich weiß nicht, wie er sonst den Tod der armen Hansi ertragen hätte. Aber so waren die Tage ausgefüllt mit Arbeit, neben seiner beruflichen Hauptaufgabe entstand ein neuer Roman. Darüber hinaus waren gesellschaftliche Verpflichtungen unerläßlich, sie gehörten zum Job: Wir mußten Leute einladen.
Ich hatte großes Glück, eine frühere Angestellte von Gretl zu bekommen. Sie hieß Mostestnik und war eine Perle. Da es noch sehr wenig Fahrverbindungen gab, ging sie jeden Morgen von ihrer Wohnung in Hietzing zu Fuß in die Chimanigasse. Um Punkt sieben war sie vergnügt und lustig bei uns und kochte Kaffee, den sie so lange entbehrt hatte. Sie war eine fabelhafte Köchin, was meinen Haushalt sehr erleichterte. Außerdem brachte sie manchmal eine Kollegin mit, denn Personal war damals sehr leicht und billig zu haben. So hatten wir einen perfekten Haushalt.
Besonderen Eifer legte Frau Mostestnik bei einem Lunch an den Tag, bei dem wir Furtwängler zu Gast

hatten. Nachdem er das erste Philharmonische Konzert dirigiert hatte, fuhren wir mit ihm zurück in die Chimanigasse, einige Polizisten auf den Trittbrettern. Frau Mostestnik kochte hervorragender denn je, war sie doch einen Sommer lang bei Furtwängler in Deutschland als Haushälterin beschäftigt gewesen. Dieses Wiedersehen war wohl ihr größter Glücksmoment in dieser Zeit.
Und noch etwas machte uns beide Frauen während einiger Wochen glücklich, in denen Lothar nicht in Wien war. Ich hatte mit Einwilligung unserer nahegelegenen Kirche einmal in der Woche drei Kinder zum Mittagessen: einen Bub, Karli – er war mein Liebling –, und zwei Mädchen. Sie bekamen ein sehr gutes Essen, und dann spielten wir mit ihnen, meistens war Gretl auch dabei. Das war schön.
Meine Arthritis begann mich wieder sehr zu plagen. Dr. Fritsch hatte uns einen Tip gegeben. Er sagte: »Wenn euch etwas fehlt, dann geht's nur zum Lauda!«
So ging ich in Professor Laudas Ordination in der Wohllebengasse. Ich war sehr beeindruckt von seiner Persönlichkeit. Er öffnete selbst die Türe, führte mich in ein Zimmer und bat mich einen Augenblick zu warten. Kurze Zeit darauf holte er mich in seinen Ordinationsraum. Er sprach sehr leise, untersuchte mich lange und gründlich. Er machte mir eigentlich nicht viel Hoffnung, die Arthritis sei wohl kein gefährliches Leiden, aber eines, das sehr behindere, man könne nur versuchen es zu stoppen, aber de facto gebe es nichts dagegen. Er riet mir, mich für ein

paar Wochen, mindestens zwei bis drei, in ein Spital zu legen, wo er versuchen würde eine Salizylkur mit mir zu machen.
Damals war das Medikament Cortison gerade eben in den Handel gekommen, aber Lauda verwendete es nicht, da es noch zu wenig ausprobiert war. In Amerika war mir Gold injiziert worden, doch davon war man abgekommen.
Ich verabschiedete mich und fragte, was ich zahlen dürfe. Er nannte einen eher hohen Betrag und steckte ihn in die Schreibtischlade, alles sehr leise.
Erst später erfuhr ich, wie dringend er Geld brauchte. Er hatte einen Stiefsohn, der ihm und seiner Frau große Sorgen bereitete, da er Trinker war. Soviel ich weiß, endete er durch Selbstmord. Lauda und seine Frau waren Morphinisten, er, weil er eine schwere Kriegsverletzung hatte, und sie wahrscheinlich aus Kummer über ihren Sohn.
Lothar ging in den nächsten Tagen zu ihm, um zu fragen, ob mein Spitalaufenthalt unbedingt notwendig wäre. Lauda meinte: »Es kann eine große Hilfe sein.«
So ging ich für drei Wochen in das Krankenhaus in der Spitalgasse, es war eines der wenigen, das damals für Zivilisten halbwegs funktionierte. Ich bekam ein kleines Apartment, bestehend aus einem Wohn-, einem Schlafzimmer und einem Bad, es war sicher das beste, was das Haus zu vergeben hatte. Trotzdem war es ziemlich primitiv, wie zu der Zeit eben alles in Wien, aber die ärztliche Betreuung war dank Lauda erstklassig.

Am Abend bekam ich regelmäßig Besuch, dem ich immer etwas Eßbares anbieten konnte.

Lauda begann sehr bald mit der Kur. Man gab mir große Mengen von Salizyl, und da ich es sehr gut vertrug, steigerte man die Dosis. Eines Nachts wurde mir so schlecht, daß der diensthabende Arzt zweimal gerufen werden mußte. In der Frühe, als Lauda mit seinem Stab zur Visite erschien, sagte er: »Sie schauen schlecht aus. Glück muß man in der Medizin haben.«

Diesen Ausspruch fand ich ungeheuer großzügig und habe ihn immer behalten. Ebensowenig habe ich nie vergessen, daß er einige Jahre später, während einer schweren Krankheit von Lothar, mich aus dem Krankenzimmer herausrief und sagte: »Warum gehen Sie denn hinein, wenn Sie Ihre Angst nicht verbergen können?«

So war er eben, ein großer Arzt und ein großer Charakter.

Ich wurde weiterhin mit geringeren Dosen behandelt, und mein Zustand besserte sich wesentlich. Ich weiß noch, daß ich die Stufen in der Chimanigasse hinauflaufen konnte, aber der Erfolg hielt nicht sehr lange an. Diese Erfahrung macht man ja auch mit Cortison. Die Arthritiskranken, die mit Cortison behandelt wurden, reagierten zunächst phänomenal, aber nach vier, fünf Tagen stellten sich dieselben Behinderungen wieder ein. Heute ist Cortison ein weltbekanntes Mittel, das in vielen Fällen lebenserhaltend ist, aber doch sehr viele negative Nebenwirkungen auslöst.

Später verwendete auch Lauda Cortison bei Lothar, der im Jahr 1956 einen schweren Infekt hatte. Cortison rettete ihm das Leben.

Ich selbst habe es später mindestens fünfzehn Jahre hindurch genommen und glaube, daß es doch das Leiden, mit dem ich mich abfinden mußte, linderte, zumindest hatte ich wenig Schmerzen. Inwieweit es mir im Beruf schaden würde, darüber machte ich mir merkwürdigerweise keine Gedanken.

Sicher ist, daß ich sehr bald in ein älteres Fach überwechselte und daß das fortschreitende Leiden, das ich zu kaschieren lernte, daran schuld war. Ich weiß noch, daß ich 1962 in Zürich bei einem bekannten Spezialisten war, der am Tag zuvor eine Vorstellung des *Schwierigen* gesehen hatte, in der ich die Crescence spielte. Als er meine Hände sah, rief er: »Und das habe ich gestern nicht bemerkt!«

Wie schwer die Krankheit meinen Körper belastete, wollte ich nie wahrhaben, es war mir klar, daß ich nie mehr ein gesunder Mensch werden konnte, aber meine starke Natur und meine Zähigkeit halfen mir das schwere Übel zu verdrängen, ja sogar zu vergessen. Aber wenn ich immer wieder einen der sogenannten Schübe bekam und sich hauptsächlich an den Händen sichtbare Veränderungen bemerkbar machten, war es oft mit meinen Zukunftsplänen vorbei.

Aber 1946 hatte ich noch Zukunftspläne, sogar sehr große. Daß ich meinen Beruf noch vollständig ausüben konnte, wußte ich. Die Sehnsucht nach dem Theaterspielen meldete sich mehr und mehr. Ich litt

stark unter der Beschäftigungslosigkeit. Lothar
wußte nichts davon, er sollte nicht belastet werden,
hatte er sich doch kaum von seinem letzten Schicksalsschlag erholt.

Als wir eine geraume Zeit in der Chimanigasse
wohnten, trat ein Glücksfall in mein Leben. Eines
Tages teilte Ladue Lothar mit, aus Washington sei
die Nachricht gekommen, ich dürfte amerikanische
Stücke in deutscher Sprache spielen.
Das Anti-Nazi-Stück *Watch on the Rhine* von Lillian Hellman war vom Volkstheater angenommen
und die Hauptrollen mit Attila Hörbiger und mir
besetzt worden. Es war keine meiner Lieblingsrollen, ich war auch nicht sehr gut, hatte aber bei der
Premiere am 4. Februar 1947 – das Stück lief unter
dem deutschen Titel *Vor der Entscheidung* – bei Publikum und Presse wieder großen Erfolg. Am
Schluß der Vorstellung kamen alle amerikanischen
Freunde und Mitarbeiter Lothars in meine Garderobe. Ich habe mich ein bißchen geschämt, denn es waren so wenig Österreicher darunter, und ich hatte
das Gefühl, es war Verrat an meiner Heimat.
Das Eis war jetzt gebrochen, ich konnte meinen Beruf wieder ausüben. Trotzdem machte es mich nicht
glücklich, denn in diese Zeit fiel der Abschied von
Ladue, der Lothar ein so aufrichtiger Freund war.
Seine Versetzung nach Korea bedeutete für Lothar
einen argen Schlag, wußten wir doch selbst nicht, ob
wir in absehbarer Zeit nach Amerika zurück mußten.

Wir begleiteten Ladue auf den Westbahnhof – wieder auf den Westbahnhof! –, seine schönen Gräfinnen waren zum Abschied gekommen. Ich umarmte ihn zum ersten und letzten Mal. Lothar verbarg mühsam seine Tränen.
Ladue starb sehr bald mit noch nicht fünfzig Jahren in Korea, nicht im Krieg, sondern an Herzversagen. Sein früher Tod, die Erinnerung an den Abschied auf dem Westbahnhof, gehören zum Traurigsten in dieser eher glücklichen Zeit.
Ladue hatte Lothar viel bedeutet, er hat ihm viel gegeben. Ladue war im Gegensatz zu Lothar ein Lebensbejaher, ein Lebensgenießer und ein Mensch ohne Angst. Obwohl sie so verschieden waren, hatte sich eine ehrliche Freundschaft zwischen ihnen entwickelt, und Lothar wünschte sich so sehr, ihm noch einmal im Leben zu begegnen. Ein Bild Ladues hängt immer noch in Lothars Schlafzimmer, ich habe es unberührt an seinem Platz gelassen.
Ladues Nachfolger, Mr. Schulz, war gar nicht nach Lothars Geschmack. Von Kunst hatte er keine Ahnung, dafür war er einer von denen, die beim Lunch die Kellner anschrien: »I want my coffee with my meal.«
Es kam der Tag, an dem van Eerden zu Lothar sagte: »Ernst, you have to make a salto!« Mr. Erhardt hatte die Anordnung Washingtons weitergegeben, daß allen früheren Nazis wieder erlaubt wurde, ihren Beruf auszuüben. Dieser Befehl erleichterte Lothars Arbeit wesentlich.
»Der Engel mit der Posaune«, Lothars noch in New

York erschienener Roman über das alte Österreich, wurde in dieser Zeit verfilmt. Unter der Regie von Karl Hartl spielten Paula Wessely, Attila und Paul Hörbiger, Fred Liewehr, Curd Jürgens, Karl Paryla, Helene Thimig, Maria Schell, Oskar Werner; ich verkörperte die Fürstin Metternich, eine sehr kleine Rolle. Der Film wurde in Salzburg bei den Festspielen 1948 uraufgeführt, der Erfolg war enorm.
Alexander Korda produzierte die englische Version. Leider ging es da nicht so reibungslos wie bei Hartl.
Zuviel stürzte auf uns ein. Für mich der Beginn meiner dritten Karriere, für Lothar seine Büroarbeit, seine beratende Tätigkeit beim *Engel mit der Posaune*, die ihm angebotene Regie des *Jedermann* – er konnte sich die Antwort noch nicht abringen –, seine ständige Mitarbeit in der Oper, die im Theater an der Wien spielte. Dr. Egon Hilbert, Chef der Bundestheater, hoffte auf Lothars Hilfe, an jeder Ecke wurde er gebraucht, ob es nun seine Inszenierung von Grillparzers *Des Meeres und der Liebe Wellen* mit der Wessely und Horst Caspar bei den Salzburger Festspielen 1948 war oder zuvor die Wiener *Aida* mit Ljuba Welitsch, an deren Zustandekommen er maßgebend beteiligt war.

Ein merkwürdiges Schicksal fügte es, daß ich in dieser Zeit einen Antrag aus London bekam, um im Aldwych Theatre mit Mady Christians unsere Rollen in *I Remember Mama* zu spielen. Dagegen konnte niemand etwas einwenden. Und wir waren für eine Weile aus dem Wirrwarr der Ereignisse herausgezogen.

Ich schloß für acht Wochen ab mit dem Bemerken, daß ich, würde ich länger gebraucht, einen neuerlichen Urlaub von den Amerikanern in Wien bekommen müßte. Lothar durfte mich begleiten, keinesfalls länger als vier Wochen.

Wir fuhren nach London, ich glaube, ein Stein fiel uns beiden von der Brust, daß wir die täglichen Quertreibereien für eine Weile hinter uns gelassen hatten. Lothar engagierte sich eine nette Sekretärin, arbeitete an einem Buch, und ich ging friedlich zu den Proben. Das Stück wurde leider kein Erfolg, aber auch das hinterließ keinen Schmerz, Ruhe war wieder eingekehrt, unendliche Ruhe mit den unendlich ruhigen Engländern.

Eines Abends rief mich in der Pause der *stage manager:* »Adrienne, the Queen wants to see you.«

Ich sagte: »Ja, ja ich werde schon kommen.«

Erst als er insistierte und größerer Lärm hinter der Bühne losbrach, verstand ich, daß die Queen wirklich in der Vorstellung war und sechs Auserwählte von uns sehen wollte.

Sie empfing uns in einem kleinen Salon. In dem Stück spielte eine Katze eine große Rolle, Mady hatte sie als Hauptattraktion zum Empfang mitgenommen, und die Queen Mary rief ununterbrochen: »The cat, the cat, isn't she lovely, I like cats!«

Wieder hatte ich das Gefühl, daß es den »Großen des Reiches« viel leichter war, selber zu sprechen, als angesprochen zu werden. Mady, die Gewandteste von uns, sprach wie ein normaler Mensch, und ich war wieder stumm wie ein Fisch, aber doch sehr stolz, einer Königin vorgestellt worden zu sein.

Die Queen stand auf, verabschiedete uns sehr herzlich, die Audienz war beendet, wir machten unseren Hofknicks und verschwanden. Wieder hatte ein Stück Glanz mein Leben gestreift, und wieder empfand ich es als ein Geschenk. Sicher war es eine Oberflächlichkeit meines Charakters, aber so war ich eben.

Der *stage manager* drängte zum Weiterspielen, im Vorbeigehen sagte ich zu ihm: »George, I'll never forget, what you have given me, thank you.« Dabei fällt mir eine Geschichte ein, die nur in London passieren konnte.

Vor einer Vorstellung, in der drei große alte Damen des englischen Theaters, Peggy Ashcroft und zwei ihrer berühmten Rivalinnen, auf der Bühne saßen, um auf den Beginn der Vorstellung zu warten – man wußte, daß die Queen die Aufführung besuchen würde –, sagte die erste: »What an entrance«, die zweite: »What a performance«, und die dritte: »And what a part!«

Das einzige, was mich an London wirklich enttäuschte, war die Tatsache, daß das Theater nicht, wie abgemacht, meine Steuern abführte. Nach hartem Kampf wurde der Fall geordnet, das Geld bezahlt. Das wäre mir in Amerika nie passiert.

Wir kehrten halbbefriedigt nach Wien in die schöne Chimanigasse zurück. Diesmal war es wirklich nur

»fast« ein Erfolg gewesen, und in Wien stürzte wieder vieles auf uns ein.

In meiner alten Josefstadt spielte ich vor und nach dem Londoner Intermezzo ein paar amerikanische Stücke. Nach Thornton Wilders *Wir sind noch einmal davongekommen*, worin ich die Mrs. Antrobus war, kam am 10. Oktober 1947 *Life with Father* von Howard Lindsay und Russel Crouse in der Übersetzung von Hans Jaray unter dem Titel *Der Herr im Haus* mit Anton Edthofer und mir heraus. Mit Edthofer hatte ich ja schon vor Hitler viel gespielt. Toni war ein herrlicher Schauspieler, es gab keinen falschen Ton, keine falsche Bewegung. Er riß einen mit, und man wußte, so muß es sein und nicht anders. Ich habe immer das Gefühl gehabt, wenn ich mit Toni spielte, daß auch bei mir alles in Ordnung war. Die Charaktere stimmten, wir brauchten keinen Regisseur, wir bauten uns Dialoge und Pointen selbst auf. Wir spürten aus der Resonanz des Publikums eine Art Höhenflug, der uns beide sehr fröhlich stimmte, aber wir konnten, wenn das Stück es verlangte, auch in trübe Tiefen hinabstürzen. Direktor Franz Stoß sagte, wenn wir zwei auf der Bühne standen, war immer etwas mehr Geld in der Kasse.
Toni war mein bevorzugter Partner, am allerliebsten spielte ich mit ihm Arthur Millers *Tod des Handlungsreisenden*. An seinem, des Handlungsreisenden Willy Loman Grab auf der Bühne der Josefstadt habe ich in der Rolle der Mrs. Loman bittere Tränen

geweint, und diese haben sich auf das Publikum übertragen. Das ist kein Eigenlob, sondern nur der Versuch, ein Zusammenspiel zu schildern, wie es vielleicht nicht oft vorkommt.

Die erste, die am Premierenabend tränenüberströmt hinter die Bühne kam, war Gretl. Es war eine ihrer schönsten Eigenschaften, daß sie mir gegenüber keinen Neid kannte. Ich habe immer sehr bedauert, daß ihre Ehe mit Toni Edthofer nicht gehalten hat, obwohl sie bis zu ihrem Tod die besten Freunde waren, auch als Toni später mit Helene Thimig zusammenlebte. Gretl war der Meinung, daß Helene die richtige Frau für Toni war. Wie oft hat sie später, wenn Helene wieder in Wien Theater spielte, die Abende mit Toni verbracht. Sie sagte immer: »Ich gehe zu Toni babysitten.« Diese paar Stunden waren völlige Harmonie.

Zwei größere Kontraste als Toni Edthofer und Helene Thimig gab es kaum, und doch waren sie die Jahre über, die ihnen das Schicksal vergönnte, ein sehr glückliches Paar. Gretl starb vor ihnen, am 28. Februar 1970. Helene besuchte sie noch einige Tage vor ihrem Tod. Toni konnte sie nicht mehr sehen, da er zu der Zeit schon schwer gehbehindert war.

Anton Edthofer starb in Helenes schöner Wohnung in der Nähe der Votivkirche. Er wußte, daß es mit ihm zu Ende ging, aber er schien fröhlich. Helene rief mich, kurz vor seinem Tod, an und sagte: »Du bist doch so gut mit Jaray, ich weiß, daß er sehr sensibel, fast krankhaft sensibel ist, aber Toni möchte

27 In der deutschsprachigen Erstaufführung von Eugene O'Neills »Fast ein Poet« während der Salzburger Festspiele 1957 war ich unter Oscar Fritz Schuhs Regie die Nora Melody, die Sarah spielte Aglaja Schmid.

28 Ein Riesenjux für mich und wohl auch für das Publikum: das Fräulein Blumenblatt in Nestroys »Einen Jux will er sich machen«, Burgtheater, 20. Juni 1956, Regie: Leopold Lindtberg. Als Christopherl und Weinberl übertrafen sich Inge Konradi und Josef Meinrad gegenseitig. Vierzehn Jahre lang blieb die Aufführung in der Premierenbesetzung auf dem Spielplan und wurde auch verfilmt.

29 Von 1953 bis 1960 spielte ich bei den Salzburger Festspielen die Mutter in Hofmannsthals »Jedermann«. In der Titelrolle: Will Quadflieg

30 Besonders gern trat ich in den Stücken unseres Freundes Franz Molnár auf. Dankbarere Rollen, als er sie schrieb, kann sich ein Schauspieler nicht wünschen. »Olympia« kam im Akademietheater am 4. Dezember 1957 neu heraus, einer meiner Partner war Richard Eybner.

31/32 In Hermann Bahrs »Das Phantom« war ich als Luzies Mutter zu sehen, Akademietheater, 2. Juni 1959 (unten), und neben unserem Freund Ernst Deutsch als Nathan spielte ich die Daja in Lessings »Nathan der Weise«, Burgtheater, 10. Mai 1962 (rechts).

33 Madame Pernelle in Molières »Tartuffe« am Burgtheater, 9. Februar 1963. Szenenphoto mit Johanna Matz, Robert Lindner und Judith Holzmeister

34 Aus Anlaß meines 75. Geburtstags veröffentlichte der Wiener »Kurier« dieses Photo.

35 Eine der letzten gemeinsamen Aufnahmen mit Lothar, Sommerurlaub 1965 in Bad Gastein

36 An diesen skurrilen Rollen hatten wir viel Freude: Alma Seidler und ich in Joseph Kesselrings »Arsen und alte Spitzen«, Akademietheater, 18. September 1965.

ihn noch einmal sehen, glaubst du, das wird dir gelingen?«
Ich rief Jaray an, er sagte: »Wenn es sich um Toni handelt, schone ich mich nicht. Wann wollen wir hingehen, heute oder morgen?«
Ich vereinbarte mit Helene eine Stunde für den Nachmittag. Wir gingen die paar Stufen zur Wohnung, die der Arme schon so lange nicht hatte gehen können. Jaray sagte nur: »Geh du voraus.«
Wir traten in das Zimmer, Toni lag im Bett, sein schönes Gesicht hatte einen fast heiteren Ausdruck. Ich reichte ihm die Hand, er zog sie, soweit seine Kräfte es zuließen, an sich.
Helene flüsterte mir zu: »Er will dir die Hand küssen.«
Ich war erschüttert, daß mein Schwager Toni mir die Hand küßte, das hätte er früher nur im Scherz getan. Jaray stand hinter mir, ich machte Platz, er beugte sich über Toni, sie drückten sich die Hände. Man sprach noch ein paar Worte, man log noch ein paar Worte – dann gingen wir, um ihn nicht unnötig zu ermüden.
Das war an einem Montag, am Sonntag lebte er nicht mehr. Er starb am 21. Februar 1971, Helene folgte ihm drei Jahre später.
Auch Reinhardt und Edthofer waren die größten Gegensätze, die man sich denken konnte, und trotzdem mußte es vor langen, langen Jahren eine Verbundenheit zwischen Helene und Toni gegeben haben, von der niemand, oder höchstens Gretl, gewußt hatte. Denn als der Krieg zu Ende und Rein-

hardt tot war, schrieb Toni Helene nach Kalifornien. Das war die erste Kontaktaufnahme. Helenes Leben war durch den Tod Reinhardts sehr leer geworden, und es zog sie, wie viele andere, nach Wien zurück. Von da an begann die Freundschaft, die eine Gemeinschaft wurde. Er war de facto nie von Gretl geschieden, und Helene hat ihn nie geheiratet.
Helene war in diesen Jahren mit Toni ganz anders als früher. Sehr fröhlich, fast burschikos. Einmal fragte ich Zuckmayer: »Was ist eigentlich mit Helene los, ist das Jetzige echt oder das Frühere?«
»Zuck« antwortete: »Das Jetzige ist echt, das Frühere war Liebe.«

Als unsere Freundin Mady Christians in ihrem Haus New Canaan gestorben war, sehr verlassen und einsam, bat mich »Die Presse« um ein Gedenkwort. Es wurde am 31. Oktober 1951 unter der Überschrift »Zum Gedächtnis Mady Christians« abgedruckt:

Zwei Jahre habe ich mit ihr allabendlich auf der Bühne des Broadway gestanden. Sie spielte mit ungeheurem Erfolg die Mutter in *I Remember Mama,* ich eine ihrer Schwestern. Selten habe ich zu einer Kollegin eine so tiefe innere Beziehung gehabt. Denn Mady Christians war nicht nur eine Vollblutschauspielerin von absoluter Ehrlichkeit und Kraft, sondern eine beispielhafte Freundin und Helferin. Ihren persönlichen Mut und ihre Überzeugung zeigte sie als flammende Wahlrednerin für Roosevelt; ihren

sozialen Sinn als eines der führenden Mitglieder der New Yorker Schauspielerorganisationen; ihr Herz als Retterin zahlloser gestrandeter Existenzen.
Schon als sie eine der blendendsten *Schönen Frauen* des gleichnamigen Stückes von Etienne Rey bei Reinhardt spielte, begann unsere kollegiale Beziehung. Dann führte sie ihr Weg nach Berlin und zum Film. Als wir uns 1939 in New York wiedersahen, hatte sie gerade die Königin in *Hamlet* gespielt und stand im Zenit ihres Erfolges. Ich dagegen stand vor dem Nichts. Da war sie es, die mir Mut machte und wie jedem von uns Emigranten mit Rat und Tat zur Verfügung stand. Welch kindliche Freude hatte sie, wenn es ihr gelang, einem von uns, Lili Darvas, Oskar Karlweis, Ernst Deutsch, mir und wie vielen anderen noch, einen Job zu verschaffen.
Ich glaube im Namen unzähliger Schauspieler von hüben und drüben zu sprechen, wenn ich sage, daß uns mit Mady Christians eine unserer liebsten Kolleginnen entrissen wurde, deren Andenken wir hoch in Ehren halten werden.

*

Heute ist der 16. Jänner 1982. Ich bin sehr erregt. Eben sah ich im Fernsehen die Direktübertragung der *Boheme* aus der Met in der Inszenierung von Franco Zeffirelli, fast dieselbe, die er 1963 an der Wiener Staatsoper unter Karajan machte. Damals

war ich mit Lothar bei der Premiere, es sangen Mirella Freni und Gianni Raimondi. Ich hatte uns mit Mühe herrliche Karten in der dritten Reihe besorgt. Lothar konnte von seinem Platz den Dirigenten besonders gut sehen, und da er ein begeisterter Karajanfan war, blickte er fast den ganzen Abend auf ihn. Ich mußte ihn ermahnen, gelegentlich auch auf die von Zeffirelli so herrlich gebaute Bühne und auf die ebenso herrlichen Sänger zu schauen. Wie fröhlich war er, wie sehr nahm er die Schönheit dieses Abends auf. Wir erlebten eine unvergeßliche Sternstunde und waren glücklich, daß wir sie gemeinsam erleben durften.
Schöne Erinnerungen sind schmerzlich. Im Alter wird die Sehnsucht nach dem Unwiederbringlichen zur Qual.
Die heutige Aufführung war sensationell wie die damalige. Teresa Stratas, José Carreras, der Dirigent James Levine und die übrige Besetzung ebenso faszinierend wie damals in Wien.
Auch damals habe ich viel geweint, aber nicht so wie heute, wo alles zusammenfließt, die Schönheit des Dargebotenen, die Dankbarkeit, es trotz allem noch aufnehmen zu können, der Schmerz des Alleingebliebenseins, die schwere Aufgabe des Sichabfindens, das alles bewegt mich so, daß ich immer wieder in Tränen ausbreche. Wahrscheinlich ist dieser Schmerz eine Art Trost.

15

Unsere Tage in der Chimanigasse waren gezählt, was mir sehr nahe ging. Viel bin ich noch herumgewandert in meiner liebsten Umgebung von Wien, alleine oder mit Gretl, immer wieder Sommerheidenweg, immer wieder der Türkenschanzpark, das Kainz-Denkmal, die Gräber meiner so kleinen Familie.
Unsere neue Wohnung lag am Kärntnerring. Noch heute, da ich diese Zeilen schreibe, halte ich mich in ihr auf.
Inzwischen waren wir entschlossen, in Österreich zu bleiben. Wir gestanden es uns nur noch nicht ein, aber wir hatten bereits die Reise nach Amerika geplant, um unsere Pässe zurückzugeben und uns in Ehren und mit Dankbarkeit abzumelden.
Materiell war es schwierig für uns, die Reise verursachte große Kosten, aber da uns Maria Jeritza ihr Gästehaus in New Jersey als Quartier anbot, wurde es leichter. Leider haben wir sie und ihren besonders netten Gatten nur kurz gesehen, da sie am Tag unserer Ankunft nach Europa fuhren. Wir waren wunderbar untergebracht, hatten ihre Freundin Lisl quasi als Hausdame und auch einen Chauffeur.
Viel Zeit verbrachten wir in New York, hauptsäch-

lich mit Molnár. Unsere Beziehung war noch inniger geworden. Lothar, der erkannte, daß Molnárs Gesundheit schwand, besuchte ihn, so oft wir von New Jersey nach New York kamen. Nach dem Selbstmord seiner Freundin Vera war Molnár sehr verändert und viel stiller geworden. Vera hatte das Leben in New York nicht mehr ausgehalten, und als sie vom Tod ihres Bruders in Ungarn erfuhr, war sie mit ihren Kräften am Ende. Sie nahm eine Überdosis Schlafmittel. Molnár hatte sich seit ihrem Selbstmord – sie starb im Hotel Plaza – nicht mehr erholt. Bei diesem Besuch in den USA sahen wir ihn zum letzten Mal. Molnár starb gut zwei Jahre darauf, am 1. April 1952, in New York.

Auch mit Franzl Horch und seiner Gattin trafen wir uns, und dieser New-York-Besuch war ebenfalls unser letztes Zusammensein. Die meisten Emigranten waren inzwischen »Reemigranten« geworden: Hans Jaray und Oskar Karlweis waren bereits nach Wien zurückgekehrt, nur Lili Darvas war noch da und einige Ärzte, darunter unser guter Freund Fritsch. Sie hatten sich mit ungeheurem Fleiß durchgesetzt und wollten nicht mehr zurück.

Wieder einmal waren wir zerrissen. Hier war es nicht mehr so wie früher, und in Österreich mangelte es noch an vielem. Uns kam neuerlich zum Bewußtsein, wie sehr unser Leben durch Hitler aus der Bahn geworfen war.

Lothar hat diese Situation in seinem 1938 in Paris entstandenen »Emigrantenlied« festgehalten, das heute in vielen Gedichtanthologien zu lesen ist:

...Dann sind wir alle viel älter,
Vom Heimweh ausgebrannt.
Der Glaube wird nie kälter.
Trotz Tod und Teufel hält er
Bis zur Erfüllung stand!

Beruflich kümmerte ich mich natürlich um nichts, da die Zeit des Besuches zu kurz war. Lothar verhandelte mit seinem alten Verleger.
Eine Broadway-Erinnerung habe ich noch, das unvergleichliche Musical *South Pacific,* eine Rodgers & Hammerstein-Produktion mit dem herrlichen Ezio Pinza. Es war sein letzter Abend in New York, bevor er nach Hollywood ging, um einen Film zu drehen. Ein paar Jahre später starb er.
South Pacific war einer der schönsten Theaterabende, die wir in New York erlebten. Das Stück lief 1925mal vor ausverkauftem Haus. Meine früheren »Bosse« Richard Rodgers und Oscar Hammerstein erwiesen mir die große Gunst, für *South Pacific,* das während des Zweiten Weltkriegs auf zwei Inseln im südlichen Pazifik spielt, zwei sogenannte Haussitze kaufen zu dürfen, was ich nur zu gerne tat. Die weibliche Hauptrolle, Nellie, als Partnerin von Pinza, spielte und sang Mary Martin. Pinza als Emile mußte in dem Stück in den Krieg ziehen; ehe sich die Liebenden trennten, sang Nellie/Mary Martin in Leidenschaft, Verzweiflung und wilder Hoffnung ein Lied, während sie sich die Haare wusch. Der Text lautete: »I wash that guy out of my head.« Das Haus tobte! Und als sie im letzten Akt mit seinen

Kindern, die sie in seiner Abwesenheit behütet hatte, an einem Tisch saß, um mit ihnen zu essen, stand Emile/Pinza plötzlich in seiner abgetragenen Uniform vor ihr, müde, erschöpft, aber strahlend. Sie schauten sich lange in die Augen, sprachen beide kein Wort, dann schob sie ihm langsam die große Suppenterrine mit dem Schöpflöffel hin: Es war die Erfüllung eines Super-Happy-Ends. Das Publikum lachte und weinte. Auch Lothar, kein hundertprozentiger Musicalliebhaber, war entzückt. Ja, so waren sie, die Amerikaner, irrsinnig sentimental, und doch war es echte Kunst.

Nach der Vorstellung gingen wir noch einen Augenblick zu Molnár; Lothar, für den es relativ spät war, ging bereitwillig mit, sonst hatte er sich, wann immer er konnte, früh schlafen gelegt. Meine Begeisterung ging Molnár, glaube ich, ein bißchen auf die Nerven, denn *Carousel*, das Musical nach seinem *Liliom*, hatte zwar 1945 auch einen großen Erfolg gehabt, aber doch nicht in diesem Ausmaß. Molnár sprach leise vor sich hin: »Kunststück, mit Mary Martin und Pinza!«

»Molnár, Sie dürfen sich nicht beklagen, Sie hatten doch den herrlichen Danny Kaye!«

»Ja, aber der hat ja nicht, wie Pinza, Mozart gesungen, der steppt ja!«

Ich wechselte das Thema. Wie gerne hätte ich ihn zitiert, aber ich traute mich nicht. Er hatte manchmal gesagt: »Mozart ist plim – plim!« Mit Torberg, der damals über diese Bemerkung tagelang lachte, hatte ich mich geeinigt, daß wir, als beste Freunde von

Molnár, diese Geschichte nur den wenigsten erzählen wollten. Aber immer wieder brach es durch: Der Molnár Ferenc war ein Teufel!
Noch beschwingt kam ich nach Hause, ich hatte für eine Weile unsere Sorgen vergessen.
Denn Sorgen hatten wir im Augenblick genug. Wir waren endlich wieder in Amerika, nach beinahe vier Jahren Abwesenheit, was eigentlich gar nicht erlaubt war. Als naturalisierter Amerikaner hatte man nach drei Jahren in die USA zurückzukehren, um für mindestens ein Jahr hierzubleiben. Dieses Gesetz galt bis zum 65. Lebensjahr, danach konnte man seinen Aufenthalt frei wählen.
Wenn ich allein zu entscheiden gehabt hätte, wäre ich in New York geblieben. Aber ich kannte Lothar gut genug, um zu wissen, daß er entschlossen war, bis zu seinem Tod in Österreich zu leben. Es war eine schwere Entscheidung für ihn, aber er sagte immer, man muß zu einem Entschluß stehen, auch wenn er falsch ist. Beruflich hätten wir es in New York beide schwerer gehabt als in Wien, wo man uns mit offenen Armen aufgenommen hatte, Lothar am Burgtheater und mich an der Josefstadt; aber ich liebte New York. So sehr ich es zu Beginn gehaßt hatte, so sehr liebte ich es jetzt, und ich hatte mir seinerzeit geschworen, in Amerika, das heißt in New York, zu bleiben. Doch in unserem Zusammensein setzte Lothar immer seinen Willen durch.
Die sechs Wochen New York verliefen schnell, im Nu standen wir an Deck der alten »Queen Mary«. Lili, Franzl Horch und seine Gattin begleiteten uns,

von Molnár hatten wir uns am Abend zuvor verabschiedet. Es war ein trauriges Adieu gewesen.
In unserer Kabine lagen Blumen, auf einer Schleife stand »Bon voyage«. Obwohl die Amerikaner doch so chauvinistisch waren, schrieben sie immer »Bon voyage«.
Lili versprach bald zu kommen, um ihren Hansl Jaray zu besuchen, aber solange Molnár am Leben war, wollte sie ihn nicht allein lassen.
Die »Queen« begann sich zu regen, sie wußte, daß sie kein langes Leben mehr vor sich hatte. Wir wollten uns drei Tage in Paris aufhalten und im Hotel d'Angleterre wohnen. Ein freundlicher Reisebegleiter stellte sich vor, er hieß Herr Zucker und bot seine Dienste an. Falls wir mit unserem Hotel nicht zufrieden sein sollten, würde er nur das »Scribe« empfehlen, das unmittelbar neben der Oper lag.
Unsere Fahrt dauerte nur vier Tage, trotz ihres hohen Alters war die »Queen« eine rüstige Dame. Herrn Zucker trafen wir öfters, obwohl wir eigentlich ganz allein sein wollten, um unsere Probleme zu lösen.
In Paris wollten wir die alten Plätze wiedersehen. Das Hotel, an dem Herr Zucker so gezweifelt hatte, war tatsächlich nicht gut. Der Patron zeigte uns die Zimmer, sie waren schrecklich, es gab auch keinen dienstbaren Geist, der die Koffer hinaufgetragen hätte. Ich sagte: »Ich weiß, es ist ein sehr gutes Hotel, aber für uns nicht geeignet!«
Da schlug der Patron auf den Tisch und schrie: »Non, madame, c'est plutôt un mauvais hôtel.«

Wir beschwichtigten ihn, er bestellte uns ein Taxi, und wir fuhren ins Hotel Scribe, wo wir durch die Protektion Herrn Zuckers ein sehr gutes Zimmer mit Aussicht auf die Oper bekamen. Der Straßenlärm war ohrenbetäubend, aber das war eben Leben. Lothar sah diesmal alles mit anderen Augen als im Jahr 1939. Damals war er in tiefer Verzweiflung über unser Schicksal, dabei hatte ich Paris geliebt und bewundert. Es war die Zeit, in der ich mich mit den vielen Freunden von Aslan jede Woche bei Rumpelmayer traf. Aslan hatte ja damals vorsichtshalber seinen Lebensgefährten nach Paris geschickt. Die beiden konnten sich nur schriftlich verständigen und auch das sehr verklausuliert. Hitler zum Beispiel hieß bei ihnen »die schwarze Mali«. Die schwarze Mali hatte uns allen viel angetan!
Diesmal vergingen die Tage in Paris nur zu schnell, andererseits drängte Lothar nach Hause, um, wie er es nannte, »unser drittes« Leben in Österreich fortzusetzen.

Leider hatten wir inzwischen gehört, daß es Hans gesundheitlich gar nicht gutging und daß er im Augenblick nicht nach Wien, wohin er in der Zwischenzeit etliche Male gekommen war, fahren konnte. Wir hatten sogar den Verdacht, daß er im Spital lag und Ernstl es uns nicht mitgeteilt hatte, um uns zu schonen. Mir ließ es keine Ruhe, ich beschloß, wenigstens ein paar Stunden länger in der Schweiz zu bleiben, um Hans zu besuchen, und fuhr nach Einigen.

Es war ein wunderschöner Tag. Hans saß mit Raoul Aslan im Garten, sie sprachen über eines seiner Stücke. Auch Mik war dabei, und wenn ich nicht gewußt hätte, daß Hans' Gesundheit nicht die beste war, wäre ich sehr zufrieden gewesen. Als ich Abschied nahm, schenkte er mir einen gläsernen Briefbeschwerer mit grünen Blättern und einer braunen Blüte. Von jeder Seite sieht er anders aus, er liegt heute noch auf meinem Schreibtisch und behütet unerledigte Briefe, mahnt immer zur Ordnung.
Hans und ich trennten uns in alter Liebe und Herzlichkeit. Daß wir uns zum letzten Mal in diesem schönen Garten sehen sollten, habe ich freilich nicht geahnt. Zwischen Lothar und Hans war ein kleiner Schatten entstanden. Hans hatte gehofft, daß Lothar eines seiner früheren Glanzstücke in Wien zur Aufführung bringen würde. Leider wurden sie von den maßgebenden Stellen für nicht zeitgemäß erklärt, und er bekam immer wieder den Bescheid: »Im Moment nicht geeignet.«
Ich fuhr nach Zürich zurück, um den Nachtzug zu erreichen. Es gab noch keine Schlafwagen, darum setzte ich mich in ein Halbcoupé dritter Klasse und belegte den Platz bei der Türe. Da noch Zeit war, besorgte ich mir Zeitungen und Schokolade. Knapp vor Abfahrt des Zuges bestieg ich mein Abteil, der Zug war völlig leer, aber auf dem Fensterplatz lagen ein Mantel und einige Päckchen. Ich war froh, daß ich nicht ganz alleine zurückfahren mußte.
Da betrat eine bildschöne, elegante Dame das Coupé. Sie hatte ein paar Magazine unter dem Arm

und fragte mich, ob sie die Journale auf den leergebliebenen Mittelplatz legen dürfte. Ich bejahte natürlich, und so kamen wir sehr bald in ein Gespräch. Neugierig wie ich war, fragte ich sie, ob sie auch nach Wien fahre. Sie sagte: »Nein, diesmal nicht, ich fahre nach Vaduz, nach Hause.«
»Sie wohnen in Vaduz?« Ich war erstaunt. »Das ist doch ein Städtchen mit, glaube ich, 15 000 Einwohnern. Ist das nicht ein bißchen zu klein für eine Frau wie Sie? Sie müßten in Paris, in London oder in New York leben, aber nicht in Vaduz.«
Sie erklärte lächelnd, daß sie Vaduz sehr gerne habe, daß sie oft Besuch aus Wien bekomme und das Leben dort eigentlich sehr gemütlich sei.
Ich war ganz enttäuscht. »Ja, was gibt es denn in Vaduz, gibt es Industrie oder ein Theater?«
»Wir haben etwas Industrie, zum Beispiel die berühmten Weinbergschnecken aus Schokolade. Dann die Zahnheilkunde, die in Vaduz sehr fortgeschritten ist.«
»Wann kommen Sie wieder nach Wien?« fragte ich.
»Sehr bald, wir müssen demnächst zu einer Hochzeit«, antwortete sie zögernd.
Ich fragte: »Haben Sie eine gute Unterkunft, vielleicht kann ich Ihnen behilflich sein?«
Sie lehnte lächelnd ab: »Danke sehr, ich habe eine Unterkunft!«
Wir sprachen über vieles, über ihren eben beendeten Aufenthalt in St. Moritz, wo sie ihre Kinder besucht hatte, über den zurückliegenden Krieg. Nach zwei

Stunden mußte sie in Buchs aussteigen und verabschiedete sich sehr herzlich. Wir hatten in dieser kurzen Zeit einen guten Kontakt gefunden.
»Vielleicht treffen wir uns einmal in Wien?«
»Ja, vielleicht.«
Der Zug hielt, ich nahm wahr, daß auf dem Perron ein hocheleganter Chauffeur wartete. Der Zug fuhr so schnell weiter, daß ich nicht mehr sehen konnte, ob sie auf ihn zuging, ich vermutete, ja, und langsam dämmerte es mir, daß ich in den letzten zwei Stunden lauter Unsinn geredet hatte. Aber ich war nicht sicher...
Wieder in Wien, hatte ich zwei Tage später in der Stadt zu tun, bestellte einiges bei Huber & Lerner und ging einen Augenblick zu Demel hinüber. Ich war kaum eine Minute im Geschäft, als die Serviererin Paula mit lauter, ersterbender Stimme rief: »Kiß die Hand, Erlaucht, kiß die Hand, Erlaucht!«
Ich drehte mich um, es trat ein elegantes Paar ein; ich erkannte sofort meine schöne Reisebegleiterin aus dem Dritte-Klasse-Coupé. Da ich nicht gesehen werden, mich auch nicht zu erkennen geben wollte, verließ ich eiligst das Geschäft.
Es handelte sich bei dem Paar um den Regierenden Fürsten und die Fürstin von und zu Liechtenstein.
Später traf ich sie noch einige Male bei Demel. Ich machte ihr leise Vorwürfe, daß sie mich so hatte hereinfallen lassen. Immerhin wohnte sie im Palais ihres Vaters in der Bankgasse, und ich wollte ihr bestenfalls ein Zimmer im Hotel Kaiserin Elisabeth ver-

schaffen. Ich wollte ihr eine Welt zu Füßen legen, und sie war mit ihrem Fürsten und ihrem kleinen Fürstentum so zufrieden. Sie ist eine geborene Wilczek, und alle Wilczeks waren und sind entzückende Menschen. Sie heißt mit Vornamen Gina, wurde aber als einzige Gina der Welt mit stimmlosem G ausgesprochen, als ob sich ihr Name »Ghina« schriebe.
Diese kleine Geschichte machte die Runde in Wien. Die Rolle, die ich darin spielte, war ein wenig lächerlich, aber nicht schlecht. Sie hat Lothar und mich öfters eingeladen, als er am Schauspielhaus in Zürich inszenierte und ich dort spielte. Leider kam es nie zu einem Besuch in Vaduz, weil wir von Zürich nicht wegkommen konnten. Lothars Bücher gehörten, wie sie einer gemeinsamen Freundin sagte, zu ihrer Lieblingslektüre. Wir trafen uns einige Male, so bei einem Wohltätigkeitsbasar oder an einem Abend, den Franzl Meier-Gunthof ihr zu Ehren gegeben hatte. Bei dieser Gelegenheit sang ihr liebenswerter Onkel Hansi, wie gewöhnlich bei solchen Anlässen, Heurigenlieder, aber auch »Ol' man river« und anderes. Die Familie versammelte sich jedesmal angstvoll um ihn, aber er machte es mit so viel Charme, daß alle hingerissen lauschten.
Vor einiger Zeit zeigte mir jemand ein Photo, auf dem sie mit ihrer ganzen Familie versammelt ist, ich glaube, sie ist fünfzehnköpfig geworden. Fürstin Gina sieht immer noch strahlend schön aus, wie eh und je.
Als ich damals alleine in meinem Abteil weiterfuhr,

fühlte ich mich ein bißchen einsam. Ein Schaffner, der in Buchs eingestiegen war, sagte mir, ich müsse den Waggon wechseln, da er in Innsbruck abgekoppelt werde. Diesmal wählte ich ein Sechs-Personen-Abteil, das in Innsbruck bis zum letzten Platz besetzt wurde.
Es muß ungefähr zwei Uhr nachts gewesen sein. Koffer wurden hereingeworfen, Begleitpersonen verabschiedeten sich, an Schlafen war nicht zu denken. Mein Nachbar war ein ziemlich starker, sehr vergnügter Österreicher, der sofort mit einem Redeschwall begann. Er schimpfte auf alles. Auf die Schieber, die plötzlich Reichtümer sammelten, besonders auf den Handel mit Eipulver hatte er es abgesehen. Nach jeder Schimpforgie wandte er sich an mich und sagte: »Gnä Frau, die Menschheit! Die Menschheit!!« Auf die Franzosen, die als Besatzungsmacht den größten Teil der Westbahn kontrollierten, war er besonders scharf. In Hütteldorf waren wir bereits die besten Freunde. Am Westbahnhof verabschiedeten wir uns, er sagte: »Gnä Frau, geben S' acht auf sich. Die Menschheit!!«
Lothar hatte mir unseren Chauffeur Benno geschickt. Ja, Lothar war gut gereist und etliche Stunden vor mir angekommen, er schlief bereits. Ich trachtete ihn nicht zu stören und legte mich hellwach ins Bett. Ungewohnt war noch alles, die neue Wohnung, der Abschied von New York und damit von meiner zweiten Heimat, die ich so geliebt hatte. Ich lachte nicht mehr über »die Menschheit«, ich war

traurig über die Vergangenheit und fürchtete mich vor der Zukunft.

Am nächsten Morgen ging Lothar zu einer Probe. Trotzdem versuchte ich ihm mitzuteilen, daß Hans' Krankheit schlimmer geworden war. Ich sagte ihm, mein Eindruck sei nicht so schlecht, aber Mik habe mir erzählt, der Arzt sei keineswegs zufrieden.

Lothar wollte es nicht glauben. Er war sehr aufgeregt in diesen Wochen, die Amerikareise, die Rückgabe des Passes, letzte Aussprachen in New York, das alles zerrte an seinen so labilen Nerven. Ich war ihm in dieser Zeit keine Hilfe, da ich mich mit ähnlichen Problemen herumschlug.

Ely Ventura, unser Hausgast, Gretl und ich richteten die Wohnung so gemütlich wie möglich her. Es war damals sehr schwer, Handwerker zu bekommen, da alle mit Renovierungen von zerbombten Häusern beschäftigt waren. Es ging nur sehr langsam, aber es ging.

Zu spielen hatte ich im Augenblick nicht, aber es begann die Zeit, wo ich einen Film nach dem anderen drehte, mit *Der Engel mit der Posaune* hatte es begonnen.

Das Wichtigste für uns war es jetzt, eine Hausgehilfin zu finden. Ich fand eine. Durch Freunde wurde mir Frau Therese Pollak empfohlen, die dann lange bei uns blieb.

Es war ein Glücksfall. Ich traf zum ersten Mal mit ihr in der Halle des Hotel Ambassador zusammen, wo wir uns verabredet hatten. Meine Augen richteten sich sofort auf eine nicht mehr junge, sehr sym-

pathische kleine Frau, die ganz weit vorne auf einem Fauteuil saß, als wäre es unbescheiden von ihr, in einem so noblen Hotel auf einem so eleganten Sessel zu sitzen. Wir begaben uns in eine Ecke, wo sie sich wohler fühlte und alle meine Fragen klar, ehrlich und mit gesundem Menschenverstand beantwortete. Es war »Liebe auf den ersten Blick«.
Ich engagierte sie sofort, und wir hatten fünfundzwanzig Jahre das Beste vom Besten.

16

Langsam gewöhnte ich mich an die neuen Verhältnisse. Die Josefstadt war nicht mehr die alte Josefstadt. Es lag wohl daran, daß unsere Heimkehr von vielen nicht gerne gesehen wurde. Das hatte man zu bekämpfen. Dieser Kampf war nicht leicht, weder für Lothar noch für mich.
Die Erfolge blieben mir treu, auch in kleinen Rollen, in weniger guten Stücken. Ich erinnere mich, daß ich – nach dem *Tod des Handlungsreisenden* im März 1950 – unter der Direktion Rudolf Steinboeck in dem Bourdet-Stück *Die Enthüllung* in den Kammerspielen auftrat. Peter Loos inszenierte, es wurde, obwohl es ein schwaches Werk war, ein großer Erfolg. Anfang 1951 spielte ich in Herbert Ertls *Bertha Suttner* eine Rolle, die ich mir ziemlich alleine zurechtgelegt hatte. Ich glaube, daß ich in Lustspielen oft die stärkste Wirkung erzielte, wenn ich meinen eigenen Text sprach, das tat ich auch in *Bertha Suttner*. Beer-Hofmann hatte einmal gesagt, ich kokettiere immer eine winzige Spur mit dem Publikum, kaum merkbar für den normalen Zuschauer, für den Kenner ein Vergnügen. Dieses Lob habe ich nie vergessen und mir immer, wenn Zweifel kamen, vorgesagt.

Ja, vor Hitler hatten wir es leichter. Jetzt war das Publikum anders geworden. Wenn damals zum Beispiel Hofmannsthal im Theater war, erkannte man ihn sofort an seinem typischen Lachen, und die Stimmung schnellte um einige Grade hinauf. Das war nun vorbei, vorbei war auch, daß am Montagabend Ulrich Kinsky seinen Platz in der ersten Reihe einnahm und meistens sofort einschlief. Der Inspizient sagte: »Man kann anfangen, der Graf Kinsky schläft schon.«
Lustiger war es früher gewesen. Die Arbeit war vielleicht schwerer, dafür aber auch der Anspruch höher. Jetzt waren wir noch ein paar alte Josefstädter, die die Fahne Reinhardts hochhielten. Es gab noch immer Paula Wessely, Attila und Paul Hörbiger, Anton Edthofer, Ernst Deutsch, Gustav Waldau, Albert Bassermann, Helene, Hermann und Hans Thimig, Oskar Karlweis, Hans Jaray, Paul Hartmann, Dagny Servaes...

Noch einmal zurück in die Zeit kurz nach unserer Rückkehr aus Amerika: Eines Tages fuhr ich, ohne viel zu überlegen, nach Zürich. Dort angekommen, rief ich sofort im Spital in Bern an, um zu fragen, wie es Hans ginge. Als ich ihn am Apparat hatte, war es nicht seine Stimme, die man so an ihm liebte. Ich fuhr mit dem nächsten Zug weiter.
Hans lag in einem hervorragenden Spital und war, als er sich ein bißchen ausgeweint hatte, wieder ganz der alte. Beim Abschied wollte er mir ein paar Franken schenken, die ich aber nicht annahm. Er sagte

emphatisch: »Nimm sie, ich denke mir etwas dabei!«
Ich nahm die Franken und ging schweren Herzens.
Dann suchte ich seinen Arzt auf, dessen Haus tief am Ufer der Aare lag. Auf dem Rückweg kam mir Mik entgegen, er hatte meinen Besuch beim Arzt geahnt und bestürmte mich mit Fragen. Ich sagte ihm, der Arzt habe die Absicht, auch weil Hans ein sehr unruhiger Patient sei, ihn nach Hause zu entlassen, allerdings müsse ein Pfleger aufgenommen werden. Der Zustand seiner Nerven war nicht gut, man konnte ihn unmöglich allein lassen. Mik fing an zu heulen und zu toben: »Ich kann aber nicht leben ohne ihn, ich werde mich hier in den Fluß stürzen. Du wirst es sehen.«
So verlief mein letzter Besuch bei Hans Müller. Es geschah, wie der Arzt prophezeit hatte. Hans' Zustand verschlechterte sich von Tag zu Tag, und auch das Wiederzuhausesein brachte ihm keine Linderung seiner Qual. Er starb am 8. März 1950 in seinem Haus am Thunersee, das er so sehr geliebt und in dem er so viel Bitteres mitgemacht hatte.
Mik verständigte uns telephonisch und wußte auch schon, daß das Begräbnis wenige Tage darauf sein würde. Wir stiegen nicht in Einigen ab, sondern in einem Hotel in Bern. Mik wurde als Sohn des Hauses betrachtet, sowohl von Hans' Intimfreunden als auch von seinem berühmten Anwalt Dumont, der aus Bern gekommen war. Ralph Benatzky, Curt Goetz, Karl Paryla und mehrere Freunde aus der Schweiz waren da, fast niemand vom Zürcher Schauspielhaus.

Schon bevor wir zum Friedhof aufbrachen, bemerkten wir, daß wir von den meisten gemieden wurden. Mik schien nicht so gebrochen, wie ich es erwartet hatte. Der Anwalt machte einen besonderen Bogen um uns und unterhielt sich sehr herzlich mit Mik. Wir wußten sofort, was das zu bedeuten hatte: Mik war der Universalerbe geworden.
Der Weg von Einigen zum Friedhof war nicht weit. Alles drängte sich, um die Trauerrede von Curt Goetz zu hören. Er sagte: »Mit Hans Müller ist vielleicht der letzte Theatermensch gestorben, der das Theater als eine wahre, echte Kunst betrachtete, der einzige, der, wenn er über eine leere Bühne ging, den Hut abnahm.«
Wir blieben noch eine Weile im Haus und fuhren dann mit unserer geliebten Freundin Evchen Roeder nach Bern zurück, um möglichst bald einen Zug nach Wien zu bekommen.
Zwei Tage darauf erhielten wir von Dumont zwei Briefe. Zu lesen war, daß Lothar als Bruder zehntausend Franken erhalten sollte, und ich, als Schwägerin, fünftausend. Ich glaube, daß Lothar sich sehr, sehr gekränkt hat, nicht wegen des großen Besitzes, sondern wegen der großen Lieblosigkeit.
Lothar fühlte sich, ohne es je gesagt zu haben, als Ausgestoßener, um so mehr, als er seinen berühmten, um acht Jahre älteren Bruder sehr bewundert und abgöttisch geliebt hatte.
Von Mik wäre noch zu berichten, daß ihn Hans' Besitztümer nicht glücklich machen konnten. Zu sehr zermürbt vom gemeinsamen Leben mit Hans, zu

sehr Befehlsempfänger, konnte er sich in die Rolle des Besitzers nicht einleben.
Zwei oder drei Jahre nach Hans' Tod fuhr er nach Salzburg, vielleicht nicht zuletzt um uns zu treffen. Er mietete sich im Hotel Stein ein. Wir hatten keine Ahnung von seiner Anwesenheit, wußten daher auch nichts von seiner Bedrängnis durch Steuern, Dachreparaturen, Gartenpflege, allgemeiner Erhaltung des Hauses – und er meldete sich nicht.
Eines Tages ging Mik am Morgen hinunter zum Portier und führte mit ihm ein kurzes Gespräch. Er wollte einen Rat, wo er bei dem schönen Wetter den Tag verbringen könnte. Als der Portier ihm eine Autobusverbindung zusammenstellen wollte, entschuldigte er sich mit den Worten: »Ich muß noch einmal in mein Zimmer. Ich habe etwas vergessen!« Mik eilte zum Lift und fuhr bis zum letzten Stockwerk, dort öffnete er die Türe zum Dachgarten, der zu dieser Stunde immer menschenleer war, und stürzte sich in die Tiefe. Er war auf der Stelle tot.
Obwohl wir zu derselben Zeit in Salzburg waren, erfuhren wir erst ein paar Tage später von seinem gräßlichen Tod. Wir waren sehr bestürzt. Welch armseliges Leben hatte da ein so tragisches Ende genommen.

Wir begannen ein normales Leben mit einem normalen Rhythmus, ähnlich wie es früher gewesen war. Jeden Samstag kam Gretl, manchmal mit ihrem Freund, zu Tisch. Da Frau Resi jeden Sonntag zu ihrer Familie fuhr, wurde der Samstag zum Sonntag

ernannt. Sonntags gingen wir meistens ins Hotel Imperial, wo wir fast immer nette Freunde trafen.
Gearbeitet haben wir beide viel in dieser Zeit, Lothar inszenierte am Burgtheater und bei den Salzburger Festspielen lauter wertvolle Stücke, während meine Stärke das Boulevardtheater blieb.
Eines Tages wurde Lothar wieder von Baron Puthon angerufen und gefragt, ob er nun definitiv kommenden Sommer, also 1952, den *Jedermann* in Salzburg inszenieren wolle. Lothars Antwort, die ich hörte, da ich im Nebenzimmer war: »Hat man mit Frau Thimig darüber gesprochen?«
Die Antwort war ein offenbar emphatisches: »Ja, selbstverständlich, sofort!« Sie sei auch bereit, den Glauben zu übernehmen.
Leider war dem nicht so. Niemand hatte mit Frau Thimig gesprochen, sie erfuhr es aus der Zeitung, daß ihr die Regie zu *Jedermann* weggenommen worden war.
Die Schauspieler, die Lothar haben wollte, sagten der Reihe nach ab. Den Jedermann mit einem jüngeren Darsteller zu besetzen war Lothars Wunsch gewesen, aber fast alle anderen wollte er behalten. Als eine negative Antwort nach der anderen kam, war ich verzweifelt, es traf mich mehr als Lothar.
An einem der nächsten Tage bekam ich frühmorgens im Badezimmer einen fürchterlichen Drehschwindel. Ich dachte, es sei mein Ende, rief um Hilfe und bat Lothar, Gretl weiter zu unterstützen, wie ich sie bisher unterstützt hatte.

Lothar war ganz ruhig und glaubte nicht an eine ernste Erkrankung.
Um acht Uhr sollte ich zu Filmaufnahmen abgeholt werden.
Sobald ich dazu wieder in der Lage war, rief ich Professor F. an, um ihn um Rat zu fragen. Ich hatte ihn geweckt, und er sagte unwirsch: »Einen Film kann man nicht im Stich lassen.«
Pünktlich ging ich hinunter, obwohl mir die Beine schlotterten, und fuhr in das Sieveringer Atelier. Ich arbeitete den ganzen Tag, dann mußte ich ein paar Tage liegen. Professor F. schickte mir seinen Oberarzt, der mir Traubenzucker injizierte.
Ich drehte den Film zu Ende, obwohl es mir nicht gutging.
So begann es: Eine ungeheure Traurigkeit kam über mich, die sich von Tag zu Tag steigerte.
Jede Absage für *Jedermann* bedrückte mich, besonders betroffen war ich, als ich hörte, daß einer unserer besten Freunde, Ernst Deutsch, nun auch nicht spielen wollte.
Wenn ich aufwachte, war ich verzweifelt, wenn ich mich niederlegte, desgleichen. Es gab keine Stunde mehr, in der ich nicht namenlos unglücklich war. Manchmal war es ein tobender Schmerz in der Herzgegend, manchmal war es wilde Panik. Einmal ging ich mit Lothar und einer gemeinsamen englischen Freundin im Stadtpark spazieren. Ohne jeglichen Grund sagte ich: »It's so sad in me, I only want to die!«
Lothar schickte mich zu Professor Lauda. Ich schil-

derte ihm meinen Zustand, aber ich konnte ihm mein Unglück schwer erklären, es war ein Schmerz, der im Herzen, in der Magengrube und im Brustkorb saß, und es war zugleich das tiefste, schwärzeste Loch, in das ich hinunterfallen konnte; aber es war auch eine ungeheure Antriebsschwäche. Lauda stellte noch ein paar Fragen, dann sagte er sehr betrübt: »Es bricht mir das Herz, aber ich muß Sie weitergeben.« Er empfahl mir den jungen, aber schon sehr bekannten Professor Dr. Reisner.
Auch ihm schilderte ich meine Zustände nach dem Schwindel. Reisner sprach lange und sehr gütig, dann schloß er: »Ich halte es für eine Depression, eine Art hypochondrische Melancholie. Kommen Sie einige Tage zu mir auf den Rosenhügel. Ich garantiere Ihnen, es wird wieder gut. Es ist, wie wenn man in einen Tunnel einfährt, jetzt stecken Sie tief drinnen, aber Sie kommen wieder heraus. Ich verspreche es Ihnen. Rufen Sie mich an, wann Sie wollen, ich werde immer Zeit für Sie haben!«
Lothar hatte auf mich gewartet, er sprach in der Zwischenzeit mit Frau Reisner über ihren Vater, den von uns allen so geliebten Schauspieler Alfred Neugebauer. Man gab mir meinen Mantel und schob mich zur Tür hinaus, ich ließ alles mit mir geschehen, mein Wille war gebrochen.
Als ich im Wagen saß, begann es wieder in mir zu toben. Es war kaum auszuhalten. War das eine Krankheit? Ein Zustand? Wahnsinn? Ohne Lothar zu fragen, bat ich den Chauffeur, zu dem Arzt zu fahren, den ich so unsanft geweckt hatte.

Widerwillig nahm der mich vor: »Na, was ist denn schon wieder?«
Ich erzählte ihm nicht, daß ich bei Reisner gewesen war, ich sagte nur, daß ich mich in einer höllischen Verfassung befände.
»Na, Sie g'hören halt in a Anstalt!« meinte er.
»Wieso wissen Sie das?«
»Das seh' ich an Ihren Augen und merk's an dem, was Sie reden. Für Sie gibt's gar nichts anderes. Lesen S' doch die Zeitung, jetzt ist Mai, jeden Tag stürzt sich einer aus dem Fenster!«
Ich raste zu Lothar in den Wagen. Was in mir vorging, kann ich nicht beschreiben. Kein eigentlicher Schmerz. Schmerzen hatte ich die kommenden Monate nicht, es war schlimmer. Es war das Grauen des Grauens.
Am nächsten Tag führte mich Lothar, um mich zu zerstreuen, ins Kino. Es war eine Reprise des *Blauen Engel* mit Marlene Dietrich und Emil Jannings. Wir mußten zu unseren Sitzen etliche Stufen hinuntergehen und blieben bis zum Schluß. Als ich das Kino verlassen wollte, hatte ich das Gefühl, nicht mehr gehen zu können. Wieder befiel mich ein wilder Schmerz. Lothar fragte: »Ist dir nicht gut?« Ich sagte nur: »Es geht schon.«
So ging es nun weiter, die nächsten Stunden, Tage, Wochen und Monate. Immer wieder sah ich Ärzte, ging von einem zum andern. Den meisten Kontakt hatte ich mit Professor Reisner. Man erwog, Elektroschocks zu machen, wogegen sich Lothar sträubte. Da ein Schock, ähnlich einem epilep-

tischen Anfall, Knochenbrüche herbeiführen konnte, schien das Lothar in Anbetracht meiner Arthritis zu gefährlich.
Unsere englische Freundin riet uns, in die Schweiz zu fahren. Der berühmte Dr. Löffler empfahl Professor Dr. Katzenstein, der uns dort weiterhelfen sollte. Reisner war für diese Expedition, und so fuhren wir nach Zürich, die Freundin, von mir »Same« genannt, brachte uns mit dem Auto hin. Gretl sollte einen Tag später nachkommen. Auf der Fahrt hatte ich nur einen Gedanken: die Autotür zu öffnen und mich hinausfallen zu lassen.
Wir übernachteten in München, wo ich so oft und so heiter im Hotel Vier Jahreszeiten angekommen war. Nun saßen Lothar und ich im Zimmer, ich war wütend über diese Reise und wollte sofort nach Wien zurück. Ich bekam ein von Reisner empfohlenes Schlafmittel und war für die nächsten Stunden aktionsunfähig.
Am nächsten Morgen brachen wir sehr früh auf, um so bald wie möglich in Zürich zu sein. Wir gingen ins Hotel Dolder, da wir nicht wußten, ob ich in ein Sanatorium gebracht würde oder nicht.
Noch am Vormittag besuchte ich Professor Katzenstein, der das Urteil sprechen sollte: Sanatorium oder Privatbehandlung. Er sprach lange mit mir, die Fragen waren immer die gleichen, die Möglichkeiten der Behandlung ebenfalls, entweder Elektro- oder Insulinschocks, Gespräche und beruhigende Mittel. Schließlich ergriff Professor Katzenstein zu meinem Entsetzen den Telephonhörer und sagte: »Na, wer-

den wir's halt doch lieber mit dem Sanatorium probieren.«
Lothar wurde hereingerufen. Er war über den Beschluß ebenso verzweifelt wie ich. Wir – inzwischen war auch Gretl zu uns gestoßen – fuhren zum Sanatorium Küsnacht und hielten an einem Park, um den eine Mauer lief. Der Park lag direkt am See, es gab einige Häuser und kleinere Pavillons, alles eher unscheinbar und bescheiden. In einem der Pavillons wurde ich mit Gretl untergebracht.
Es begannen schreckliche Wochen. Am Vormittag wurde mir eine sehr hohe Dosis Insulin gespritzt. Wirkung hatte es keine, außer der, daß ich völlig benommen und zerstört aus dem Insulin-Koma erwachte. Ich erinnere mich, daß auf dem Tisch vor mir ein Paket mit Luxflocken stand. Jeden Morgen fiel mein Blick auf dieses Paket. Dann kam die Qual des Waschens und Anziehens, was eine ungeheure Anstrengung erforderte. Danach gingen wir ein bißchen spazieren, bis zu dem schrecklichen Mittagessen geläutet wurde. Mein Zustand blieb fast immer gleich: Panik oder der schwarze Mantel, der sich um mich legte und von dem ich mich nicht befreien konnte.
Vor dem Essen, wenn mein Zimmer schon aufgeräumt war, versuchte ich irgend etwas zu tun. Etwa mit den unsäglichen Luxflocken Wäsche auszuwaschen, aber nach ein paar Minuten hörte ich wieder auf und begann vor mich hin zu starren. Dann schleppte mich Gretl zum Essen, das man in einem anderen Pavillon erhielt und wo man auch mit weite-

ren Gästen zusammensaß. Eine dicke blonde Dame war mir besonders unlieb, obwohl sie freundlich war, ich nannte sie »das Huhn«.
Nachmittags hatte die arme Gretl »Ausgang« und traf sich meistens in der Stadt mit Freunden. Ich ging nie mit, weil ich eine Scheu, ja geradezu einen Abscheu vor Menschen hatte. Manchmal saß ich vor meinem Häuschen, manchmal ging ich mit Lothar spazieren, was mich maßlos anstrengte. Lothar wohnte nicht weit von Küsnacht in einem Hotel. Einmal hatten wir ausgemacht, daß er mir entgegenkommen würde, und ich ging alleine auf die Straße. Unmittelbar darauf wurde ich von einem Arzt gerufen, der mich fragte, ob er mich begleiten dürfe. Mein Gott, wie bald hatte man doch bemerkt, daß die Angst aller doch nur die war, daß ein Patient den Freitod suchen würde, denn der See war sehr nah. Dorthin durfte man nie allein gehen. Am Abend saß ich mit Gretl am Ufer.
Am Abend war auch die Stimmung immer besser, die Zunge war gelöst, das Böse, die Verzweiflung, das Unerklärliche – ich habe den Zustand bis heute nie erklären können – ließen einen für eine Weile aus den Pranken. Manchmal kam ein Tränenstrom, ein anderes Mal war man befreit und konnte sogar lachen.
An einem Vormittag vergaßen sie mich aus dem Insulin-Koma zu wecken. Wäre Lothar nicht gekommen, hätte Schlimmes passieren können. Er lief um Hilfe. Als ich erwachte, standen ein paar Schwestern, ein Arzt und Lothar um mein Bett. Ich be-

trachtete das Luxflockenpaket. Ich zitterte am ganzen Körper, und als ich beim Essen saß, klapperte das Besteck in meinen Händen. Dieser Zustand dauerte bis zum Abend.
Ich glaube nicht, daß der Sanatoriumsaufenthalt mir geschadet hat, genützt hat er wohl auch kaum, aber es gab damals noch so wenig gegen Depressionen. Jetzt wird Insulin überhaupt nicht mehr verwendet, Elektroschocks gibt man sehr selten, aber es stehen zahlreiche Psychopharmaka zur Verfügung, die eine große Hilfe sind.
Eines Tages mußte Gretl abreisen, das war ein schwerer Schlag. Lothar beschloß den Aufenthalt abzubrechen – etwas besser ging es mir ja – und noch eine Weile nach Bürgenstock zu fahren. Dr. B. senior sagte: »Geheilt sind Sie für mich nicht, aber wenn Sie gehen wollen, dann halten wir Sie nicht zurück.«
Wir fuhren nach Bürgenstock in ein herrliches Hotel, aber dort kamen wieder Stunden, von denen ich glaubte, sie nicht überleben zu können. Geheilt war ich nicht.
Noch in Wien war ich einmal am Hochhaus in der Herrengasse vorbeigegangen. Überall suchte ich Stiegen, fand aber nur einen Lift. Ich fand überhaupt nichts, was meine beabsichtigte Tat beschleunigen konnte. Ich fuhr wieder in den Hof hinunter, um weiterzusuchen. Plötzlich hörte ich eine Frauenstimme, die mich rief: meine Kollegin Lisl Kienast wohnte in dem Hochhaus. Sie fragte mich erstaunt, was ich vorhätte. »Ach, ich habe jemanden gesucht

und nicht gefunden, ich geh' schon wieder«, sagte ich und eilte weiter.
Ein anderes Mal hielten Lothar und ich uns für ein paar Stunden in Salzburg auf, von wo wir nach München weiterfahren wollten. Ich gab vor, wegen der allzugroßen Hitze ein Bad nehmen zu müssen. Wir hatten uns Tageszimmer aufsperren lassen, Lothar wartete im Nebenzimmer. Ich stürzte mich in die Wanne, war schon tief mit dem Kopf im Wasser, aber immer wieder zog es mich hinauf. Ich kleidete mich an, steckte mein aufgeweichtes Haar zurecht und eilte mit Lothar zum Portier. Wir fuhren weiter.
Jetzt, in Bürgenstock, ging Lothar einmal sehr früh in den Garten, um an seinem *Jedermann*-Regiebuch zu arbeiten. Ich hatte die Erlaubnis, länger zu schlafen. Wieder plante ich die Wahnsinnstat, aber ich wollte nicht in die Badewanne, bevor ich einen Blick in den Garten zu Lothar geworfen hatte. Er mußte mich gespürt haben, denn er winkte voller Vertrauen zu mir herauf. Wieder verließ mich der Mut. Es war nicht Rücksicht auf Lothar, es war einfach Feigheit.
Die Vormittagsstunden in Bürgenstock waren die schlimmsten meiner Depression. In mein Tagebuch konnte ich nichts anderes schreiben als »Hölle!«
Jetzt wußte Lothar, wie es um mich stand. Ich war wieder tief am Abgrund, und es dauerte eine ganze Weile. Ich bekam eine Pille, die mir nur in den schlimmsten Augenblicken erlaubt war.
Ich schrieb viele Abschiedsbriefe in diesen Tagen, an

Kollegen und Freunde von uns beiden, an einen Geistlichen. Aber keinen habe ich abgeschickt. Immer wieder erklärte ich, daß weder Lothar noch irgend jemand anders an meinem Unheil schuld hätte, daß ich einfach ein kranker, verzweifelter Mensch geworden war.
Lothar nahm alles auf sich, und wir fuhren nach Salzburg in unser Häuschen. Ich werde nie vergessen, wie er in meinem Zimmer Vorhänge aufmachte, um es freundlicher zu gestalten. Aber es half mir ja doch nichts, nichts, nichts, nichts!
Noch immer war geplant, daß ich die Mutter im *Jedermann* spielen sollte. Ich hatte eine Probe mitgemacht und wußte, ich schaffe es nicht, es schien mir unmöglich. Ich schrieb, ohne es Lothar zu sagen, eine Absage an Baron Puthon. Lothar weinte fast, als er es hörte. »She gave back the part«, rief er.
Lotte Medelsky übernahm noch einmal die Mutter – nur Lothar zuliebe, wie sie sagte, nicht dem Festspielhaus. Zum ersten Mal spürte ich Erleichterung. Ich hatte mich daran gewöhnt, daß meine Umwelt von meinem Zustand keine Ahnung hatte.
Einmal besuchte mich Professor Reisner. Er gab mir viel Mut. Ich glaubte ihm, nahm tatsächlich ein bißchen mehr Anteil an allem. Es kam nicht mehr vor, daß ich in einem Geschäft nur herumstand und aus Hemmung nicht wußte, was ich kaufen wollte. Aber die Antriebskraft fehlte noch immer. Noch stand ich neben mir und schaute mir zu. Mein Zustand hatte im Februar begonnen, jetzt war es Ende Juli.

Zu meiner größten Freude hatte ich einmal Lust, auf eine *Jedermann*-Probe zu gehen. Es schien mir alles wie im Traum. Sollte ich mich tatsächlich dem Ausgang des Tunnels nähern? Es schien so.

Einen schweren Rückschlag hatte ich nach der Generalprobe des *Jedermann*. Viele Kollegen besuchten die Probe, aber kein einziger kam zu mir, um mir zu sagen, daß es ihm gefallen hätte. Wenn sie geahnt hätten, wie sehr mich ein lobendes Wort über Lothars Arbeit gefreut hätte, wäre sicher zumindest der Gütigste von allen, Gustl Waldau, gekommen, aber auch er eilte zum Ausgang, und zum Schluß blieb ich allein auf dem großen Domplatz.

Die Premiere wurde dennoch ein großer Erfolg, vor allem für Lothar. Grete Wiesenthal, mit der uns seit damals eine innige Freundschaft bis zu ihrem Tod verband, hatte die Tänze arrangiert, die dem Publikum sehr gefielen. Der junge Will Quadflieg hatte einen Riesenerfolg, er war kein typischer Jedermann, eher ähnlich wie Moissi, aber auch ihm schadete seine Schönheit nicht.

Wir waren sehr glücklich, daß das Ganze so gut ausgegangen war, wo es doch so schlecht begonnen hatte, und verbrachten ein paar schöne Wochen in Salzburg. Meine Beschwerden besserten sich langsam. Ich wagte nicht es mir einzugestehen und fürchtete täglich einen Rückfall in die schwarze Tiefe. Er kam nicht, was kam, war die Genesung, die Normalisierung meines ganzen Zustandes. Ich wollte nach Wien zurück, wieder arbeiten, es zumindest versuchen, und ich wollte mit Professor Reisner darüber

sprechen. Vor der Abreise verhandelten wir mit Baron Puthon und Tassilo Nekola wegen der Verträge für das nächste Jahr, richteten das Morzger Häuschen für den Winterschlaf und fuhren mit Benno und Frau Resi nach Wien.
In Wien rief ich noch am selben Abend Professor Reisner an. Er fragte: »Wie geht es Ihnen?«
Ich antwortete: »Gut!«
Er freute sich so herzlich, wie ich es gar nicht für möglich gehalten hätte, und sagte: »Ich hab' ein paar Tage solche Angst um Sie gehabt!«
Ich dankte tief gerührt. Da er keine Gegenfrage stellte, hielt er mich bestimmt für genesen. Ich fragte noch: »Kann so etwas wiederkommen?«
Er meinte: »Fast nie, und wenn, nicht vor zehn oder zwanzig Jahren.«
Wie ermutigend diese Worte waren, konnte nur er wissen. Ich glaubte an Reisners Versprechen, seine damalige Vorhersage des dunklen Tunnels war eingetreten; jetzt würde ich wieder so leben wie vor der Krankheit, davon war ich überzeugt. Ich vertraute ihm, und ich glaubte auch, daß ich, wäre ich nicht nach Küsnacht gegangen, sondern – wahrscheinlich ohne Insulin – unter seiner Obhut in Wien geblieben, viel früher aus dem Tunnel herausgekommen wäre. All das sagte ich ihm.
Professor Reisner sah ich gelegentlich immer wieder, obwohl er sich schon damals nicht mehr mit Psychiatrie, sondern mit Neurologie beschäftigte. Dann ging er einige Jahre nach Graz, von wo man ihn sehr ungern scheiden ließ. Aufgrund der Grazer Jahre

wurde er in Wien Chef der Neurologischen Abteilung im Allgemeinen Krankenhaus und ist es heute noch.

17

In den Kammerspielen der Josefstadt trat ich bereits im September 1952 in John van Drutens *Geliebte Hexe* und im Dezember in *Matura* des erfolgreichen Ladislaus Fodor auf, einem Stück, das ich schon vor dem Krieg gespielt hatte und das damals ein großer Erfolg war. Ich spielte darin die Rolle einer älteren Lehrerin, die in einer Szene eine Schülerin straft, weil sie glaubt, von der Klasse gehaßt zu werden. Es stellt sich jedoch als Irrtum heraus, als ihr dieses Mädchen versichert, daß alle sie gerne hätten. Jahrzehntelang hatte da ein unscheinbares Wesen an Minderwertigkeitskomplexen gelitten und sich von der Klasse gehaßt gefühlt. Es war trivial im wahrsten Sinne, doch das Publikum genoß es sehr.
Ich spürte den Draht, der vom Publikum heraufkam. Es war ein reines Glücksgefühl. Man hörte viel Schluchzen, auch mir liefen die Tränen herunter. Das sind Momente, die man nicht beschreiben kann, da weiß man erst, warum man diesen schweren, schönen und gelegentlich beglückenden Beruf erwählt hat. Ich habe immer sehr viel auf Kollegenurteile gegeben, und als Karl Paryla weinend zu mir kam, da war ich himmelhochjauchzend; das klingt vielleicht ein bißchen übertrieben, aber nur wenn man etwas echt empfindet, ist der Kontakt zwischen

Publikum und Schauspieler hergestellt. Ich habe es an mir immer erlebt, denn wenn ich nicht richtig in Stimmung komme, ist auch der Draht zum Publikum nicht da.
Goethe wußte natürlich um dieses Phänomen: »Wenn ihr's nicht fühlt, ihr werdet's nicht erjagen, wenn es nicht aus der Seele dringt und mit urkräftigem Behagen die Herzen aller Hörer zwingt...«
Der »Abend« schrieb über *Matura:* »...da ist die altjüngferliche Frau Prof. Wimmer, eine rührend tragikomische Gestalt. Die Szene, in der dieses von den Schülern verspottete Stiefkind des Lebens plötzlich ein liebevolles, mütterliches Herz in sich entdeckt, gehört zu den ganz großen Theatererlebnissen, für welche das Publikum mit langem Applaus dankt.«
Die »Weltpresse« schrieb: »Adrienne Gessner in einer erschütternden Charakterstudie als Frau Prof. Wimmer. Hier bringt es eine der größten Schauspielerinnen von Wien mit kargen Mitteln zustande, Schulerinnerungen in uns entstehen zu lassen.«
Die nächste Josefstadt-Premiere, ebenfalls im Dezember 1952, war Oscar Wildes *Ein idealer Gatte* in der Inszenierung von Ernst Lothar. Die »Presse« notierte: »Adrienne Gessner strahlte eine Aura von Herzenshumor reinster Einfalt und Güte aus; wie ist ihr Gestaltungsreichtum unerschöpflich an neuer und immer zutreffender Menschenkenntnis!«
Und die »Österreichische Zeitung« schrieb: »Einige der besten Schauspieler der Josefstadt sind eingesetzt, von denen in erster Linie Adrienne Gessner zu

nennen ist, eine Künstlerin, die niemals enttäuscht und auch hier eine ältliche Lady mit allen Nuancen eines feinen, unaufdringlichen Humors ausstattet.«
Vor einigen Tagen besuchte mich Hans Jaray, wir sprachen natürlich über Vergangenes und über Theater. Hans sagte: »Ich glaube, du hast eigentlich nie eine schlechte Kritik gehabt.«
Ich mußte lachen, weil mir einfiel, daß einmal Max Reinhardt zu Haeusserman in Los Angeles gesagt hatte: »Aber wieso hat sie *immer* so gute Kritiken?« Das machte meine Fee, die mich tatsächlich nie im Stich ließ!
Zugleich mit Gustl Waldau habe ich den Reinhardt-Ring bekommen. Ich trage ihn noch, wenn ich, was immer seltener vorkommt, ins Theater gehe.

Während dieser Josefstädter Saison 1952/53 fuhr ich etliche Male mit dem Schlafwagen nach München, um in dem Film *Hannerl* mit Richard Romanowsky zu spielen. Es war eine sehr gute Rolle, in der ich mich auch ganz wohlfühlte, aber ganz kam mir das Medium Film nie entgegen, der Kontakt, den ich mit dem Theaterpublikum genoß, fehlte mir beim Film. Auch im *Feldherrnhügel* hatte ich eine hübsche Rolle. In einer Szene mit Paul Hörbiger war »es« fast da, aber eben doch nur fast.
Ein paar Jahre später, in *Die goldene Brücke*, waren meine Rolle gut und die Partner hervorragend: Curd Jürgens, Ruth Leuwerik, Paul Hubschmid. Ich habe eine wehmütige Erinnerung an diesen Film. Die Szene mit einer Schauspielerin, von der niemand wußte,

daß sie schwer krank war, mußten wir unzählige Male wiederholen, sie konnte sich den Text nicht merken. Brutal verlangte man ihn ihr immer wieder ab, es war hoffnungslos. Ihre Mutter kam sie holen, und ich habe sie nie mehr gesehen, nur gehört, daß sie ihrer Krankheit wegen nicht mehr arbeitsfähig war.
Beim Film hat jeder Star einen Safaristuhl, auf dem sein Name steht. So weit habe ich es nie gebracht. Ich hatte nur Safaristühle zur Verfügung von Kollegen, die mich vom Theater her kannten. Bei der *Goldenen Brücke* konnte ich jederzeit mit einem von der reizenden Ruth Leuwerik oder von dem charmanten Curd Jürgens rechnen.

Die Zeit jagte, es kam Ostern, eines meiner Lieblingsfeste. Etwas zitternd und zögernd ließ ich alles an mich herankommen und vorübergehen. Die Angst vor der Krankheit stand immer noch neben mir. Ich war nie ein Optimist, aber wie jetzt meine Psyche war, so konnte ich leben, das spürte ich, und das machte mich fast froh. Auch auf Salzburg freute ich mich. Ich hatte die Rolle der Mutter im *Jedermann* zugesagt.
Salzburg war unsere Lieblingsstadt geworden. Die ersten Tage verbrachten wir auch 1953 wieder im Österreichischen Hof und übersiedelten dann sehr bald mit der lieben Frau Resi und Benno nach Morzg, Lothar begann mit den *Jedermann*-Proben, etwas bange vor neuen Intrigen, aber doch mit seiner ganzen kraftvollen Energie.

Die *Jedermann*-Premiere findet immer am letzten Sonntag im Juli statt, und meine Aufregung stieg von Tag zu Tag. Lothar und ich hatten immer sehr gut miteinander gearbeitet, so auch hier im *Jedermann*. Caspar Neher entwarf mir ein schönes schwarzes Kostüm.

Vor Beginn der Vorstellung wurde man auf seine Warteplätze gebracht, bei mir war es die kleine Tabaktrafik links vom Eingang zum Domplatz. Lothar gab mir immer selbst das Zeichen zum Auftritt, das ich zitternd entgegennahm.

Schön ist das Brettergerüst des *Jedermann*, und schön ist es dort oben zu spielen, es hat eine ganz eigene Atmosphäre. Man blickt in den blauen Himmel, man blickt empor zum Turm der Franziskanerkirche, und wenn man seitlich steht, zum herrlichen Dom. Das Brettergerüst schwankt ein wenig, was es noch mystischer und unrealistischer macht.

Die erste Szene ist gut vorübergegangen, man begibt sich an seinen zweiten Warteplatz. Man erlebt das ganze Spiel mit, hört den Schrecken der Buhlschaft, wenn Jedermann von der Hand des Todes berührt wird, man hört die Tänze, die den Schrecken verscheuchen sollen. Wenn Jedermann das Vaterunser spricht und man selbst schon fast in Tränen ausbricht, kommt der zweite Auftritt. Man geht ab, steigt in ein bereitstehendes Auto, weit weg vom Publikum, das einen natürlich nicht sehen kann, und fährt zurück ins Festspielhaus, von vielen Passanten akklamiert, und man winkt zurück. Ein einmaliges Ereignis im Leben jedes Schauspielers, der es mitgemacht hat. Ich möchte es um nichts in der Welt missen.

In Anschluß an Salzburg gingen wir jährlich im September nach Bad Gastein, manchmal war es auch umgekehrt und wir fuhren im Juni, vor Salzburg. Lothar liebte Gastein, dort hat er viel geschrieben, auf einer Bank auf dem »Oberen Weg, zum grünen Baum«. Er liebte die herrliche Landschaft, die wunderbare Luft, die göttliche Ruhe und den Frieden. Gastein ist aus unseren Nachkriegsjahren nicht wegzudenken.
Lothar hing sehr an Dr. Straubinger, dem Besitzer unseres Hotels. Lothars Vater hatte Dr. Straubinger in seiner Jugend einmal bei einer Prüfung geholfen, das wurde in der Familie nie vergessen. Wir lebten in seinem Hotel sehr gemütlich und begegneten hier dem Ehepaar Wurzian. Frau Wurzian war die Tante von Marcel Prawy, den wir hier kennenlernten. Über ihn wußten wir nur: Der Marci ist außerordentlich musikalisch und spielt gut Klavier. Wieviel Freude er einmal so vielen Menschen machen würde, haben leider seine Tante und sein Onkel nicht mehr erlebt. Was hätten die beiden darum gegeben, ihn bei einer seiner Matineen auf der Opernbühne oder im Fernsehen zu erleben.
Viele Ausflüge haben wir in Gastein gemacht. Fast jeden Nachmittag trafen wir uns mit Wurzians in Böckstein oder in dem neuen Kaffeehaus, das der Tochter von Dr. Straubinger gehörte. Freilich wurden die Spaziergänge von Jahr zu Jahr kürzer und

die Autobusfahrten häufiger; aber da Wurzians einen Wagen mithatten, machten wir immer noch unsere Jausenausflüge, denn zurück fuhren wir meistens mit ihnen. Nur brachen wir früher auf, um die herrlichen Plätze länger zu genießen.
Auch Bäder nahmen wir in Bad Gastein. Abends wurde im Stüberl genachtmahlt, mein Gott, wie gemütlich war es damals, auch für Gretl, die uns fast jeden Sommer besuchte.
An Wien mußte man sich immer wieder erst gewöhnen.

Lothar begann die neue Saison im Burgtheater mit Shaws *Kaiser von Amerika*. Aslan spielte die Hauptrolle und Susi Nicoletti die Prinzessin Alice. Die »Presse« schrieb über die Premiere am 31. Oktober 1953: »Ernst Lothar, vornehmlich Spezialist der Grillparzer-Seele, der Wesentlichkeit und Menschlichkeit des stilisierten Heimatmenschen, wurde hier ideologisch-problematisch. Mit Witz, Geist und Temperament. Glücklichst einigt er den Konflikt als das, was Shaw haben will, als unaufhörliche Antithese von Allem und Jedem.«
Ein Wunder, daß es ein so großer Erfolg wurde, denn da das Stück im Ronacher gespielt wurde, wo das Burgtheater nach dem Krieg bis 1955 sein Ausweichquartier hatte, fehlte ein atmosphärischer Rahmen. Trotzdem, das Publikum war ausgehungert und nahm von dem Guten, das man ihm bot.
Ich spielte Anfang 1954 im Volkstheater Colettes *Gigi*. Es war ein reizendes Stück, in dem die junge

Nicole Heesters debütierte. Auf einer der Proben feierten wir ihren sechzehnten Geburtstag. Johanna Terwin und ich hatten sehr gute Rollen. Ich weiß nicht wieso, aber selten haben die Leute so über mich gelacht wie in diesem Stück.
Während der Proben hatte ich ein kleines Mißgeschick und mußte mich einer Operation unterziehen. Professor Antoine versprach, daß ich, wenn ich mich gleich am Montag zu dem Eingriff entschließen würde, am Freitag schon wieder auf der Probe stehen könnte. Als er Lothar, vom Operationssaal kommend, auf der Stiege traf, sagte er: »Es ist etwas ganz Harmloses.« Lothar wäre ihm fast um den Hals gefallen. So waren die großen Ärzte in Wien eben immer wieder! Ich habe an diese kleine Episode keine schlechte Erinnerung, ich denke nur an das herrliche Einschlafen in die Narkose hinein.
Professor Antoine behielt recht, ich stand am Freitag wieder auf der Probe, und kurze Zeit später hatten wir Premiere, die für Nicole Heesters, Johanna Terwin und mich ein großer Erfolg wurde.
Einige Monate zuvor war ich in Ladislaus Bús-Feketes Lustspiel *Jean* aufgetreten, das Hansl Jaray in der Josefstadt inszenierte. Auch hier hatte ich, es wird mir schon langweilig es immer wieder zu sagen, einen großen Erfolg. *Jean* war ein amüsantes, rundes Theaterstück, von literarischem Wert keine Rede!

Immer wieder sprach ich davon, es wäre mein größter Wunsch, in der kommenden Saison in München die Crescence im *Schwierigen* zu spielen. Eines Ta-

ges sagte sich Hans Schweikart bei mir an und fragte mich, ob ich zu Silvester 1954 bei ihm an den Münchner Kammerspielen die Rolle übernehmen wolle. Ich war glücklich und sagte sofort ja, ohne daran zu denken, daß es womöglich ein Trennung von Lothar bedeuten würde. Doch wir setzten durch, daß wir beide fahren konnten, und freuten uns. Wir verbrachten noch einige Monate in Wien, ehe wir nach München reisten. Dort wohnten wir in den »Vier Jahreszeiten«, und schon das war ein Fest. Wir hatten gute Freunde in München: das Ehepaar Proebst. Hermann Proebst war Chefredakteur der »Süddeutschen«. Die Männer waren sehr befreundet, die Frauen waren sehr befreundet, Erika und ich schon seit längerer Zeit. Eine meiner Freundinnen mit Vornamen Mauricette hatte Erika Proebst und mich zusammengebracht, sie war überzeugt, daß wir zueinander passen würden, und sie hatte recht. Wie oft, wenn ich vom Filmen nach Hause kam, wartete sie gegen Abend in der Halle der »Vier Jahreszeiten« auf mich. Wir saßen und plauderten und lauschten dem Klavierspieler mit dem überlangen Frack.
Wenn ich an München zurückdenke, fällt mir eigentlich immer dieser Platz in der Halle ein, später bereicherte ihn auch Kortner. Ich habe ja stets gesagt, München ist meine zweite Stadt, und das war sie auch seit meinen Jugendjahren, seit meiner Freundschaft mit Mirl Seidel, mit Steinrück, mit Lotte Pritzel, mit Falckenberg, mit Erwin Faber und Erwin Kalser – bis Winter 1975/76. Da war ich bei

Kurt Meisel am Residenztheater die Frau Hollunder in *Liliom;* das Spiel nahm ein trauriges Ende, da ich mir bei einem kurzen Abstecher nach Wien einen Oberschenkelhalsbruch zuzog.
Kein Hotel Vier Jahreszeiten mehr, keine gemütlichen Gespräche, kein Klavierspieler, das Leben war wieder sehr hart geworden, wie es seit Lothars Tod im Jahr zuvor mehr oder minder immer war. Damals habe ich gelernt, wie man einen Unfall selbst organisieren muß.
Ich stürzte beim Aussteigen aus dem Lift im Hanuschhof. Hunderte Male war ich mit ihm gefahren, nie war mir etwas passiert – ausgerechnet an diesem Tag!
Ich blieb am Boden liegen und konnte nicht mehr aufstehen, das realisierte ich schnell: ich hatte mir etwas gebrochen. Es war, als ob sich eine Spirale nicht mehr schließen ließ. Ich rief jemanden, mir aufzuhelfen, und bat, man möge mir Gräfin Schönfeld aus ihrem Büro schicken, das im selben Stock lag. Gräfin Schönfeld kam sofort. Ich bat sie, meinen Arzt Professor Benda im Floridsdorfer Krankenhaus anzurufen und ihn zu veranlassen, mir eine Rettung zu schicken.
Die Rettung kam, und nun begann eine endlose Fahrt durch Wien. Ich wußte, daß ich in Floridsdorf nicht bleiben konnte, weil Knochenoperationen dort fast nie gemacht wurden, aber ich wollte Bendas Rat. Die Männer von der Rettung waren sehr unwirsch.
Professor Benda stand schon vor dem Krankenhaus,

man lud mich ab, es war Mittagspause. Benda konnte die Röntgenaufnahme allein machen und sagte nur: »Leider ein Bruch.« Wir entschlossen uns sofort für Professor Salem, Benda rief ihn an.
Professor Salem sagte, ich solle gleich mit der Rettung in das Wilhelminenspital kommen, es werde alles für mich vorbereitet sein. Benda, der aufgeregter als ich war, sagte, als mich die Rettungsmänner hinausschoben: »Hals- und Beinbruch.«
»Noch einmal?« meinte ich ziemlich bestürzt. Den Humor hatten wir zumindest in dieser scheußlichen Lage nicht verloren.
Ich fuhr wieder kreuz und quer auf holprigen Rädern in das Spital, das mich nun sicher mehrere Wochen beherbergen würde. Ich wurde abgeladen und in ein sehr hübsches Einbettzimmer gebracht, sehr herzlich von einer reizenden Oberschwester begrüßt und bald darauf zum Röntgen geholt. Ich kam nicht zum Unglücklichsein, was ein natürlicher Zustand gewesen wäre. Alles ging so schnell und selbstverständlich, daß ich gar nicht nachdenken konnte und vor allem nicht auf die Idee kam, daß mir ja wirklich ein Unglück passiert war, von dem ich nicht wußte, wie es ausgehen würde. »Oberschenkelhalsbruch« hat keinen guten Klang. Man verbindet damit meistens einen schweren Unfall, aber dieser Gedanke kam mir nicht.
Kurze Zeit nach meiner Einlieferung besuchte mich Professor Salem. Er bestimmte den nächsten Tag zwölf Uhr für die Operation, auch davor hatte ich keine Angst. Am Nachmittag kamen Besuche, gegen

Abend Susi Nicoletti – sie und Ernstl waren seit 1954 verheiratet – mit vielen Dingen, darunter einem Fernsehapparat. Ich war sehr gerührt.
Am nächsten Tag wurde ich in einen Raum gefahren, an den ich mich erinnere, weil alles ringsherum weiß war. Eine Ärztin kam, suchte an meinen Handgelenken ein paar Stellen und sagte: »Jetzt werde ich Ihnen weh tun müssen.«
Dann war nichts mehr.
Sekunden darauf, so schien es mir, sagte ich: »Ja, warum fahren wir nicht endlich in den Operationssaal!«
Zwei Männer mit grün-rosa Masken hoben mich auf und sagten: »Was wollen S' denn, ist ja schon alles vorbei«, und brachten mich auf mein Zimmer. Ich fragte nach Professor Salem und bekam die Antwort: »Der operiert schon wieder.«
Es vergingen ein paar unangenehme Stunden. So sehr ich das Einschlafen in die Narkose als angenehm empfinde, so schrecklich ist mir das Aufwachen. Den ganzen Nachmittag war mir schlecht. Gegen Abend legte sich der Zustand. Professor Salem kam vorbei, sagte, er sei sehr, sehr zufrieden, es wäre ein sogenannter glatter Bruch gewesen.
Ich war so glücklich in diesem Spital und mit dem Verlauf der Krankheit, es war eines der wenigen Male in meinem Leben, wo ich bewußt dem Schicksal dankbar war. An den stillen Vormittagen habe ich viel nachgedacht, an die Anfänge in München, an die Zeit, in der ich mit Lothar dort war und die Proben zum *Schwierigen* mitmachte, der am 31. Dezember

37 Die Großmutter in Ödön von Horváths »Geschichten aus dem Wiener Wald« spielte ich in Zürich, München, Wien, im Fernsehen und in Maximilian Schells Film. Szenenphoto mit Helmut Lohner aus Otto Schenks Inszenierung an den Münchner Kammerspielen, 3. Dezember 1966

38 Hans Schweikart war mein Partner in dem Zweipersonenstück »Wirklich schade um Fred« von James Saunders, Münchner Kammerspiele, 28. November 1966.

39 Bei Kurt Meisel am Münchner Residenztheater war ich im Dezember 1975 die Frau Hollunder im Molnárs »Liliom«. Den jungen Photographen spielte Georg Luibl.

40 Von 1975 bis 1977 spielte ich, diesmal mit Curd Jürgens in der Titelrolle, wieder die Mutter in »Jedermann« bei den Salzburger Festspielen.

41 Während der Salzburger Festspiele 1981 wurde mein 85. Geburtstag gefeiert. V. l. n. r.: Ernst Haeusserman, Maximilian Schell, Josef Meinrad, Bundespräsident Dr. Rudolf Kirchschläger und Landeshauptmann Dr. Wilfried Haslauer

42 »Ich bin eine Wartende, Erwartende...« ▷▷

1954 herauskam. Es war kein triumphaler Premierenabend, aber ein schöner Erfolg für mich.
Weihnachten 1954 verbrachten wir sehr gemütlich bei dem Ehepaar Proebst und Silvester mit den Kollegen in einem Gasthaus, wo es turbulenter zuging. Gott sei Dank fühlte sich Lothar auch wohl. München war eben immer ein geistiger Mittelpunkt, und den hatte er in Wien zu wenig. Auch an die Zeit der Filme dachte ich immer wieder, es waren ja so viele, darunter *Ich denke oft an Piroschka, Kronprinz Rudolfs letzte Liebe, Olympia* und viele andere, die sehr populär wurden. In *Der Feldherrnhügel, Ehesanatorium* und *Die Deutschmeister* spielte auch Susi Nicoletti mit.
Beim Nachdenken kam ich immer wieder zu dem Schluß, daß ich trotz aller Freunde allein war. Damals, als ich über mein Alleinsein nachdachte, war ich ungefähr achtzig Jahre alt, seither sind mehr als acht Jahre vergangen, es ist nicht anders geworden. Nur mein Gesundheitszustand hat sich verschlechtert, aber ich will nicht klagen, ich will berichten, ein bißchen noch berichten, was in diesem meinem langen Leben vorging.
Der ganze Oberschenkelhalsbruch war letztlich eine Bagatelle. Es lag wohl in erster Linie an Professor Salem, es lag an den Oberärzten, an den Pflegerinnen, an der ganzen Atmosphäre des Spitalspavillons. Als ich durch die Oberschwester erfuhr, daß ich zu Beginn der nächsten Woche entlassen werden würde, war ich richtig traurig, und Professor Salem bestätigte mir im Hinausgehen: »Sie können dann

nächste Woche, Montag oder Dienstag, nach Hause.« Worauf mir entfuhr: »Am Dienstag!« Ich wagte noch zu fragen, ob es nicht ein bißchen zu früh wäre, doch da erhielt ich nur mehr einen stummen Blick.
Von dem kleinen Zimmer mußte ich Abschied nehmen, von den Krähen, die ich täglich vom »Steinhof« herüberfliegen sah – das war allerdings ein Trost –, auch sonst war alles positiv gewesen, sogar die Diät, ich hatte mich für die Kinderdiät entschieden. Vis-à-vis von mir lag das Kinderzimmer mit ungefähr zwölf bis vierzehn Buben und Mädeln. Als ich schon auf dem Gang spazierengehen konnte, besuchte ich die Kinder jedesmal, sie waren entzückend. Sie schrien ohrenbetäubend, wenn die Besuchszeit zu Ende war und sich ihre Mütter verabschiedeten. Nie habe ich ein Kind so brüllen gehört wie ein jugoslawisches, als seine Mutter ging. Sie trösteten sich schnell, aber nicht so schnell, wie man es gewünscht hätte.
Ich sagte mir, was hast du doch für eine glückliche Kindheit gehabt, daß du in diesen Jahren nie im Spital warst. Immer wieder dachte ich an meine schöne Kindheit und Jugendzeit...
Und wieder war ich in Gedanken beim *Schwierigen* in München, Winter 1954. Diese Zeit gehört zu den glücklichsten Perioden meines Lebens. Rudi Steinboeck inszenierte das Hofmannsthal-Stück, Axel von Ambesser spielte den Graf Bühl, Aglaja Schmid die Helene, Jane Tilden die Antoinette, Peter Weck den Stani, ich die Crescence, Gustl Waldau herr-

lich den alten Diener, Hans Nielsen den Neuhoff. Der *Schwierige* wurde eine lange Serie und gefiel den Leuten immer besser. Er gehörte nach wie vor zu meinen Lieblingsstücken, besonders der erste Akt mit seinen wunderbaren Dialogen, und im zweiten beglückte mich wieder, wie 1924 bei Reinhardt, die unnachahmliche Liebesszene zwischen Graf Bühl und Helene Altenwyl. Es ist eine sehr lange Duoszene, bei der sich die anderen Hauptdarsteller meistens in die Kantine flüchten.

Dies sollte nicht mein letzter *Schwieriger* sein. In der Spielzeit 1959/60, als ich bereits festes Burgtheatermitglied war, wurde dieses beglückende Stück im Akademietheater wieder ans Tageslicht geholt. Diesmal mit Lothar als Regisseur und Robert Lindner als Graf Bühl. Jane Tilden behielt ihre hinreißend gespielte Antoinette Hechingen, ich blieb Crescence, die ältere Schwester von Kari Bühl, die nun zu meinen Lieblingsrollen gehörte, und Peter Weck wurde ans Burgtheater verpflichtet, um den Stani zu spielen.

Zur ersten Probe kam Weck sehr verspätet. Er war in Wien nicht aufzufinden, wir mußten also mit dem Beginn der Probe auf sein Erscheinen warten. Er kam, und Fred Hennings, der väterliche Freund junger Schauspieler, sagte: »Burscherl, was glaubst denn, daß keiner von uns je einen Rausch gehabt hat, wenn er zur Probe gekommen ist. Geh auf die Bühne, entschuldige dich und leg los!«

Er legte los, und bei der Premiere am 22. Dezember 1959 war das ganze Haus von seiner Leistung hinge-

rissen. Dieser Vorgang wiederholte sich Anfang 1962 während unseres Gastspiels am Zürcher Schauspielhaus unter Direktor Kurt Hirschfeld. Auch dieser wollte Peter Weck wegen seines späten Kommens rügen, aber als er seinen Stani sah, »brach auch er in die Knie«. Dieses überschwengliche Lob mag ungerechtfertigt erscheinen, denn es waren alle Rollen hervorragend besetzt, doch selten hat sich eine Rolle so mit einem Schauspieler gedeckt wie der Stani mit Peter Weck.
Im Akademietheater war Robert Lindner natürlich ein herrlicher Graf Bühl, auch er zwang sein Publikum zu Beifallsstürmen. Es war eine schöne Premiere, die alle, die dabeisein durften, nie vergessen werden.
Auch Lothar war stolz auf diesen Abend, er erfüllte alles, was er sich erträumt hatte.
Ich kann die Crescence noch immer auswendig. Manchmal beim Einschlafen spreche ich mir die ersten Sätze vor.
Tempi passati!
Auch in Zürich war der Erfolg rauschend wie in Wien. Möglich, daß der Schweizer sich in der Figur des Grafen Bühl wiedererkannt hat – in all seiner Korrektheit, in all seiner Hemmung, in all seiner Menschenwürde.
Als die Serie in Zürich ausgelaufen war, bestand noch so große Nachfrage, daß man noch vier Vorstellungen einschob und uns zu einem Wochenende von Wien nach Zürich schickte. Damals kursierte das Gerücht, daß man an der Kasse generell nur Kar-

ten zu kaufen erhielt, wenn man den Nachweis erbringen könne, daß man den *Schwierigen* schon sechsmal gesehen habe.
Alles vergeht, alles...

Aus Anlaß der Akademietheater-Premiere am 22. Dezember 1958 brachte der »Express« diese beiden Karikaturen. Daneben: Besetzungszettel der Aufführung des Zürcher Schauspielhauses, 1962

GESSNER

Peter WECK

Freitag, den 26. Januar 1962, 20 Uhr
Samstag, den 27. Januar 1962, 20 Uhr

PREMIÈRE

DER SCHWIERIGE

Lustspiel in 3 Akten von Hugo von Hofmannsthal

Regie: Ernst Lothar   Bühnenbild: Gaby Niedermoser

Hans Karl Bühl	Robert Lindner
Crescence, seine Schwester	Adrienne Geßner
Stani, ihr Sohn	Peter Weck
Helene Altenwyl	Maria Emo
Altenwyl	Johannes von Spallart
Antoinette Hechingen	Jane Tilden
Hechingen	Hanns Kraßnitzer
Neuhoff	Gert Westphal
Edine ⎫	Alice Lach
Nanni ⎬ Antoinettes Freundinnen	Gitta Sacha
Huberta ⎭	Siegrid Niedermayr
Agathe, Kammerjungfer	Lisl Kienast
Neugebauer, Sekretär	Karlheinz Windhorst
Lukas, erster Diener bei Hans Karl	Robert Tessen
Vincenz, ein neuer Diener	Otto Tausig
Ein berühmter Mann	Walter Kiesler
Kammerdiener ⎫ bei Altenwyl	Luis Rainer
Diener ⎭	Martin Huber

Technische Leitung: Ferdinand Lange   Beleuchtung: Walter Groß
Inspizient: Paul Baschwitz

Pause nach dem 2. Akt

18

Mit den Aufführungen des *Schwierigen* im Akademietheater und im Zürcher Schauspielhaus habe ich in meiner Erzählung ein paar Jahre vorgegriffen. Kehren wir zurück ins Jahr 1955. Damals führte ich Verhandlungen mit dem Burgtheater. Der damalige Direktor Adolf Rott hatte mir ein Angebot gemacht. Es war ein schwerer Entschluß, mich allmählich von der Josefstadt zu trennen. War es wirklich nur Eitelkeit, Burgtheatermitglied zu sein, oder reizte mich der Standortwechsel? Ich weiß es nicht. Ich weiß nur, daß die Kolleginnen am Burgtheater sehr froh gewesen wären, wenn ich nicht abgeschlossen hätte. Ich aber blieb bei meinem Entschuß.
Meine erste Rolle war die Äbtissin in Henry de Montherlants *Port Royal*. Premiere war am 11. Jänner 1956. Unter Lothars Regie wurde es eine wunderschöne Aufführung mit Paula Wessely, Inge Konradi und Else Wohlgemuth, aber es war kein Stück für Wien. Außerdem kannte man den geistlichen Orden nicht, um den es in dem Stück ging, und so blieb es dem Publikum etwas fremd. Schade.
Ich war damals noch nicht im fixen Burgtheater-

engagement und konnte daher zwischen der Josefstadt und dem Burgtheater pendeln.
Vorausgegangen war im Herbst 1955 die Wiedereröffnung von Burg und Oper. Der Wiener zog seinen Hut und jauchzte.
Das Burgtheater begann den Premierenreigen am 16. Oktober mit Grillparzers *König Ottokars Glück und Ende,* es folgten *Don Carlos* und *Torquato Tasso.* Die Oper öffnete ihre neuen Pforten am 5. November zur *Fidelio*-Premiere unter Karl Böhm, daran schlossen sich *Don Giovanni, Die Frau ohne Schatten* und *Aida* an.
Welcher Sturm von Bewegung nahm einen gefangen. Es waren Augenblicke, die man nicht zu überleben glaubte. Die Oper wieder in ihrem alten Haus, die Oper, die wir von Kind an als die unsere betrachteten! Wir waren wie in Trance, und nichts konnte uns in die Wirklichkeit zurückholen.
Gretl war mit uns, und das Ehepaar Proebst saß unmittelbar vor uns. Sie waren alle genauso ergriffen und glücklich wie wir. Es war wieder einmal Glanz in einer besonderen Art.
Anfang 1956 wurde Lothar von einem schweren Infekt befallen. Er hatte Schüttelfröste mit hohem Fieber, aber die Ärzte konnten nichts finden. Schließlich stellte sich heraus, daß ein Virus die Krankheit ausgelöst hatte, die Professor Lauda mit seinem Assistenten, unserem nachmaligen Arzt Professor Dr. Benda – er besucht mich heute noch – mit sehr viel Cortison zum Stillstand brachte.
Lothar erholte sich sehr langsam. Ministerialrat

Marboe, im Ministerium für die Bundestheater verantwortlich, besuchte ihn im Spital und gab ihm die feste Zusicherung, daß er den *Egmont* 1956 in Salzburg inszenieren könnte. Lothar war glücklich, nichts hätte ihn mehr verletzt, als krankheitshalber eine Salzburger Inszenierung absagen zu müssen.

In meiner langen Bühnenlaufbahn habe ich unendlich viel gespielt, die Zahl meiner Rollen ist Legion. Zurückschauend stelle ich immer wieder fest, daß, für meinen Geschmack, nicht sehr viel von echtem literarischem Wert dabei war. Ich versuche aufzuzählen, was für mich in dieser nicht ganz glatten Karriere »übrig bleibt«.
Immerhin fing ich mit dem Fräulein Julie von Strindberg an, dem Knaben im *Postamt* von Tagore, dem Prinzen von Wales in *Richard III.* und einer Rolle in Wedekinds *Kammersänger.* Es folgten im Laufe der Jahre: die Margaret Orme in Galsworthys *Gesellschaft*, die Marthe Schwerdtlein im *Faust*, die Sittah, später die Daja in *Nathan der Weise* und die Mutterrollen in *Egmont*, *Kabale und Liebe* und *Jedermann* (in sieben Salzburger Festspielsommern mit Will Quadflieg, in drei mit dem viel zu früh verstorbenen Curd Jürgens); bei Oscar Wilde die Lady Markby im *Idealen Gatten* und die Herzogin von Berwick in *Lady Windermeres Fächer,* bei Franz Molnár die Marie, später die Frau Hollunder in *Liliom*, die Lina in *Olympia*, die Fürstin im *Schwan*, bei Hofmannsthal im *Schwierigen* die Agathe, später die Crescen-

ce, bei Schnitzler die Schlager Mizzi, später die Frau Binder in *Liebelei*, die Annie im *Abschiedssouper (Anatol)*, die Cissy Mohr in *Fräulein Else* (dramatisiert von Ernst Lothar) und die Frau Wahl im *Weiten Land*; dann die Garderobiere in Anouilhs *Colombe*, die Mutter in Cocteaus *Die schrecklichen Eltern* (zunächst in den USA in meiner Übersetzung, später in Wien bei Stella Kadmon in ihrem hochliterarischen »Theater der Courage«), die Nora Melody in O'Neills *Fast ein Poet*, die Mrs. Loman in Arthur Millers *Der Tod des Handlungsreisenden* und die Äbtissin in Montherlants *Port Royal*; hinzu kamen die Madame Pernelle in Molières *Tartuffe*, das Fräulein Blumenblatt in Nestroys *Einen Jux will er sich machen*, die Mrs. Pringle in James Saunders' *Wirklich schade um Fred*, die Großmutter in Horváths *Geschichten aus dem Wiener Wald* und Rollen in Giraudoux' *Die Irre von Chaillot* sowie in Tschechows *Drei Schwestern* und Max Frischs *Triptychon*.

In *Triptychon*, meiner letzten Rolle am Burgtheater, spielte ich 1981 eine Tote – so wie alle anderen Beteiligten ebenfalls aus dem Totenreich kommen. Bei mir gab es noch eine kleine Steigerung, ich wurde in einem Rollstuhl auf die Bühne gefahren und auch wieder abgeschoben. Ob ich das für ein gutes oder schlechtes Omen halten soll, weiß ich nicht. Erst war es mir ein bißchen ungemütlich, sogar schaurig, aber dann gewöhnte ich mich daran, und als ich Max Frischs Sätze auseinanderschälte, fand ich große Schönheiten und identifizierte mich völlig mit der Rolle.

Sogar eine der größten Freuden des Berufs hatte ich während der *Triptychon*-Serie. Direktor Achim Benning sagte mir einmal bei einer Vorstellung ganz beiläufig: »Das ist meisterhaft, was Sie da machen. Ich schaue jedesmal zu.«
War das mein letztes Lob auf einer Bühne?
Nicht nur meiner labilen Gesundheit wegen mache ich nur mehr sehr wenig. Es wäre gelogen zu sagen, daß mir der Beruf nicht fehlt. Er fehlt mir Tag und Nacht!

Ich habe immer die Meinung vertreten, daß eine Ehe mit einer Schauspielerin ein Problem darstellt. Bei Lothar und mir sah das so aus: Vormittags Probe für mich, während Lothar sich seinen schriftstellerischen Arbeiten widmete, seinen Romanen, seinen Regiebüchern, als er noch für das Theater arbeitete. Er begann früh und schrieb bis zum Mittagessen. Es folgte ein kurzer Nachmittagsschlaf, dann setzte er sich wieder an die Arbeit. Lothar ging immer früh zu Bett, schon in seinen jungen Jahren, so daß ihn meine Abendvorstellungen nicht so sehr störten. Aber ich machte mir große Vorwürfe, besonders bei En-suite-Aufführungen, wenn ich Abend für Abend aus dem Haus ging und relativ spät zurückkam. Er hat sich nie darüber beschwert, was ich ihm heute noch danke: es war eben der Beruf. Dabei weiß ich, er war voller Angst, wenn ich nur eine Minute verspätet nach Hause kam.
Reinhardt sagte immer, ein Schauspieler sollte eigentlich im Hotel leben und sich mit nichts anderem

als dem Beruf beschäftigen. Zu dieser Art von Schauspielerinnen habe ich nie gehört, obwohl mir der Beruf sehr am Herzen lag, aber es gab noch anderes. Ich hatte leider kein ausgesprochenes Hobby, mein Hobby war das Theater, und so lebte ich jahrzentelang mit Gewissensbissen. Das Wissen, daß sich Lothar stundenlang am Abend allein in der Wohnung aufhielt, quälte mich immer wieder. Dazu hatte er zeit seines Lebens keinen guten Schlaf. Es wäre ihm sicher angenehmer gewesen, mich in seiner Nähe zu wissen.

Viele dumme Filme habe ich angenommen, anstatt sie abzusagen, bin fröhlich in den Münchner Schlafwagen gestiegen, um am nächsten Tag dort zu drehen. Andererseits war Lothar auch stolz über meine Erfolge.

Natürlich arbeitete ich auch für das liebe Geld. Wir hatten während zweier Weltkriege praktisch alles verloren, da war es kein Wunder, daß man zugriff, wo sich etwas bot. Die Erfahrung hat mich gelehrt: Man kann noch so schlecht in einem Film sein, er zieht immer wieder einen anderen nach.

Trotzdem zog sich ein Vorwurf wie ein Leitmotiv durch mein Leben: »Mußt du denn alles annehmen?« fragten nicht nur Angehörige und Freunde, sondern auch Außenstehende.

Schauspieler sein ist ein Beruf, der nicht ganz ernst genommen wird, obwohl er zu den schwersten gehört. Es gibt Menschen, die glauben, man müsse nur den Text auswendig lernen, und damit sei alles getan. Aber da fängt es ja erst an. Wie schwer ist es, eine Figur zu finden, sie zu formen, zu gestalten, und gerade die kleinsten Rollen habe ich ungeheuer intensiv erarbeitet.

Ankündigung einer gemeinsamen Dichterlesung mit Lothar

19

Eines Tages wurde in Wien ein Geheimnis gelüftet: Im Juli 1961 sollten sich Nikita Chruschtschow und John F. Kennedy in unserer Hauptstadt treffen. Wir hielten alle den Atem an. Es war das erste Gipfeltreffen der zwei Großmächte, und es sollte ein großer Rout im Schloß Schönbrunn stattfinden, nur für Diplomaten und Politiker.
Lothar interessierte sich brennend für dieses Zusammentreffen und ich wußte, es wäre für ihn das Schönste, dabei zu sein. So rief ich Frau Dr. Kyrle, die Tochter von Bundespräsidenten Dr. Schärf, an und sagte ihr meine Bitte.
Sie war überaus freundlich und versprach, wenn nur irgend möglich, daß wir dem Fest beiwohnen könnten. Und in der Tat, ihr Vater sagte ja, wir erhielten zwei Einladungen.
Viele Feste haben wir erlebt, aber sicher nie ein interessanteres und aufregenderes.
Es begann mit Verspätung, weil Kennedy starke Bandscheibenschmerzen hatte und erst ärztlich behandelt werden mußte. Endlich, nach einer halben Stunde, wurden wir aus einem großen Saal des

Schlosses in einen anderen gejagt. Ich wurde von einem Kriminalbeamten, der mich offenbar kannte, angetrieben: »Gehn S', gehn S', Frau Gessner, Sie können sich hinsetzen, wo Sie wollen, nur nicht an den Tisch, wo sich jetzt der Chruschtschow hinsetzt.«

Wir waren keine zwei Meter von dem Ehrentisch entfernt und schauten und schauten: An der Ehrentafel hatten neben Bundespräsident Dr. Schärf Chruschtschow und Kennedy Platz genommen, Dr. Schärf gegenüber saß Frau Chruschtschow, neben ihr Bundeskanzler Gorbach und Vizekanzler Pittermann; an den beiden anderen Seiten Frau Kennedy und Frau Kyrle, bei Frau Kennedy der Präsident des Nationalrates, Leopold Figl, und der Bundesminister für auswärtige Angelegenheiten, Bruno Kreisky. Frau Kyrle hatte Andrej Gromyko und Dean Rusk als Tischnachbarn. Kennedys Mutter, Frau Figl, Altbundeskanzler Raab, Kardinal König und die Botschafter beider Länder ergänzten die Ehrentafel. Man hatte nicht genug Augen, um alles verfolgen zu können.

Immer wieder fiel mein Blick auf Mrs. Kennedy und Figl, die sich königlich zu unterhalten schienen. Der Dolmetsch, der hinter ihnen stand, konnte sich nicht schnell genug auf und ab und hin und her bewegen, um die Konversation in Fluß zu halten.

Chruschtschow schien mir ganz anders, als ich ihn mir vorgestellt hatte, gemütlich, ja fast gutmütig, und doch: was konnte plötzlich hinter diesen Augen aufblitzen!

Der Saal knisterte vor Spannung, Aufregung, Neugierde, Bewunderung und war voller Fragezeichen. Es war ein Essen im Sitzen ohne Tischordnung, bis auf die Ehrentafel, und ich erinnere mich genau, daß ich einen lauwarmen gefüllten Paprika mit Paradeissauce bekam. Demel hatte das Essen geliefert. Ob die anderen auch Paprika aßen, habe ich bis heute nicht erfahren. Es hatte sich herumgesprochen, daß es sehr schwer war, Feste in Schönbrunn zu arrangieren, weil es dort keine entsprechende intakte Küche gab.
Nach dem Essen wurde die Tafel aufgehoben. Die illustren Gäste und die Gesellschaft führte man in einen Nebensaal, wo Solisten der Philharmoniker ein »Künstlerisches Programm mit Wienerischer Note« darboten, das Staatsopernballett tanzte, der Donauwalzer durfte nicht fehlen, Hilde Güden und Waldemar Kmentt sangen. Das goldene Wiener Herz schwebte im Raum.
Ein Fernsehteam war gekommen. Alle, die sich sehen wollten, konnten sich am nächsten Tag bewundern. Ich kann nicht verhehlen, daß auch Ernst zu den Gefilmten gehörte, Burgtheaterdirektor Professor Ernst Haeusserman, der allgewaltige Theatermann von Wien.

Bei meinem ersten Gastspiel mit dem Burgtheater in Holland wohnten Lothar und ich in Scheveningen, die anderen Kollegen in Den Haag. Die Königin kam ins Theater, wie immer bei solchen Anlässen wurde sie von ihrem Volk bejubelt.

Sehr aufregend war das ganze Unternehmen nicht. Ich erinnere mich hauptsächlich an einen Ausspruch von Fred Hennings. Einmal saß ich mit ihm vor einer Vorstellung in einem Kaffeehaus, wir sprachen über das Burgtheater, und ich klagte ihm: »Stell dir vor, nun bin ich sechs Jahre am Haus, und erst jetzt fangen sie langsam an von mir Notiz zu nehmen.«
Worauf Hennings antwortete: »Da hast du eigentlich Glück gehabt, bei den anderen dauert es acht Jahre!«
Belohnt wurden wir durch die Ausflüge in die herrlichen Museen. Sicher ist es ein großer Glücksfall, Rembrandts »Nachtwache« gesehen zu haben. Ja, man muß nicht nur grübeln, man muß nachdenken und abwägen, dann kommt man darauf, daß man doch auch viel Glück im Leben gehabt hat!
Lothar und ich fuhren von Holland aus direkt in die Schweiz, nach Flims. Wir hatten uns einen Ort ausgesucht, den Lothar von früher her kannte, der wunderschön war, sehr hoch lag und weit weg von Salzburg.
In Flims blieben wir nicht lange, da Lothar wieder in sein geliebtes Gastein wollte. Ein paar Tage mußten wir uns in Salzburg aufhalten, um der Eröffnung des Neuen Festspielhauses beizuwohnen. Lothar wollte zuerst nicht fahren – wäre er nur dabei geblieben –, aber es hätte nach Beleidigtsein ausgesehen, denn wir hatten eine Einladung und herrliche Karten bekommen.
Noch wohnten Gretl und ihr Lebensgefährte im

Morzger Häuschen, wir hatten es ihnen für den Sommer überlassen. Als wir ankamen, waren die beiden bereits bei einem Schusterehepaar im Nachbarhaus, in dem sie schon so oft gewohnt hatten, um unsere Zimmer freizumachen. Lothar wollte sich so wenig wie möglich in Salzburg zeigen.
Gretl und ihr Freund holten uns von der Bahn ab und brachten uns nach Morzg. Sie schienen beide guter Dinge, besonders Gretl war strahlender Laune, worüber ich mich sehr freute. Ich weiß, ihr ganzes Sein war darauf eingestellt, daß es im Spätsommer zur Heirat kommen würde. Sie war restlos glücklich.
Wir verbrachten den Nachmittag auf unserer Veranda, Gretl und ich plauderten lange. Dann gingen Lothar und ich früh zu Bett. Ich dachte nach, so manches ging mir durch den Kopf: die vielen Intrigen der Festspiele, bevor Lothar endlich im Sommer 1959 seinen »Hobel« hingeworfen hatte. Es war zuviel »gekocht« worden, wie Molnár gesagt hätte. Wenn auf der linken Seite der Salzach beschlossen wurde, Lothar den Präsidentenstuhl anzubieten, dann meldete sich auf der rechten ein namhafter Regisseur, der erklärte, nicht mehr in Salzburg arbeiten zu können, wenn Lothar Oberspielleiter würde.
So schön es die ersten Jahre gewesen war, so unerträglich hatte es sich zugespitzt. Lothar war froh, das alles los zu sein und wieder auf eigenen Füßen stehen zu können.
Über all dem Groll mußte ich plötzlich eingeschlafen sein. Auf einmal war mir, als ob eine weinende,

verzweifelte Stimme immer wiederholte: »Der Franz
ist tot, der Franz ist tot, der Franz ist tot!«
Ich konnte eine ganze Weile nicht ganz erwachen
und hörte nur immer wieder: »...ist tot!«
Dann riß es mich hoch, und ich erfaßte die Situation.
Es mußte ungefähr halb drei Uhr morgens gewesen
sein, als Gretl schluchzend zu uns ins Haus trat und
nicht fähig war etwas anderes zu sagen als: »Der
Franz ist tot!«
Lothar, mit Katastrophen vertraut, ließ sich erzählen, was geschehen war. Stockend konnte Gretl nur
mitteilen, ihrem Gefährten sei schlecht geworden,
sie sei furchtbar erschrocken und habe ihre Angst
nicht verbergen können. Franzl habe noch gesagt,
sie solle sich nicht so aufregen: »Ich werd' ja nicht
gleich sterben!«
Sie hatte die Schustersfrau flehentlich gebeten, den
Arzt zu holen, was diese nur ungern tat, da es in
Strömen regnete, und noch hinzugefügt: »Wenn es
aber nix ist, wird der Herr Doktor sehr bös' sein.«
Er hatte keinen Grund bös' zu sein, denn als er ankam und den Patienten gesehen hatte, konnte er nur
mehr seinen Tod feststellen. Er verlangte ein Handtuch, um sich die Hände waschen zu können.
Nach einigen Stunden kleideten wir uns an und begannen einen fürchterlichen Tag. Gretl mußte dem
Sohn telephonieren, er versprach kühl, er werde
gleich herfahren. Das Ehepaar, Franz' Sohn und
Schwiegertochter, kamen nach ein paar Stunden.
Der Sohn hatte seine Pläne schon gefaßt. Er arrangierte die Bestattung. Der Vater sollte so schnell wie

möglich aus der Leichenhalle des kleinen Morzger Friedhofes herausgebracht werden und in der Familiengruft seine letzte Ruhe finden.
Tränen gab es wenig, außer von Gretl. Sie waren siebenunddreißig Jahre zusammen gewesen. Sie hatte viel geopfert, ein bißchen Geld, ihren Beruf – sie hätte immer ein Engagement gefunden –, und jetzt stand sie vor dem Nichts.
Aber wir waren ja noch da. Lothar, der Gerechtigkeitsfanatiker, dachte sofort an die Existenzfrage. Doch er stieß auf taube Ohren. Alles wurde Gretl verwehrt, die Aussprache mit den Kindern des ein Leben lang geliebten Mannes, die wenigstens einmal im Jahr stattfindenden Besuche der Enkel, alles, alles...
Ich bin davon überzeugt, nichts hat sie so gekränkt und gedemütigt wie das Verhalten des Sohnes und der Schwiegertochter.
Der Tag schlich dahin, sinn- und zwecklos.
Lothar rief eine Freundin von Gretl an und bat sie, sofort nach Morzg zu kommen. Sie traf noch am Abend ein.
Lothar schickte ich, so früh es nur ging, zur Festspielpremiere des *Rosenkavalier* und beschwor ihn, noch in der Nacht nach Gastein weiterzufahren.
Wir, unsere Freundin Sophie, Gretl und ich, saßen auf der Veranda, auf der wir schon mehrmals trübe Gespräche geführt hatten: Dort waren wir gesessen, als Agathe gestorben war, dort waren wir gesessen, als die ersten Hakenkreuze ein bis zwei Kilometer von uns entfernt sichtbar wurden, dort waren wir

gesessen nach der Rückgabe des von den Nazis gestohlenen Häuschens. Dort waren wir gesessen...
Am nächsten Morgen hörte ich Gretl rufen: »Jetzt bringen sie den Franzl weg!«
Sophie versprach, mit Gretl zum Begräbnis nach Mühlbach zu fahren. Ich beschloß fernzubleiben und fuhr zu Lothar nach Gastein, wohin Gretl nachkommen sollte.
Das Begräbnis muß für sie schrecklich gewesen sein. Allein, umgeben von lauter Feinden; nur Clarissa Rothschild bemühte sich um sie, nahm sie unter den Arm und setzte sich mit ihr auf eine der Kirchenbänke.
Wie schön hätte sie es noch wenigstens kurze Zeit haben können, und wie grausam war es jetzt.
Gretls Schicksal hatte auch mich tief getroffen. Wir blieben einige Zeit in Gastein, mit Gretl war es selbstverständlich schwer. Man hätte sicher mehr Rücksicht und Verständnis verlangen können, aber so war sie eben, ihr Temperament ging immer wieder mit ihr durch. Ich hatte es mit beiden, Gretl und Lothar, nicht leicht und war froh, als wir nach Wien zurückkehrten.
Gott sei Dank hatte Gretl viele Freunde, vor allem Margit Erös, die sie täglich besuchte. Soviel Zeit hatte ich natürlich nicht, und ich habe mir oft Vorwürfe gemacht, daß ich mich zuwenig um sie kümmerte.
Aber mein Leben war wieder sehr angefüllt mit Theater, dem Haushalt, und ich mußte für Lothar da sein.

Abgesehen von dieser »Sommersekundenkatastrophe«, wie Lothar es nannte, und den Salzburger Intrigen hatten wir Ende der fünfziger, Anfang der sechziger Jahre schöne Wochen, Monate, Jahre, die wir gemeinsam in größter Harmonie verbrachten. Lothar inszenierte viel am Burgtheater und im Akademietheater. Eine seiner allerbesten Arbeiten war *Das weite Land* von Schnitzler in einer hervorragenden Besetzung.
Der Premierenabend am 29. Oktober 1959 war für uns alle insofern etwas enttäuschend, als der Applaus nicht so besonders stark war. Es stellte sich aber heraus, daß das Publikum von Stück, Besetzung und Inszenierung so ergriffen war, daß es fast schweigend verharrte. Daß es ein Riesenerfolg war, stellte sich bald heraus. Die Kritiken waren wunderbar. Es war eine herrliche Vorstellung, an der Spitze Paula Wessely, die unvergleichliche, einmalige, der wunderbare Attila Hörbiger, die hinreißende Inge Konradi und viele andere, unter die ich mich auch zählen konnte.
Dies waren die glücklichsten Jahre, bis wieder ein Unheil über uns hereinbrach.

1964 hatte ich in Zürich die Großmutter in Horváths Volksstück erstmals gespielt. In der berühmt gewordenen Münchner Inszenierung war ich 1966 wieder dabei (Programmzettel), 1974 auch am Burgtheater.

MÜNCHNER KAMMERSPIELE SPIELZEIT 1966/67 – SCHAUSPIELHAUS

Geschichten aus dem Wiener Wald
Volksstück in drei Teilen (16 Bilder) von Ödön von Horvath
Inszenierung Otto Schenk

Bühnenbild Günther Schneider-Siemssen   Kostüme Hill Reihs-Gromes
Musikalische Einrichtung und Bearbeitung Peter Fischer

Alfred	Helmut Lohner
Die Mutter	Maria Singer
Die Großmutter	Adrienne Gessner
Der Hierlinger Ferdinand	Walter Sedlmayr
Valerie	Jane Tilden
Oskar	Rudolf Rhomberg
Ida	Jutta Wachsmann
Havlitschek	Karl Renar
Rittmeister	Karl Schönböck
Eine gnädige Frau	Barbara Pleyer
Marianne	Gertrud Kückelmann
Zauberkönig	Rudolf Vogel
Zwei Tanten	Rosl Mayr / Katja Nigg
Erich	Dieter Kirchlechner
Emma	Jovita Dermota
Helene	Christine Oesterlein
Der Dienstbote	Maria Kraft
Baronin	Barbara Gallauner
Beichtvater	Heinz Kargus
Der Mister	Anton Reimer
Der Conferencier	Willy Berling

Heurigen-Musiker: Josef Eitele, Bernd Pfisterer, Richard Schreml

„Maxim"-Tänzerinnen: Christine Gerber-Petzenhauser, Margit Haberland, Jane Heinzl, Helga Leuschner, Nina Majutsche, Lisa Ravel, Christine Steiner

Das Stück spielt 1931 in Wien, im Wiener Wald und draußen in der Wachau

Aufführungsrechte Thomas Sessler Verlag, München
Das Fotografieren im Zuschauerraum ist nicht gestattet

Regieassistenz: Ulrich Heising/Paul Schulich – Inspektion: Katja Nigg – Souffleuse: Lieselotte Loderer
Technische Leitung: Günther Härting
Bühnenmeister: Karl Gruber/Toni Lippecher – Beleuchtung: Arthur Haupt – Ton: Hans Berger/Wolfgang Kowetzki
Requisiten: Paul Stoschek/Franz Gattinger – Kostüme: Luise Pfanzelt/Anton Almstätter – Masken: Rudolf Ziegler
Die Dekoration wurde in den Werkstätten der Kammerspiele unter Leitung von Alois Sippl hergestellt.
Schreinerei: Johann Dorner – Schlosserei: Richard Riepolt – Tapeziererei: Herbert Baumgartner – Malsaal: Alfons Ostermeier

Pause nach dem 2. Teil (11. Bild)   Premiere: 3. Dezember 1966   Spieldauer ca. drei Stunden

20

Lothar stürzte in der Wohnung und konnte sich nicht mehr erheben. Nur mit Mühe brachte ich ihn ins Bett zurück. Schmerzen hatte er nur, wenn er sich bewegte.
Obwohl es sehr früh am Morgen war, rief ich Professor Benda an, der sagte: »Das wird ein Oberschenkelhalsbruch sein, ich komme gleich.«
Das Wort hatte für mich einen grauenhaften Klang, ich wußte nur, daß jetzt operiert wurde. Früher waren die Patienten mindestens drei Monate ans Bett gefesselt, mit hochgestelltem Bein. Bei alten Leuten war diese Behandlung unmöglich wegen des damit verbundenen langen Liegens, da immer die Gefahr einer Lungenentzündung bestand.
Es war Feiertag und natürlich kein Arzt aufzutreiben, der zum Röntgen bereit war. Endlich kam – ausgerechnet! – ein Sportarzt, er meinte lakonisch: »Bei mir ist das a Fraktur.«
Wir erschraken beide sehr.
Ich rief Professor Spengler an. Er war sehr unwirsch und meinte, der »Trainer« hätte nichts sagen müssen, weil er auch nichts verstünde.
Ich antwortete, inzwischen etwas gereizt: »Aber es wird schon stimmen, Herr Professor!«

»Auch wenn es stimmt, darf er es Ihnen nicht sagen!« erwiderte er.
Lothar wurde mit der Rettung in die Privatklinik in der Pelikangasse gebracht. Obwohl er sich wehrte, stand es außer Zweifel: Er mußte operiert werden.
Es geschieht immer wieder, nun war es auch ihm geschehen: Er hatte eine Schwelle überschritten – aus einem gesunden Menschen war in Sekunden ein schwerkranker Mann geworden.
Als er operiert wurde, war ich von namenloser Angst erfüllt, ich fürchtete, er würde nie mehr gehen können.
Es kam anders, Gott sei Dank war es nicht so schlimm, wie ich gedacht hatte. Lothar blieb drei Wochen im Spital, die Operation war glänzend gelungen.
Ein paar Tage vor seiner Entlassung lud ich ihn ein, zu Hause zu essen. Er war sprachlos, daß ich ihm so etwas zumutete, und da er, wie fast alle Männer, ein Hypochonder war, hielt er diesen Ausflug für ein Wagnis. Es gelang mir, ihn zu überreden, und so wurde es unser schönster Tag nach dem schweren Unfall.
Jeden Samstag kam Professor Jantsch, um mit Lothar in der Wohnung auf und ab zu gehen. Später nahm er Lothar in seinem Auto auf kleine Fahrten mit, das waren seine besten Stunden.

Was folgte, war vom Schicksal nicht schlecht gemeint. Wir waren zusammen, und das Gehen wurde besser und besser.

Lothar bewältigte unsere zwei Stockwerke, damals war noch kein Lift im Haus, und er konnte wieder ins Theater, er machte auch Spaziergänge – ich war glücklich darüber, weil ich wußte, was es für ihn bedeutete, kein Außenseiter mehr zu sein. Wie gut konnte ich das verstehen, da ich doch selbst, wenn ich krank war, immer das Gefühl hatte, mich bei meinen Mitmenschen entschuldigen zu müssen. Er entschuldigte sich für seinen Stock, den er von nun an benutzen mußte, das war für ihn eine große Belastung.

Er arbeitete immer noch täglich vier, fünf Stunden, aber sein Alltag war nicht licht, eher trübe, von Todesgedanken erfüllt. Wir wußten genau voneinander, was wir dachten, aber ausgesprochen wurden diese Dinge nie.

In den letzten Jahren fing Lothar an sehr vergeßlich zu werden, er wußte es und litt Qualen. Wie oft sagte er mir: »Warum habe ich soviel gelernt? Jetzt habe ich alles vergessen!«

Das waren Sätze, die mir das Herz zerrissen und bei denen ich machtlos dastand.

Lothar war ziemlich verlassen in seinem Leid. Nur die Besuche von Ernstl und Professor Hacker machten ihm Freude. Professor Hacker ist auch heute noch mein Freund.

Einmal war er noch im Burgtheater, bei der Premiere von *Geschichten aus dem Wiener Wald* am 6. März 1974. In der Pause kam er zu mir hinter die Bühne. Er bemühte sich sehr, wieder zerriß es mir das Herz.

Während der Aufführung hatte er sich zu Professor Benda, der vor ihm saß, dahingehend geäußert, es sei ein Skandal, daß Burgschauspieler so unbekleidet auf die Bühne gelassen würden. Seine Erinnerung reichte zurück, weit, weit, zurück, als er als Knabe im Burgtheater war. Damals hatten freilich keine nackten Mädchen Platz auf der Bühne, und diese Zeit wollte er zurückhaben. Professor Benda besänftigte ihn, und er ließ sich auch bis zum Schluß der Vorstellung beruhigen.
Das war sein letzter Burgtheaterbesuch.

Am 30. Oktober 1974 lag er aufgebahrt auf der Feststiege des Burgtheaters, umgeben von einer Menge Blumen. Es hätte ihn gefreut, denn er war immer der Meinung, daß ihn die Menschen nicht liebten. Sein Sarg wurde um das Burgtheater gefahren, das hätte er nicht gewollt, aber ich war zu schwach, um es zu verhindern; so geschah es eben, wie es bei Ehrenmitgliedern üblich war. Ich fuhr mit Direktor Gerhard Klingenberg im ersten Wagen des Trauerzuges auf den Zentralfriedhof. Es waren nicht sehr viele Menschen gekommen, da es stark regnete.
Nach der Einsegnung sprach Friedrich Heer ein paar ergreifende Worte, und dann strebte alles dem Ausgang zu. Ich verließ sein Ehrengrab – auf das er stolz gewesen wäre.
Einmal hatte ich die Sprache darauf gebracht, er sagte: »Ich, ein Ehrengrab? Nie!« Das war auch der Grund, weshalb ich mich in Dankbarkeit für das Ehrengrab entschied.

Frau Resi weinte hemmungslos. Ich war, wie man so sagt, gefaßt.

Der Tod hatte Lothar schon seit Tagen im Gesicht gestanden. Er war nur vier Tage im Spital gelegen, nachdem er zu Hause wieder gestürzt war. Wieder mußte er mit der Rettung ins Krankenhaus, das war an einem Freitag, wieder kam Professor Spengler und erklärte, eine Operation sei die größere Überlebenschance. So wurde der Ärmste noch einmal auf den Operationstisch gelegt. Von da an machte sein Körper nicht mehr mit.
Am Dienstag um vier Uhr früh kam eine Schwester und sagte: »Es ist vorbei!« Meine erste Reaktion war tiefste Kränkung, daß man mich nicht rechtzeitig verständigt hatte. Ich hatte in einem Zimmer der Klinik gewartet, da man mir nicht erlaubte, bei ihm zu bleiben, und auf das Dringlichste gebeten, bei seinem Tod gerufen zu werden.
Ein paar Stunden später trafen Ernst Haeusserman, Gustl Mayer und Professor Benda ein. Ich war noch nicht ganz bei mir, wußte nur, daß Lothars Seele aus seinem Körper entwichen war. Immer wieder ging ich in sein Zimmer zurück, um ihn anzusehen. Ich wußte, jede Minute konnte er geholt werden, dann würden sie einen Anzug von mir verlangen, Strümpfe, und alles würde nach Schema F gehen. Mein Gefährte über fünfzig Jahre war nicht mehr.
Am Freitag, beim Verlassen der Wohnung, wußte ich, daß ich allein zurückkommen würde. Am

Dienstag, seinem Dienstag, dem von ihm so bevorzugten Dienstag, starb er.
Ein Mann von der Bestattung kam um halb zehn, er nahm mir alles ab, was an Formalitäten notwendig war. Vom Burgtheater hatte man angerufen, daß der Bildhauer Wander Bertoni unterwegs sei, um die Totenmaske abzunehmen.
Ich ging hinaus, um nicht zu stören, wartete aber nicht lange, sondern ging wieder in das Zimmer, in dem er lag. Er war wunderschön und sehr friedlich. Sie ließen ihn mir noch eine Weile, ich war zerrissen vom Schmerz. Dann ging alles sehr schnell. Man bat mich, das Zimmer zu verlassen. Ich hatte Lothar zum letzten Mal gesehen. Zum letzten Mal den Menschen, der mir der liebste war, der mein ganzes Leben bestimmt hatte, von dem ich nur Gutes empfangen und dem auch ich nur Gutes getan habe.
Neben den wilden Schmerz trat eine unsagbare Leere.
Weinen konnte ich nicht, erst als ich in die Wohnung eintrat, in die »fremde« Wohnung, strömten die Tränen. Wie lange ich in Lothars Zimmer saß, weiß ich nicht, ich weiß nur, daß Ernst mich hinausführte.
Lothars Zimmer ist heute noch so wie es war, ich habe nichts verändert, auch dieselben Bilder hängen an den Wänden, sein Schreibtisch, ein langer glatter Tisch aus Kirschholz, darauf die Kugeluhr und eingerahmt meine Einladung ins Weiße Haus zu Roosevelt, ein Bild von mir als Jedermanns Mutter und eines als Äbtissin in Montherlants *Port Royal*.

Es folgten Monate der Leere, Jahre der Leere. Lothar war und ist nie aus meinem Leben wegzudenken gewesen, auch heute nicht. Es geht wieder auf Weihnachten zu, und er ist immer noch mit mir in der Wohnung. Ich lebe ein Leben weiter, so gut es eben geht, und so gut, wie ich mit meiner Gesundheit fertigwerde.

Zahlreiche Auszeichnungen wurden mir in meinem langen Schauspielerleben zuteil. Die Ehrung am 25. Mai 1971 freute mich und Lothar besonders.

DER LANDESHAUPTMANN VON WIEN

beehrt sich, für

Dienstag, den 25. Mai 1971, um 10 Uhr

anläßlich der

Überreichung des Großen Silbernen Ehrenzeichens für Verdienste um das Land Wien

an

Kammerschauspieler Richard Eybner
Kammerschauspielerin Adrienne Gessner
Präsident Generaldirektor Dr. Hans Lauda

im Roten Salon des Wiener Rathauses

einzuladen

Zugang: 1. Lichtenfelsgasse 2. Präsidialstiege

21

Ich war ziemlich viel krank in den letzten Jahren, habe aber immer versucht gesund zu scheinen.
Jetzt geht das freilich nicht mehr!
Nach meinem Oberschenkelhalsbruch hatte ich eine Weile Ruhe und arbeitete auch. Dann überfiel mich eine schauerliche Gürtelrose, die mir viel an Kräften nahm und von der ich mich schwer erholte.
Danach meldete sich wieder mein Körper, das heißt meine Seele. Ich war wieder in eine tiefe Depression verfallen wie im Jahr 1952. Als sich mein Zustand in keiner Weise besserte, meinte Dozent Solms, im Spital könne man doch mehr tun, mit Infusionen...
So wanderte ich wieder in ein Spital, diesmal in die Psychiatrische Klinik...
Als ich entlassen werden sollte, obwohl Dr. Berner mich nicht für geheilt hielt, bot er mir an, wiederzukommen, wann immer ich wollte oder es für notwendig hielt, er stellte mir sogar ein Dauerzimmer in Aussicht.
Ich ging nach Hause und fand mich nur schwer zurecht. Aber ich hatte nicht mehr die schrecklichen

Rückfälle, die mich im Spital immer überkamen, und nach einem neuerlichen Zusammentreffen mit Dozent Solms ging es besser und besser.

Mein Leben hatte nicht mehr viel Sinn und vor allem kein Ziel. Ich lebte dahin. Mir ein Hobby zu schaffen hatte ich ja versäumt, und so wurde es immer monotoner. Meine Freunde merkten es, und ich weiß, daß sie versuchten mir zu helfen. Ernst Haeusserman, der vielen Menschen geholfen hat, stand und steht an erster Stelle. Seine Karriere habe ich mit Freude verfolgt. Ab 1972 war er noch einmal, wie schon vor seiner Burgtheaterdirektion 1959 bis 1968, zusammen mit Franz Stoß, Direktor der Josefstadt, und seit 1977 ist er alleiniger Chef dieses Hauses.
Mit meinen Freunden ist es manchmal wirklich gemütlich. Sicher denken sie, vielleicht sehen wir sie heute zum letzten Mal. Was mir das Leben so schwer macht, ist das Gefühl, daß ich nicht mehr »morgen« sagen kann, eigentlich nur mehr »heute«. Das macht Angst, mehr als Angst, wilde Panik.
In den Jahren von 1975 bis 77 gab es schöne Momente. Zum Beispiel die drei Sommer in Salzburg, wo ich mit Curd Jürgens die Mutter in *Jedermann* spielte.
Im Frühjahr 1976 sagte Otti Schenk zu mir: »Du spielst bei mir die Anfissa. Es ist keine große, aber eine schöne Rolle.«
Ich war sehr glücklich darüber. Eine große Rolle

hätte mich nach den vielen Erkrankungen zu sehr belastet.

Die Anfissa in Tschechows *Drei Schwestern* wurde am 16. Juni 1976 im Akademietheater sowohl ein persönlicher als auch ein großer Presseerfolg. Eigentlich war es nur eine Passage im letzten Akt, die mir gefiel. Diese Passage durchsuchte ich genau, und ich glaube, ich habe sie zu einer Rolle erhoben. Die Anfissa ist ein Vorbote sämtlicher Pensionisten, von denen heute soviel gesprochen wird, sie sagt: »Schau, Kindchen, ich lebe noch! Ich lebe! Im Gymnasium in der Amtswohnung, gemeinsam mit Oljuschka, so hat es mir der Herr auf die alten Tage beschieden. So habe ich Sünderin noch nie wohnen dürfen. Die Amtswohnung ist groß, und ich habe darin ein ganzes Zimmer und ein Bett. Alles von Amts wegen. Wenn ich nachts aufwache – o Herr, o Mutter Gottes, glücklicher als mich gibt es keinen Menschen!«

Wenn jetzt ein paar alte Menschen zusammensitzen, wird auch nur von Pensionistenheimen, Altersheimen, Pflegeheimen, Wohnheimen, Seniorenheimen gesprochen. Wie schmerzlich diese Gespräche sind, weiß ich genau. Jedesmal erschrecke ich, wenn dieses Thema zur Sprache kommt, und ich frage mich, wie lange ich noch Zeit habe, bis mich die Rettung in so ein Haus führt.

Im Herbst 1979 inszenierte Maximilian Schell den Film *Geschichten aus dem Wiener Wald*. Ich spielte wieder die Großmutter, und viele von der alten Be-

setzung behielten ihre Rollen. Dabei machte ich die Bekanntschaft des höchst originellen, geistreichen, allround begabten André Heller. Es war für mich interessant, wie neugierig er auf die Vergangenheit war.
Im Frühling 1980 hatte ich wieder eine kleine Überraschung. Ich wollte mit Frau Scherner die Vorpremiere von *Wie es euch gefällt* im Burgtheater besuchen. Wir hatten Logensitze, waren schon sehr früh da und gingen ins Foyer. Ich hatte schon so lange Lothars Büste nicht gesehen, hauptsächlich aus diesem Grunde war ich gekommen. Auf einmal stolperte ich über einen roten Läufer und stürzte. Von ein paar Besuchern aufgehoben, merkte ich nichts. Plötzlich aber spürte ich etwas Fremdartiges am Ellenbogen, es war merkwürdig naß. Ich realisierte, daß es Blut war. Ich mußte es meiner Freundin sagen: »Du, ich glaube, ich habe mich doch ein bißchen verletzt!« Es war kurz vor halb acht, Direktor Benning bemühte sich um mich. Ich sagte: »Ich werde die Rettung brauchen!« Er wollte mit mir warten, wovon ich ihm dringend abriet.
Als ich aus dem großen Kassenraum trat, war die Rettung schon da. Die Männer wollten mich in ein naheliegendes Spital fahren, aber ich beschwor sie, mich ins Wilhelminenspital auf die Station von Professor Salem zu bringen.
Schmerzen hatte ich keine, Panik schon eher. Wieder einmal eine Fahrt durch die Stadt mit dem goldenen Wiener Herzen.
Die Professoren Salem und Benda waren schon bei

den Vorbereitungen, und als mein Arm durchleuchtet war, sagte Salem: »Einen schönen Salat haben S' da drin.«
Es war Donnerstag, der große Operationstag des Wilhelminenspitals. Ich saß beunruhigt da, aber ich wußte, Professor Salem würde mich nicht lange warten lassen.
Dann ging alles sehr schnell, und als ich aus der Narkose erwachte, waren wieder grüne und rosa Operationsgehilfen da, wieder kam ich in das Einzelzimmer, das ich schon beim Oberschenkelhalsbruch hatte. Ich war glücklich darüber; wenn auch die anderen Hilfen und die Kleine von den Philippinen da sein würden, dann wäre es gut.
Nach einer halben Stunde kamen die Ärzte noch einmal, es war alles in Ordnung. Professor Salem hatte wieder Wunder gewirkt.
Allein, überdachte ich die letzten Stunden, die mich anscheinend wieder zu einem Krüppel schlagen wollten. Aber ich, die ich so oft von Selbstmord gesprochen, so oft an Selbstmord gedacht hatte, ihm so oft entgegengelaufen war, ich fing bitterlich an zu weinen über mein maßloses Pech. Aber einen Armbruch würde ich schon noch überstehen, wenn ich einen Oberschenkelhalsbruch überstanden hatte. Ich hob den Kopf, um aus dem Fenster sehen zu können, und erblickte das schönste Maiengrün. Ich wollte leben – wie jeder in den äußersten Momenten leben will!
Ich wollte leben, aber warum? Um erneut Krankheit und Siechtum zu erleben? – Ich wollte leben!

Nach zehn Spitaltagen besserte sich die Beweglichkeit meines Armes so überraschend, daß es wirklich ein Wunder war. Ich habe nie an Wunder geglaubt, aber hier war eines geschehen.

22

Wenn jemand diese Zeilen liest, muß er sich denken: Schlecht hat sie's nicht gehabt, und was sie jetzt durchmacht, das ist ihr Tribut dafür, daß sie ein so hohes Alter erreicht hat.
Das Schwierige ist, daß ich immer zu hoch hinaus will und deshalb unten bleibe.
Ich möchte gern was Gutes sagen von meinem momentanen Leben und meinem Alter, kann aber nichts finden.
Es gibt Leute, die Wein trinken, die den ganzen Tag wissen, sie werden am Abend dadurch heiter sein. Das fällt bei mir weg.
Ich kann mir Familien vorstellen, die Kinder, Enkelkinder, Urenkel haben. Auch wenn sie wenig mit ihnen zusammenkommen, glaube ich, es ist doch eine große normale Lebensfreude. Ich habe nie Kinder gewollt, weil ich immer Angst hatte, es würde sich bei mir mit einer Rolle nicht ausgehen, und die Rolle war mir anscheinend wichtiger.
Was sicher bleibt, ist die Verbundenheit mit Lothar, die durch nichts zu zerstören ist. Ich teile die Menschen ein in die, die Lothar gern hatten, und andere, die ihn nicht verstanden oder nicht genug achteten.

So gab und gibt es nur Freunde, mit denen wir beide harmonierten.
Von einem gleichaltrigen Freundeskreis kann bald nicht mehr die Rede sein.
Unlängst rief mich Anuschka Deutsch, die Witwe von Ernst Deutsch, aus Berlin an. Wir hatten sehr lange nichts voneinander gehört. Sie sprach meinen Text, ich sprach ihren. Wir haben beide dieselben Sorgen und scheuen uns nicht, über unsere Krankheiten zu klagen. Auch sie hatte einen Oberschenkelhalsbruch, der sie zwingt, mit zwei Stöcken zu gehen, und sie hat fast keine Freunde mehr in Berlin. Der Anruf war eine trübe Durchbrechung meiner Monotonie. Als wir uns unseren Tagesablauf geschildert hatten, fiel mir noch ein: »Wie machst du es mit dem Friseur?«
Fast erleichtert antwortete sie: »Das geht noch gut, er ist vis-à-vis von mir; er hat mich gerne, holt mich ab und bringt mich wieder nach Hause.«
Ich werde Anuschka demnächst anrufen, um in Kontakt zu bleiben. »Der Blinde führt den Lahmen!« Viel helfen kann man nicht, aber auch wenig hilft manchmal.

Jetzt bin ich nur noch sehr müde. Jeden Tag bemühe ich mich und mache Zukunftspläne; wenn man das, was man sich vorgenommen hat, nicht mehr bewältigt, hat man nichts mehr auf dieser Welt zu tun.
Ich sehe immer noch Menschen, es kommen auch Anrufe, aber still wird es um mich, unsagbar still. Meine Ärzte verlangen, sicher mit Recht, daß ich

viel gehen soll; ich kann es nicht, jedenfalls nicht so, wie es helfen könnte. Meine Ärzte – das ist ein Kapitel für sich.
Was fehlt mir eigentlich? Meine Arthritis wird schlimmer und schlimmer, sie behindert mich in vielen Dingen. Meine Augen lassen nach, ich kann nur wenig lesen, und mein krankes Gemüt quält mich. Wirklich heiter werde ich nach der heutigen Nachricht kaum mehr werden. In der Früh rief Ernst wie gewöhnlich an und sagte, er müsse mir etwas Schreckliches mitteilen, aber er müsse. »Die Gustl Mayer ist tot«, sagte er stockend.
Ich fragte, wie es geschehen sei und wo sie sich umgebracht hätte. Eine andere Lösung fiel mir nicht ein.
Sie war um sieben Uhr früh aus dem Haus gegangen und in die Josefstädterstraße in ein Haus gelaufen, das renoviert wird – sie wußte, daß die Arbeiter erst um acht Uhr kommen würden –, ging in den Lichthof, stellte ihre Tasche ab, zog ihren Mantel aus und legte ihn ordentlich zusammen. Um den Hals trug sie einen Zettel, auf den die Adresse ihres Neffen geschrieben war. Sie hatte alles gründlich vorbereitet, um ja niemandem Scherereien zu machen.
Was mußte sie erduldet haben, um zu diesem schauerlichen Ende zu kommen! Was für Qualen, Mut und Verzweiflung mußte sie in sich gestapelt haben, um diesen letzten endgültigen Schritt zu tun. Wie oft hatten wir dieses Thema besprochen. Ich war die Feigere von uns beiden. Ich konnte mir nie vorstellen, da oben zu stehen und den schrecklichen

Entschluß durchzuführen. Sicher hat sie noch einen Augenblick gezögert, ehe sie in das Nichts sprang, doch sie sprang. Sie hat ausgeführt, wogegen sich ihr ganzes Wesen gewehrt hatte.
Angeblich kommt die Ohnmacht schon nach einigen Sekunden, die Lebensüberdrüssigen werden im Sturz bewußtlos. Hätten wir sie doch zurückhalten können. Aber wir ließen sie in die Kluft fallen, in die sie versinken wollte, um nicht mehr wiederzukehren. Adieu, Gustl Mayer, adieu! Das schönste Jenseits sei für dich!

Wie soll der Tag vergehen? Ich bemühe mich mit allem, versuche pünktlich aufzustehen, lasse mich um halb acht wecken, um eine Art von Disziplin zu halten. Gerade heute ist mir das wieder sehr schwer geworden. Der Tag ist grau in jeder Beziehung. Ich habe Angst, daß ich plötzlich allein sein werde. So ein stilles Haus wie meines gibt es so bald nicht wieder.
Dann läutet das Telephon, es können nur Ernst, Ely oder mein Arzt, Professor Benda, sein. Meistens ist Ernst der erste.
»Hallo?«
»Hallo, du bist's. Du bist heut früh dran!«
»Ja, ich erwarte einen Anruf am andern Telephon, es läutet schon.«
»Also bis später, servus!«
»Servus!«
Ich gehe zurück, werde aber von einem neuen Telephonzeichen aufgehalten.

»Grüß dich, Ely.« Da ich stocke, beginnt sie hörbar gezwungen von ihrem gestrigen Tag zu erzählen. Sie waren eingeladen, es gab ein wunderbares Buffet, und eben sei sie auf dem Weg zum Friseur.
»Ist Glatteis bei euch?«
»Nein, Gott sei Dank nicht, und der Peter fährt doch so gut! Paß auf, wenn du rausgehst.«
»Habt ihr wieder eine Gesellschaft, habt ihr Gäste?«
»Aber keine Spur, nur ein paar Freunde von Peter nach dem Nachtmahl.«
Ich gehe wieder eine Weile zum Frühstückstisch zurück, sehe mir das Fernsehprogramm an, lese die Überschriften der Zeitungen und warte auf den Anruf von Professor Benda, um zu wissen, wann er am Mittwoch kommt. Am Mittwoch kommt er seit 1956, früher zu Lothar und seit dessen Tod zu mir. In der Zwischenzeit ist die Wohnung saubergemacht, und ich kann mich in eines der drei großen Zimmer setzen, wie ich gerade Lust habe. Ich möchte mich am liebsten ins Bett legen und in die Luft starren.
Ich warte auf das Zwölf-Uhr-Journal, dann kommt das Mittagessen – allein – danach ein kurzer Schlaf, der mich wieder mit einer schweren Melancholie aufkommen läßt, und dann sitze ich mit Frau Scherner, erledige die Post, die meistens aus Erlagsscheinen besteht, und trinke Tee. Ein leerer Tag, ein leerer Abend, eine ruhige Nacht – die habe ich mir verdient.
Und doch keine so ruhige Nacht – an einem dieser Morgen, es war Anfang Mai, wurde mir sehr

schlecht, ich rief um Hilfe. Die Frau, die auf Wunsch meiner Freunde und Angehörigen bei mir schlief, kam sofort. Es war mir die ganze Nacht nicht gut gewesen. Ich hatte sehr starke Schmerzen. Frau Mertin, die Krankenschwester, versuchte es mit einem Dunstumschlag, der prompt keine Hilfe brachte. Ich rief Professor Benda an, Benda erreichte Professor Salem und sagte, er würde mit ihm in der nächsten halben Stunde kommen.
Der erste, der mich untersuchte, war Professor Salem. Was er getastet haben mag, muß nicht schön gewesen sein. Er sagte kein Wort und untersuchte weiter, dann meinte er, es sei doch besser, gleich ins Spital zu fahren. Die Rettung wurde gerufen. Ich ging im Schlafrock hinunter, nicht einmal die Kaffeehausgäste, die in der Maisonne saßen, störten mich. Ich sah gerade noch meine kleine Ägypterin, die sonntags immer aufräumen kommt, aus dem Haus laufen. Der Wagen, der auf mich wartete, muß ein großer Schreck für sie gewesen sein.
Ich stieg mit Frau Mertin ein. Benda und Salem fuhren hinter uns her. Ich drehte mich noch einmal um – das ist ein alter Aberglaube, man muß sich umdrehen, um zurückzukommen.
»Werden sie mich operieren?« fragt ich Frau Mertin.
»Es schaut so aus«, sagte sie beruhigend. Immerhin, sie war die erste, die sagte: »Wenn das kein Blinddarm ist!«
Im Wilhelminenspital kam ich wieder in mein Zimmer, das war beruhigend. Sonst verging der Tag ziemlich hektisch. Ich wurde etliche Male herausge-

holt, um Blutuntersuchungen und Röntgenaufnahmen zu machen. Gesagt wurde nichts, der Tag war lang, bis – ich glaube, es war halb elf Uhr abends – zwei Männer kamen, um mich zum großen Lift zu befördern. Endlich landete ich in dem Raum, der unmittelbar vor dem Operationssaal lag.
Viel weiß ich nicht mehr von dem, was dann und später kam. Ich glaube, ich wurde nach der Operation gleich auf die Intensivstation gebracht, in der es wie in einer Schule aussah. Wilde Träume rissen mich hin und her. Ich habe erst viel später erfahren, daß ich drei Tage dort war.
Alles war eher peinlich. Die Ärztin sagte: »Wir bemühen uns doch um Sie, warum beschimpfen Sie uns so?« Doch davon wußte ich nichts.
Einer meiner schönen Träume war der von den Kastanienbäumen mit den Mimosenbüschen. In der Mimosenallee blieb das Auto, in dem ich mich befand, stehen, und jemand fragte, ob ich denn nicht nach Hause kommen wolle. Dann riß der Traum ab, ich war wieder auf der Intensivstation. Susi sprach laut im Raum und sagte, sie wisse schon, daß man sie nicht zu mir lassen würde. Das Bild wechselte dauernd. Ich saß in einem schneeweißen Auto, dessen Rücksitz für mich unsichtbar war. Ich spürte, daß ein Rad des Vehikels bereits im Wasser stand. Ich wußte auch, daß unmittelbar hinter mir jemand im Auto saß, aber keine Antwort zu geben bereit war. Ich sagte: »Bitte, lassen Sie mich dort hinüberfahren, ich will nicht in dem Auto ertrinken.« Jede Antwort blieb aus. Ich rief nach Frau Kaschmieter und bat

dringend, sie zu mir zu holen. Ich konnte mich nicht bewegen, war immer noch wie gefesselt.
Plötzlich nahm Otti Schenk einen Platz vor mir ein, er führte mich zurück. Ich hatte mein Kostüm aus *Liliom* an und sagte zu Otti: »So kann ich doch nicht herumgehen, bitte, ich möchte wieder so gekleidet sein wie auf der Intensivstation.«
Bei diesen Worten erschrak Otti: »Sei still, ich bring dich hin, aber sprich kein Wort!«
Ich war wieder auf der Intensivstation, das war gewiß. Ich schimpfte auch wieder mit den Schwestern. Dann muß ich in einen tiefen Schlaf gefallen sein. Ich wachte nach kurzer Zeit in meinem altbekannten Krankenzimmer auf, und wieder sagte eine Schwester dieselben Sätze: »Wir bemühen uns wirklich sehr!«
Ob man mich operiert hatte, war mir nicht klar, wahrscheinlich ja. Denn der Verlauf einer Krankheit war doch immer gleich. Intensivstation war das Gefährlichste, wenn man aus der wieder heil ins Krankenzimmer kam, hatte man überstanden.
Ich blickte auf einen sehr hellen Himmel, es war Mai oder Sommer, wahrscheinlich doch Mai.
Es riß mich zurück ins Leben, ich wollte nur leben, leben, leben. An der Tür trafen sich Professor Benda und Professor Salem. Ich mußte lange geschlafen haben und sagte zu Salem: »Ich höre, Herr Professor, daß Sie mir das Leben gerettet haben.«
Er lächelte: »Na, ein bißchen was haben wir schon getan.«
»Was war es eigentlich?«

»Darüber wollen wir jetzt gar nicht reden, das erzähle ich Ihnen ein andermal.«
Bei einem Spaziergang fragte ich eine junge Schwester, was man bei mir gefunden hätte.
»Einen eitrigen Blinddarm, Darmverschluß und eine beginnende Bauchfellentzündung, nur Salem hat gewußt, daß es der letzte Moment war, sonst hätte er nicht Sonntagabend operiert.«
Schmerzen hatte ich keine mehr und überhaupt nicht das Gefühl, schwer krank gewesen zu sein.
Nach vierzehn Tagen kam ich nach Hause, zwar mit dem Rettungswagen, aber sitzend. Der Sanitäter führte mich schnell ins Haus, denn ich stand ja schon fest auf den Beinen, zäh wie ich bin.
Es wurde erörtert, ob ich eine Erholung brauche oder ob der Kärntnerring genügt. Ich entschloß mich für letzteren, hatte ich doch Frau Kaschmieter und Frau Scherner zur Betreuung.
Ich erholte mich schnell, außerdem stand wieder ein überflüssiger halbrunder Geburtstag bevor, den ich wie jedes Jahr in Salzburg feiern wollte.
Und ich feierte ihn mit allen mir nahestehenden Personen.

Ich gehe einem Lebensabend entgegen, der schon fast Nacht ist.
Ich kann es nicht übersehen, daß sich mein körperlicher und seelischer Zustand im Laufe der letzten Jahre verschlechtert hat. Wie kämpft man gegen Schwäche, wenn die Kräfte nachlassen?
Jetzt ist alles vergänglich geworden.

Ich bin eine Wartende, Erwartende und erfüllt von großer Dankbarkeit gegenüber allen, die mir freundlich gesinnt waren und sind, die mich umsorgen und meine Klagen erdulden.

Hacker und Benda kamen, Scherner und Renée. Das Schlimmste ist geschehen: Ernst ist tot. Das gibt nachträglich allen Erinnerungen einen neuen Akzent. Als wäre mir der Sohn gestorben...

Anhang

Adrienne Gessner: Bühnenrollen ab Wien 1919

(soweit feststellbar)

Zusammengestellt von Guntram Schneider

(AG = Adrienne Gessner;
die jeweilige Rolle ist in Klammern genannt)

1919

Gaston de Caillavet und
Robert de Flers
DER KÖNIG IN PARIS
AG (Suzette)
Norfolk (ab 4. 9.: Jarno),
Grave, Sekler, Gleis
Wien, Theater in der Josefstadt
1. September

Curt Goetz
MINNA MAGDALENA
AG (Minna)
Mahr, Fröhlich, Hartberg
Wien, Theater in der Josefstadt
13. September

Gaston de Caillavet und
Robert de Flers
DIE HIMMLISCHE KUGEL
AG (Suzette)
von Zeska
Wien, Stadttheater
28. November

Roberto Bracco
DIE HERBE FRUCHT
AG (Bice)
Weber, Nerz, Strobel, Karlweis
Wien, Theater in der Josefstadt
12. Dezember

1920

Armin Friedmann
MADAME BOCCACCIO
AG (Gilberte)
Werbezirk, Grave, Rhoden,
Mahr, Fuchs
Wien, Theater in der Josefstadt
24. Januar

J. Plötz
DER VERWUNSCHENE PRINZ
AG (Evchen, Schloßverwalters-
tochter)
Fuchs, Pfaudler, Kühnel,
Sekler, Karlweis
Wien, Theater in der Josefstadt
25. Januar

Alexander Engel und
Julius Horst
DER SCHREI NACH DEM KIND
AG (Cloclo Moustache)
Werbezirk, Mahr, Schenk,
Sekler, Vielguth
Wien, Theater in der Josefstadt
17. März

Daniel Jób
HERBSTSTURM
AG (Miss Gaunt)
Jarno, Konstantin, Pfaudler,
Weißmüller
Wien, Theater in der Josefstadt
1. April

Edith Ausch
(DAS SPIEL VOM) RUMPUMPEL
AG (Malene, ab 12. 2. 1921
Rumpumpel)
Prutscher, Fröhlich, Karlweis,
Waldner, Coletti, Ebbs
Wien, Theater in der Josefstadt
17. April

Georges Feydeau
DIE DAME VOM MAXIM
AG (Clementine)
Strobl, Konstantin, Brebeck,
Karlweis, Ondra, Rainer
Wien, Theater in der Josefstadt
30. April

Frank Wedekind
DER KAMMERSÄNGER
AG (Miss Isabelle Coeurne)
Jarno, Magda, Kopal, Etlinger
Wien, Theater in der Josefstadt
6. Oktober

Rabindranath Tagore
DAS POSTAMT
AG (Amal)
Ritter, Glöckner, Berstl,
Brecher, Gregor
Wien, Theater in der Josefstadt
7. November

Pierre Veber und
Henri de Gorsse
COLETTE
AG (Colette)
Grave, Fröhlich, Hellborn,
Thaller, Kopal
Wien, Theater in der Josefstadt
1. Dezember

1921

Alexander Engel und
Julius Horst
DIE GELIEBTE IN MOLL
AG (Liselotte)
Staud, Werbezirk, Rhoden,
Jellin, Waldner, Berstl
Wien, Theater in der Joesfstadt
26. März

*

Ludwig Anzengruber
DER G'WISSENSWURM
AG (Die Horlacherlies)
Loibner, Bonn, Walter,
Homolka, Kadle
Wien, Raimundtheater
4. September

Arthur Schnitzler
LIEBELEI
AG (Mizzi Schlager)
Loibner, Witzmann, Fasser,
Stepanek
Wien, Raimundtheater
11. September

Georg Kaiser
DAVID UND GOLIATH
AG (Dagmar)
Forest, Fasser, Loibner,
Homolka, Karoly, Marlitz
Wien, Raimundtheater
21. Oktober

Carl Sternheim (nach Molière)
DER GEIZIGE
AG (Elise)
Pallenberg, Neugebauer, Wail,
Förster, Homolka
Wien, Raimundtheater
4. November

Molière
DER EINGEBILDETE KRANKE
AG (Toinette)
Pallenberg, Schleinitz, Herbert,
Stillmark, Böhm, Wallburg
Wien, Raimundtheater
9. November

William Shakespeare
KÖNIG RICHARD DER DRITTE
AG (Edward, Prinz von Wales)
Kortner, Bertens, Rambausek,
Wail, Kestranek, Andersen
Wien, Raimundtheater
22. Dezember

Johann Nestroy
DIE VERHÄNGNISVOLLE
FASCHINGSNACHT
AG (Sepherl)
Loibner, Duschinsky, Gangl,
Homolka, Neugebauer
Wien, Raimundtheater
31. Dezember

1922

Felix Salten
LEBENSGEFÄHRTEN
AG (Grete)
Kramer, Förster, Stepanek,
Neugebauer
Wien, Raimundtheater
30. März

Arthur Schnitzler
DAS VERMÄCHTNIS
AG (Franziska)
Kartousch, Forest, Förster,
Wail, Karoly, Neugebauer
Wien, Raimundtheater
10. Juni

Robert Bodansky und
Bruno Hardt-Warden
DIE LIEBE GEHT UM!
AG (Lisbeth)
Glawatsch, Glöckner,
Homolka, Böhm, Stepanek,
Neugebauer
Wien, Raimundtheater
22. Juni

William Shakespeare
OTHELLO
AG (Bianca)
Kortner, Loibner, Homolka,
Fischer, Markus, Steinsieck
Wien, Raimundtheater
16. September

E. Karlweis
ONKEL TONI
AG (Komtesse Mizzi)
Thaller, Schweighofer,
Kutschera, Kirschner
Wien, Deutsches Volkstheater
12. Oktober

1923

Hans Kaltnecker
DAS BERGWERK
AG (Arbeiterin)
Duschinsky, Homolka, Böhm,
H. Schnitzler, Keune
Wien, Raimundtheater
6. Februar

Sling
DIE ERWACHSENEN
AG (Eveline Mohr)
Thaller, Schmieder, Förster,
Rambausek, L. Loos
Wien, Raimundtheater
17. Februar

E. Karlweis
DAS GROBE HEMD
AG (Franzi)
Thaller, Homolka, Fasser,
Duschinsky
Wien, Raimundtheater
19. Februar

Horace Hodges und
Wigney Percyval
DER WAUWAU
AG (Jenny)
Pallenberg, Neugebauer, Wail,
Böhm
Wien, Raimundtheater
27. Februar

Paul Schirmer
DER HERR MINISTER
AG (Hilde Müller)
Pallenberg, Förster,
Neugebauer, H. Schnitzler,
Kneidinger
Wien, Raimundtheater
3. März

Emile Mazaud
DARDAMELLE, DER BETROGENE
AG (Toinette)
Pallenberg, Gregor, Wieland,
Neugebauer, Homolka, Zeisel
Wien, Raimundtheater
13. April

Henrik Ibsen
PEER GYNT
AG (Ingrid)
Janower, Klitsch, Amon,
Schweighofer, Jaray, Sima,
Dorn
Wien, Deutsches Volkstheater
15. September

George Bernard Shaw
MAN KANN NIE WISSEN
AG (Dolly)
Hetsey, Steinsieck, Sima,
Günther, Dumont, Strahl
Wien, Deutsches Volkstheater
6. Oktober

Ferdinand Wittenbauer
DER PRIVATDOZENT
AG (Else)
Tyrolt, Dumont, Schweighofer,
Nowotny, Kreim, Jaray
Wien, Deutsches Volkstheater
12. Oktober

F. X. Svoboda
DIE DAMPFMASCHINE
AG (Angela Nada)
Pallenberg, Edthofer,
Schleinitz, H. Schnitzler,
L. Loos
Wien, Raimundtheater
18. Dezember

Gustav Kadelburg
FAMILIE SCHIMEK
AG (Hedwig)
Pallenberg, E. Wieland,
Wiegandt, Neugebauer,
L. Loos
Wien, Raimundtheater
31. Dezember

1924

Franz Molnár
LILIOM
AG (Marie)
Pallenberg, Wagners, Skraup,
H. Schnitzler, L. Loos
Wien, Raimundtheater
10. Januar

Gerhart Hauptmann
MICHAEL KRAMER
AG (Lise Bänsch)
Klöpfer, Duschinsky, Karoly,
Neugebauer, Schmieder
Wien, Raimundtheater
14. März

*

Hugo von Hofmannsthal
DER SCHWIERIGE
AG (Agathe)
Waldau, Helene u. Hermann
Thimig, Servaes, Eckersberg,
Danegger, Friedell, Romberg
Wien, Theater in der Josefstadt
16. April

Henrik Ibsen
HEDDA GABLER
AG (Frau Elvsted)
Triesch, Zeisel, Neugebauer,
L. Loos
Wien, Raimundtheater
30. Mai

Harold Marsh Harwood
PROTHEROS HILFE
(Ein unmöglicher Mensch)
AG (Joyce Traill)
Hugo Thimig, Rainer, Gregor,
Schmöle, Romberg
Wien, Neues Stadttheater
27. Oktober

Leonid Andreev
DU SOLLST NICHT TÖTEN
AG (Njusa)
Bressart, E. Wagner, Sima,
L. Wagner, Goetz,
Th. Wymetal
Wien, Theater in der Josefstadt
31. Oktober

Fritz Peter Buch
PRINZESSIN HUSCHEWIND
AG (Köhlerkäthchen)
Englisch, Hans Thimig,
Voelcker, Lewinsky, Sima,
Danegger
Wien, Theater in der Josefstadt
19. Dezember

1925

Arthur Schnitzler
ANATOL
AG (Annie)
Daghofer, Waldau, Rainer,
Fein
Wien, Theater in der Josefstadt
3. März

John Galsworthy
GESELLSCHAFT
AG (Margarete Orme)
Romberg, Hartmann, Helene
Thimig, v. Alten, Lewinsky
Wien, Theater in der Josefstadt
8. April

Carlo Goldoni
DER DIENER ZWEIER HERREN
AG (Rosaura)
Hans, Helene, Hermann
u. Hugo Thimig, Waldau,
Neugebauer
Wien, Theater in der Josefstadt/
Kammerspiele
6. Juni

1926

Egon Friedell und Hanns Sassmann
ALLES UND NICHTS
Nach »Die Träume von Schale und Kern« von Johann Nestroy
AG (Nanette)
Friedell, Moser, Rosar, Hugo u. Hans Thimig, Servaes
Wien, Theater in der Josefstadt
5. März

Bertolt Brecht
BAAL
AG (Soubrette)
Homolka, Friedell, Rosar, Servaes, Hermann Thimig, Biegler
Wien, Theater in der Josefstadt
21. März

Noel Coward
SPLEEN (Heufieber)
AG (Myra Arundel)
Mosheim, Friedell, Hans Thimig, Gregor, Rosar
Wien, Theater in der Josefstadt
1. April

Victorien Sardou
DIE GUTEN FREUNDE
AG (Raphael)
Hugo u. Hans Thimig, Waldau, Delius, Daghofer, Semaka
Wien, Theater in der Josefstadt
16. April

Hugo von Hofmannsthal
CRISTINAS HEIMREISE
AG (Teresa)
Helene Thimig, Gründgens, Homolka, Goetz, Moser, Waldau, Terwin
Wien, Theater in der Josefstadt
23. April

Georges Birabeau
ZURÜCK ZUR SCHULE
AG (Francine)
Hans Thimig, Moser, Medelsky, Friedell, Neugebauer
Wien, Theater in der Josefstadt
16. Juni

George Bernard Shaw
FANNYS ERSTES STÜCK
AG (Dora Delaney)
Darvas, Terwin, Goetz, Kuh, Hans u. Hugo Thimig, Moser, Friedell, Neugebauer, Romberg, Biegler
Wien, Theater in der Josefstadt
16. September

Gerhart Hauptmann
DOROTHEA ANGERMANN
AG (Anneliese Hahn)
Servaes, Kayßler, Stahl-Nachbaur, Danegger, Woiwode
Wien, Theater in der Josefstadt
26. November

William Somerset Maugham
VIKTORIA
AG (Miss Dennis)
Darvas, Terwin, Hermann,
Hans u. Hugo
Thimig, Daghofer, Romberg,
Medelsky, Werbezirk
Wien, Theater in der Josefstadt
27. November

Nikolaj Gogol
DER REVISOR
AG (Marja Antonovna)
Homolka, Terwin, Hans
u. Hermann Thimig,
Moser, Goetz
Wien, Theater in der Josefstadt
20. Dezember

1927

Franz Pocci
LARIFARI
AG (Grete)
Nowotny, Hans Thimig,
Medelsky, Friedell, Rosar,
Biegler
Wien, Theater in der Josefstadt
12. Januar

Sacha Guitry
SCHWARZ UND WEISS
AG (Peggy)
Hermann Thimig, Neugebauer,
Goetz, Friedell, Moser,
Woiwode
Wien, Theater in der Josefstadt
22. Februar

Hugo von Hofmannsthal
DER SCHWIERIGE
AG (Agathe)
Waldau, Helene u. Hermann
Thimig, Strobl, Darvas,
v. Hagen, Medelsky
Wien, Theater in der Josefstadt
21. April

Paul Armont und Marcel Gerbidon
DIE HOTELMAUS
AG (Suzanne Belleuse)
Romberg, Peppler, Bard, Delius, Medelsky, Neugebauer
Wien, Theater in der Josefstadt
21. Oktober

William Somerset Maugham
DIE BESTÄNDIGE GATTIN
(Finden Sie, daß Constance
sich richtig verhält?)
AG (Martha)
Roland, Bard, Romberg,
Delius, Lewinsky
Wien, Theater in der Josefstadt
28. Oktober

Sacha Guitry
DÉSIRÉ
AG (Madeleine)
Gregor, Peppler, Herrmann-Schaufuß, Rosar, Neugebauer
Wien, Theater in der Josefstadt
21. Dezember

1928

Paul Géraldy
IHR MANN
AG (Gisèle)
Darvas, Terwin, Friedell,
Hermann Thimig, Medelsky
Wien, Theater in der Josefstadt
9. März

Jack Larrie
ÖL IN AMERIKA
AG (Hattie Crane)
Traeger-Matscheko, Hermann
Thimig, Friedell, Neugebauer,
Strobl, Kinz
Wien, Theater in der Josefstadt
24. Mai

Robert de Flers und
Gaston de Caillavet
BURIDANS ESEL
AG (Vivette Lambert)
Delius, Peppler, Evans,
Daghofer, Neugebauer
Wien, Theater in der Josefstadt
15. Juni

Ossip Dymow
DIE LETZTE GELIEBTE
AG (Fräulein A.)
Waldau, Geyer, Hans Thimig,
Auffärber, Rosar
Wien, Theater in der Josefstadt
17. September

Noel Coward
WEEKEND (Spleen)
AG (Myra Arundel)
Peppler, v. Hagen, Gregor,
A. Hörbiger, Rosar, Waldau,
Medelsky
Wien, Theater in der Josefstadt
19. September

Siegfried Geyer
KLEINE KOMÖDIE
(Aufgang nur für Herrschaften)
AG (Daisy)
Waldau, Neugebauer, Peppler,
Haerlin
Wien, Theater in der Josefstadt
1. Oktober

1929

Noel Coward
EHE VON WELT
AG (Majorie Buttler)
Delius, Bard, Hans Thimig,
Neugebauer, Daghofer
Wien, Theater in der Josefstadt
31. Januar

Ferdinand Bruckner
VERBRECHER
AG (Mimi Zerl)
Traeger-Matscheko, Gründgens, A. Hörbiger, Jaray, Hans
Thimig, Strobl, Rosar
Wien, Theater in der Josefstadt
18. April

Paul Armont und
Marcel Gerbidon
GROSSE UND KLEINE WELT
(Irenens Abenteuer)
AG (Eva Lebreton)
A. Hörbiger, Darvas, Hans
Thimig, Woiwode, Rosar,
Medelsky
Wien, Theater in der Josefstadt
4. September

Hugo von Hofmannsthal
DER SCHWIERIGE
AG (Antoinette Hechingen)
Helene, Hans u. Hugo Thimig,
Waldau, v. Hagen, Medelsky,
Lackner
Wien, Theater in der Josefstadt
18. September

Felix Salten
DER GEMEINE
AG (Sophie Weidlein)
Wessely, A. Hörbiger, Rosar,
Neugebauer, Moser, Hans
Thimig, Bachmann
Wien, Theater in der Josefstadt
22. November

1930

George Bernard Shaw
DER KAISER VON AMERIKA
AG (Amanda)
Wessely, Waldau, Delius,
A. Hörbiger, Hans Thimig,
Hübner
Wien, Theater in der Josefstadt
11. Januar

Carl Laufs und Wilhelm Jacoby
PENSION SCHÖLLER
AG (Franziska)
Wessely, A. Hörbiger, Hübner,
Rosar, Hans Thimig
Wien, Theater in der Josefstadt
1. März

Felix Joachimson
DAS HÄSSLICHE MÄDCHEN
AG (Lissi)
Wessely, A. Hörbiger, Hans
Thimig
Wien, Theater in der Josefstadt
25. März

László Fodor
DIE FÜLLFEDER
AG (Lilly)
Wessely, Hans u. Hermann
Thimig, A. Hörbiger,
Neugebauer
Wien, Theater in der Josefstadt
20. Mai

Franz und Paul von Schönthan
DER RAUB DER SABINERINNEN
AG (Rosa)
Wessely, A. Hörbiger, Hans,
Hermann u. Hugo Thimig,
Woiwode, Neugebauer
Wien, Theater in der Josefstadt
17. Juni

Franz Molnár
OLYMPIA
AG (Lina)
Darvas, Edthofer, Neugebauer,
Bleibtreu
Wien, Theater in der Josefstadt
16. September

Neil Grant
POLITIK DER WEIBERRÖCKE
AG (Lady Darnaway)
Darvas, Delius, Edthofer,
Neugebauer, Otto
Wien, Theater in der Josefstadt
11. November

Leo Perutz
DIE REISE NACH PRESSBURG
AG (Frau Sikora)
Geyer, Riedl, Moser, Hans
Thimig, Rosar, Edthofer,
Neugebauer
Wien, Theater in der Josefstadt
4. Dezember

William Somerset Maugham
DER BROTVERDIENER
AG (Margery)
Edthofer, Czepa, Hans Thimig,
Wessely, Delius
Wien, Theater in der Josefstadt
23. Dezember

Georges Feydeau
KÜMMERE DICH UM AMÉLIE
AG (Charlotte)
Wessely, Hans u. Hugo
Thimig, Delius, Kramer
Wien, Theater in der Josefstadt
31. Dezember

1931

Paul Géraldy
DER LIEBLING
AG (Gaby Véronne)
Wessely, Degischer, Delius,
Hübner, Rosar
Wien, Theater in der Josefstadt
25. März

Edouard Bourdet
DAS SCHWACHE GESCHLECHT
AG (Lilli)
Körner, Bard, Serda, Eckersberg, Gregor, Grabley, Koppenhöfer, Jaray, Edthofer,
Frank, Strobl, Bois, Liebeneiner
Wien, Theater in der Josefstadt
8. Mai

Franz Molnár
DIE FEE
AG (Karoline)
Wessely, A. Hörbiger, Hübner,
Romanowsky, Neugebauer
Wien, Theater in der Josefstadt
25. September

László Fodor
ROULETTE
AG (Jeanne Rose)
Wessely, Delius, Waldau, Hans
Thimig, Degischer, Liewehr
Wien, Theater in der Josefstadt
27. November

1932

Arthur Schnitzler
DAS WEITE LAND
AG (Adele)
Edthofer, Darvas, Jaray,
Wessely, Liewehr, Hans
u. Hugo Thimig, Terwin
Wien, Theater in der Josefstadt
9. März

Menyhért Lengyel
ENGEL
AG (Frau von Lasetzky)
Darvas, Edthofer, Schürenberg,
Degischer
Wien, Theater in der Josefstadt
26. März

Wilhelm Lichtenberg
EVA HAT KEINEN PAPA
AG (Rita Rainer)
Hans u. Hugo Thimig,
Edthofer, Neugebauer,
Daghofer, Czepa
Wien, Theater in der Josefstadt
15. April

László Fodor
DER KUSS VOR DEM SPIEGEL
AG (Dr. Hilda Frey)
Darvas, Deutsch, Neugebauer,
Hugo Thimig
Wien, Theater in der Josefstadt
12. September

Louise Marie Mayer und
Arthur Rundt
KYRILL REIST INS ABENDLAND
AG (Agathe)
Hans u. Hugo Thimig,
Degischer, Devrient-Reinhold,
Delius, Rosar
Wien, Theater in der Josefstadt
25. November

Hanns Sassmann
STEUERAKT 17/3/24/1
AG (Verschleierte Dame)
A. Hörbiger, Friedell, Waldau,
v. Hagen, Degischer, Hans
Thimig
Wien, Theater in der Josefstadt
25. Dezember

1933

Tristan Bernard
DER HÜHNERHOF
AG (Vanina)
Hermann Thimig, Degischer,
Delius, Horky, Mardayn
Wien, Theater in der Josefstadt
11. Januar

Jean de Létraz
GLÜCK IM HAUS
AG (Claudine)
Hans u. Hermann Thimig,
Delius, Degischer, Hübner
Wien, Theater in der Josefstadt
30. Januar

Hans Jaray
IST GERALDINE EIN ENGEL?
AG (Jenny Dubra)
Wessely, Jaray, Hans Thimig,
Karlweis, Grahn
Wien, Theater in der Josefstadt
21. März

János von Vaszary
EINE HIMMLISCHE FRAU
(Ich habe einen Engel geheiratet)
AG (Zofe)
Hans u. Hugo Thimig, Delius,
Rosar, Karlweis, Degischer,
Neugebauer
Wien, Theater in der Josefstadt
9. Mai

Siegfried Geyer
ENDE SCHLECHT, ALLES GUT
(Womit kann ich dienen)
AG (Gusti Gruber)
Moser, Neugebauer, Daghofer,
Rosar, Wurm, List, Degischer,
Waldner
Wien, Theater in der Josefstadt
21. Juni

Johann Wolfgang von Goethe
FAUST (Erster Teil)
AG (Marthe)
Wessely, Rehmann, Pallenberg,
Pistorius, A. Hörbiger, Helene
Thimig, Degischer
Wien, Theater in der Josefstadt
4. September

Kálmán von Mikszáth und
Zsolt von Harsányi
DIE LIEBE DES JUNGEN NOSZTY
AG (Kati)
Wessely, Jaray, Hübner,
Edthofer, Degischer, Daghofer,
Rosar, A. Hörbiger
Wien, Theater in der Josefstadt
22. September

Carl Zuckmayer
KAKADU-KAKADA
AG (Frau Katzentischl)
Tauber, Hübner, Waldner,
Servi, Rosar, Degischer
Wien, Theater in der Josefstadt
30. September

Arthur Schnitzler
DAS ABSCHIEDSSOUPER
(aus »Anatol«)
AG (Annie)
Delius, Hans Thimig, Teubler
Budapest, Magyar Sznihaz
29. November

1934

László Bús-Fekete
MEHR ALS LIEBE
AG (Hansi)
A. Hörbiger, Wagener,
Wessely, Moser, Paryla,
Raky
Wien, Theater in der Josefstadt
5. Januar

George Bernard Shaw
HELDEN
AG (Louka)
Moser, Valetti, Wald,
Neugebauer, Rehmann
Wien, Theater in der Josefstadt
9. Februar

Gaetano Fazio
SILBERFÜCHSE
AG (Madame Fernande)
Bard, Skodler, Carlsen, Jaray,
Degischer
Wien, Theater in der Josefstadt
31. März

Stefan Grengg
TIROLER-HÜTCHEN
AG (Germaine Charon-
Cautegnac)
A. Hörbiger, Czepa,
Neugebauer, Marenbach,
Skodler, Wurm
Wien, Theater in der Josefstadt
25. Mai

Edward Wool
SENSATIONSPROZESS
AG (Aureol Carleton)
Edthofer, Marenbach, Valberg,
Deutsch, Smytt, Delius
Wien, Theater in der Josefstadt
4. September

Johann Nestroy
EINEN JUX WILL ER SICH
MACHEN
AG (Fräulein Blumenblatt)
Schich, Raky, Czepa, Karlweis,
Moser, Wurm, Paryla, Horky
Wien, Theater in der Josefstadt
16. Oktober

Hans Jaray
PING-PONG
AG (Erna)
Wessely, Jaray, Neugebauer,
Karlweis, Czepa
Wien, Theater in der Josefstadt
21. Dezember

1935

Sacha Guitry
SEIN NEUES TESTAMENT
AG (Lucie Marcelin)
Edthofer, Delius, Pröckl,
Terwin, Waldner, Traeger-
Matscheko
Wien, Theater in der Josefstadt
1. März

Otto Bielen
KLEINES BEZIRKSGERICHT
AG (Amanda Hopfstangl)
Schich, v. Teubler, Markus,
Kienast, Moser, Steinböck,
Berliner
Wien, Theater in der Josefstadt
21. Juni

Franz Molnár
GROSSE LIEBE
AG (Ihre Excellenz)
Darvas, Raky, Jaray, Paryla,
Frey, Neugebauer,
E. Bassermann
Wien, Theater in der Josefstadt
23. Dezember

1936

Hans Müller(-Einigen)
KLEINER WALZER IN A-MOLL
AG (Toni)
Edthofer, Stengel, Hans
Thimig, Paryla, Delius,
v. Hübner, Raky, Friedell
Wien, Theater in der Josefstadt
29. Januar

László Lakatos
DIE KÖNIGIN
AG (Gattin des Gesandten)
Darvas, Edthofer, Jaray,
v. Zedlitz, Frey, Hans Thimig,
Brebeck
Wien, Theater in der Josefstadt
18. Februar

Gotthold Ephraim Lessing
NATHAN DER WEISE
AG (Sittah)
A. Bassermann, Delius,
Bukovics, Frey, Hans Thimig,
Kühne
Wien, Theater in der Josefstadt
17. März

Dodie Smith
DER ERSTE FRÜHLINGSTAG
AG (Dorothy)
Edthofer, Degischer, Hans
Thimig, Tilden, Raky, Delius,
Altschul
Wien, Theater in der Josefstadt
7. April

Ludwig Anzengruber
DAS VIERTE GEBOT
AG (Sidonie)
Neugebauer, Werbezirk,
Edthofer, Bukovics, Paryla,
Obonya, Unterkircher
Wien, Theater in der Josefstadt
11. September

Walter Hackett
SPIONAGE
AG (Mrs. Lancing)
Hans Thimig, Schulz, Delius,
Kraa, Valberg, Berghof, Pitt
Wien, Scala
18. September

Jean Giraudoux
ES KOMMT NICHT ZUM KRIEG
(Der Trojanische Krieg findet
nicht statt)
AG (Kassandra)
A. Hörbiger, E. Bassermann,
Tilden, Stengel, Stradner, Hans
Thimig, Friedell,
Stössel, Traeger-Matscheko
Wien, Theater in der Josefstadt
6. November

Arthur Schnitzler/Ernst Lothar
FRÄULEIN ELSE
AG (Cissy Mohr)
A. Bassermann, Stradner,
Skalla, Brandhofer, Frey,
Woiwode, E. Bassermann
Wien, Theater in der Josefstadt
2. Dezember

László Fodor
MATURA
AG (Clothilde Wimmer)
Edthofer, Stössel, Delius, Hans
Thimig, Tilden, Krahl, Fuß
Wien, Theater in der Josefstadt
22. Dezember

1937

André Birabeau
DAS PARADIES
AG (Frau Taluyer)
Neugebauer, Frey, Böheim,
Katt, Brebeck
Wien, Theater in der Josefstadt
9. März

Lajos von Zilahy
EIN MÄDCHEN AUS GUTEM
HAUSE
AG (Ilona)
Wessely, Paryla, Frey, Stössel,
Woiwode, Brebeck
Wien, Theater in der Josefstadt
9. April

John Baines
ROVINA
AG (Mavis Fulton)
Stengel, Delius, Paryla,
Deutsch, Hans Thimig, Frey
Wien, Theater in der Josefstadt/
Kammerspiele
21. September

Claire Boothe
FRAUEN IN NEW YORK
AG (Sylvia Fowler)
E. Bassermann, Katt, Fein,
Lang, Woiwode, Rosar, Tilden
Wien, Theater in der Josefstadt
29. Oktober

André Birabeau
SÜDFRÜCHTE
AG (Louise Monfavet)
Edthofer, Bukovics, Hans
Thimig, Woiwode, Rosar
Wien, Theater in der Josefstadt
23. Dezember

1938

Paul Géraldy
HOCHZEITSTAGE
AG (Frau Hamelin)
Delius, Krahl, Servaes, Hans
Thimig, Brebeck, Katt
Wien, Theater in der Josefstadt
11. Februar

ab 1939

Anton Wildgans
IN EWIGKEIT AMEN
und
Arthur Schnitzler
KOMTESSE MIZZI
AG
Haas, Wagner, Karlweis
New York, The Austrian
Theatre

Claude André Puget
DIE GLÜCKLICHEN TAGE
AG
Haeusserman
New York, The Austrian
Theatre

Jean Cocteau
DIE SCHRECKLICHEN ELTERN
AG (Mutter)
New York, The Austrian
Theatre

Raoul Auernheimer
DAS ÄLTERE FACH
AG (Mady Rohn)
Korff, Karlweis, Janower,
Ventura

und

Arthur Schnitzler
LIEBELEI
AG (Katharina Binder)
Mattern, Kurer, Korff,
Karlweis, Deutsch, Berghof

1940-1943

Rose Franken
CLAUDIA
AG
Thaxter, McGuire, Starr,
Baclanova, Ridgwell, Cook,
Williams
New York, Booth Theatre,
und Tournee

1944–1946

John van Druten
I REMEMBER MAMA
AG (Aunt Trina)
Christians, Homolka, Brando
New York, Music Box Theatre
18. Oktober
und Tournee

1947

Lillian Hellman
VOR DER ENTSCHEIDUNG
AG (Fanny Farrelly)
A. Hörbiger
Wien, Deutsches Volkstheater
4. Februar

Thornton Wilder
WIR SIND NOCH EINMAL
DAVONGEKOMMEN
AG (Frau Antrobus)
A. Hörbiger, Raky, Löwitsch,
Schmid, Sowinetz,
Horeschovsky
Wien, Theater in der Josefstadt
17. März

Howard Lindsay und
Russel Crouse
DER HERR IM HAUS
AG (Mutter Vinnie)
Edthofer, Mangold, Riedmann,
Räntz, Truby, Zuhay
Wien, Theater in der Josefstadt
10. Oktober

1948

John von Druten
I REMEMBER MAMA
AG (Aunt Trina)
Christians, Kann, Stocks,
Valk, Sperber
London, Aldwych Theatre

1949

William Somerset Maugham
RONDO
AG (Lady Catherine
Champion-Cheney)
Ziegler, Lindner, Heintel,
Räntz
Wien, Theater in der Josefstadt
25. November

1950

Arthur Miller
DER TOD DES HANDLUNGS-
REISENDEN
AG (Linda)
Edthofer, Heintel, Holt,
Rudolf, Tiller, Mangold
Wien, Theater in der Josefstadt
1. März

Ferdinand Raimund
DER VERSCHWENDER
AG (Ein altes Weib)
Jaray, Rudolf, Meinrad,
Konradi, Waldau, Schmid,
Holzmeister
Salzburg, Landestheater
(Salzburger Festspiele)
28. Juli

Edouard Bourdet
DIE ENTHÜLLUNG
AG (Diane)
Schönauer, E. Markus, Heintel, Horeschovsky, Edthofer, Sowinetz
Wien, Theater in der Josefstadt
4. Dezember

1951

Noel Langley
WILLST DU NICHT DAS LÄMMLEIN HÜTEN?
AG (Lady Essie Buckering)
Servi, Lindner, Rudolf, Kinast, Stork, Heintel
Wien, Theater in der Josefstadt
17. Januar

Herbert Ertl
BERTHA SUTTNER
AG (Baronin Suttner)
Degischer, Heintel, Böhm, Rudolf, Zeller, Sekler, Stankovski, Brebeck
Wien, Theater in der Josefstadt
14. April

Jaques Deval
KINDER UND NARREN
AG
Hans Jaray
Wien, Theater in der Josefstadt/ Kammerspiele
Oktober

1952

John von Druten
GELIEBTE HEXE
AG (Miss Qeenie Holroyd)
Schult, Rudolf
Wien, Theater in der Josefstadt/ Kammerspiele
19. September

Ladislaus Fodor
MATURA
AG (Clothilde Wimmer)
Kerbler, Schönauer, Waldau, Nikowitz, Wieland, Hebenstreit
Wien, Theater in der Josefstadt/ Kammerspiele
2. Dezember

Oscar Wilde
EIN IDEALER GATTE
AG (Lady Markby)
Ziegler, Jaray, Frey, Degischer, Mardayn, Tobisch, Sekler
Wien, Theater in der Josefstadt
31. Dezember

1953

Hugo von Hofmannsthal
JEDERMANN
AG (Mutter)
Quadflieg, Hatheyer, Seidler, Weisgerber, Clausen, Frey
Salzburg, Domplatz/Festspielhaus (Salzburger Festspiele)
26. Juli

Robert Neuner
DAS LEBENSLÄNGLICHE KIND
AG (Mauthner, die Hausdame)
Edthofer, Kerbler, Heintel,
Wieland, Pfaudler, Weitlaner
Wien, Theater in der Josefstadt
30. September

Ladislaus Bús-Fekete
JEAN
AG (Cecile)
Edthofer, Degischer, Wieland,
Jaray, Servi, Erhardt
Wien, Theater in der Josefstadt
3. November

1954

Colette
GIGI
AG (Mme. Ines Alvarez)
N. Heesters, Terwin-Moissi,
van Dreelen
Wien, Deutsches Volkstheater
1. März

Hugo von Hofmannsthal
JEDERMANN
AG (Mutter)
Quadflieg, Hatheyer, Seidler,
Weisgerber, Hasse, Clausen
Salzburg, Domplatz/Festspiel-
haus (Salzburger Festspiele)
25. Juli

Hugo von Hofmannsthal
DER SCHWIERIGE
AG (Crescence)
v. Ambesser, Schmid, Tilden,
Weck, Riedmann, Nielsen,
Waldau, Horoschovsky, Finck
München, Kammerspiele
31. Dezember

1955

Franz Molnár
DER SCHWAN
AG (Prinzessin Beatrix)
Lang, Edthofer, Weck, Schult,
E. Markus, Reyer
Wien, Theater in der Josefstadt
12. Mai

Hugo von Hofmannsthal
JEDERMANN
AG (Mutter)
Quadflieg, Hatheyer, Mikulicz,
Weisgerber, Meisel, Clausen
Salzburg, Domplatz/Festspiel-
haus (Salzburger Festspiele)
24. Juli

Friedrich Schiller
KABALE UND LIEBE
AG (Millerin)
Schell, Quadflieg, Rudolf,
Hatheyer, Balser, Ponto
Salzburg, Landestheater
(Salzburger Festspiele)
5. August

1956

Henry de Montherlant
PORT ROYAL
AG (Mater Katharina Agnes)
Wessely, Konradi, Stepanek,
Wohlgemuth
Wien, Burgtheater
11. Januar

Jean Sarment
DER KINDERPAVILLON
AG (Céleste)
Edthofer, Helene Thimig,
Schult, Unterkircher, Truxa,
Holzer
Wien, Theater in der Josefstadt
9. April

Johann Nestroy
EINEN JUX WILL ER SICH MACHEN
AG (Fräulein Blumenblatt)
Meinrad, Konradi, Eybner,
Wolf, Hans Thimig, Maierhofer
Wien, Burgtheater
20. Juni

Hugo von Hofmannsthal
JEDERMANN
AG (Mutter)
Quadflieg, Wallner, Mikulicz,
Weisgerber, Meisel, Deutsch
Salzburg, Domplatz/Festspielhaus (Salzburger Festspiele)
22. Juli

Johann Wolfgang von Goethe
EGMONT
AG (Mutter)
Quadflieg, Flickenschildt,
Balser, Konradi, Reyer
Salzburg, Landestheater
(Salzburger Festspiele)
8. August

1957

Hugo von Hofmannsthal
DER UNBESTECHLICHE
AG (Baronin)
Lindner, Brücklmeier, Tilden,
Marbo, Neugebauer
Wien, Akademietheater
12. Januar

Fritz von Herzmanovsky-Orlando
KAISER JOSEPH UND DIE BAHNWÄRTERSTOCHTER
AG (Leopoldine Gackermeier)
Meinrad, Servaes, Eybner,
Eidlitz, Neuhauser, Stepanek
Wien, Akademietheater
13. Februar

Gotthold Ephraim Lessing
NATHAN DER WEISE
AG (Daja)
Balser, Aslan, Liewehr,
Christiane Hörbiger, Skodler,
Ott
Wien, Burgtheater
25. März

Hugo von Hofmannsthal
JEDERMANN
AG (Mutter)
Quadflieg, Reyer, Wallner,
Jäger, Becker, Mikulicz,
Deutsch
Salzburg, Domplatz/Festspielhaus (Salzburger Festspiele)
28. Juli

Eugene O'Neill
FAST EIN POET
AG (Nora Melody)
A. Hörbiger, Schmid, Hoppe, Lowitz
Salzburg, Landestheater
(Salzburger Festspiele)
29. Juli

Franz Molnár
OLYMPIA
AG (Lina)
A. Hörbiger, Seidler, Holzmeister, Trojan, Eybner
Wien, Akademietheater
4. Dezember

1958

Oscar Wilde
EINE FRAU OHNE BEDEUTUNG
AG (Lady Hunstanton)
Wessely, W. Albach-Retty, Wagener, Liewehr
Wien, Akademietheater
22. Januar

Hugo von Hofmannsthal
JEDERMANN
AG (Mutter)
Quadflieg, Auer, Jäger, Becker, Mikulicz, Deutsch
Salzburg, Domplatz/Festspielhaus (Salzburger Festspiele)
28. Juli

1959

Hermann Bahr
DAS PHANTOM
AG (Luzies Mutter)
Auer, Pluhar, Schmöle, Gottschlich
Wien, Akademietheater
2. Juni

Hugo von Hofmannsthal
JEDERMANN
AG (Mutter)
Quadflieg, Auer, Wallner,
Jäger, Ginsberg, Becker,
Mikulicz, Deutsch
Salzburg, Domplatz/Festspielhaus (Salzburger Festspiele)
26. Juli

Hugo von Hofmannsthal
DER TURM
AG (Bauernfrau)
Ginsberg, Maximilian Schell, Wieman, Jäger, Haupt, Broglé
Salzburg, Felsenreitschule
(Salzburger Festspiele)
13. August

Arthur Schnitzler
DAS WEITE LAND
AG (Frau Wahl)
Wessely, A. Hörbiger, Relin,
Konradi, Seidler, Moog, Hans
u. Hermann Thimig
Wien, Akademietheater
29. Oktober

Hugo von Hofmannsthal
DER SCHWIERIGE
AG (Crescence)
Lindner, Schmid, Weck,
Meinrad, Gobert, Christiane
Hörbiger, Hans Thimig
Wien, Akademietheater
22. Dezember

1960

William Saroyan
LILY DAFON ODER
DIE PARISER KOMÖDIE
AG (Urgroßmutter)
Matz, Wolf, Wagener, Eybner,
A. Hörbiger, Relin, Schreiner,
Weck
Wien, Akademietheater
27. Februar

Mary Chase
MEIN FREUND HARVEY
AG (Veta Louise Simmons)
Rühmann, Pluhar,
P. Hoffmann, Stepanek,
Sutter, Auer
Wien, Akademietheater
29. Dezember

1961

Franz Molnár
DER SCHWAN
AG (Prinzessin Beatrix)
Schmid, Wolf, Hennings,
Seidler, Eybner, Auer
Wien, Akademietheater
6. Mai

Jean Giraudoux
DIE IRRE VON CHAILLOT
AG (Madame Constance)
Seidler, Liewehr, Hans Thimig,
Benning, Christiane Hörbiger
Wien, Akademietheater
19. November

Oscar Wilde
EIN IDEALER GATTE
AG (Lady Markby)
Hennings, Gobert, Auer, Matz,
Schmid, Nicoletti
Wien, Burgtheater
21. Dezember

1962

Hugo von Hofmannsthal
DER SCHWIERIGE
AG (Crescence)
Lindner, Emo, Weck, Tilden,
Lach, v. Spallart, Rainer
Zürich, Schauspielhaus
26. Januar

Gotthold Ephraim Lessing
NATHAN DER WEISE
AG (Daja)
Deutsch, A. Hörbiger, Stendar,
Hans u. Hermann Thimig
Wien, Burgtheater
10. Mai

1963

Molière
TARTUFFE
AG (Madame Pernelle)
Auer, Holzmeister, Gobert,
Aubry
Wien, Burgtheater
9. Februar

Ferdinand Raimund
DER VERSCHWENDER
AG (Ein altes Weib)
Meinrad, Christiane Hörbiger,
Gasser, Gobert, Reyer,
Obonya, Moog
Wien, Theater an der Wien
28. November

1964

Ödön von Horváth
GESCHICHTEN AUS DEM
WIENER WALD
AG (Großmutter)
Martin, Lohner, Tilden,
Vogel, Schanda, Rhomberg,
v. Spallart, Ehrlich
Zürich, Schauspielhaus
30. April

Curt Goetz
INGEBORG
AG (Tante Ottilie)
Matz, Lindner, Wussow,
Eybner
Wien, Akademietheater
11. November

Jean Anouilh
COLOMBE
AG (Madame Georges)
Gautier, Nicoletti, Obonya, W.
Albach-Retty, Liewehr, Skodler
Wien, Akademietheater
22. Dezember

1965

Joseph Kesselring
ARSEN UND ALTE SPITZEN
AG (Abby Brewster)
Seidler, Liewehr, Hans Thimig,
Gautier, Anders
Wien, Akademietheater
18. September

1966

Felicien Marceau
MADAME PRINCESSE
AG (Madame Princesse)
Anders, Sutter, Janisch,
Düringer
Wien, Akademietheater
13. April

James Saunders
WIRKLICH SCHADE UM FRED
AG (Mrs. Pringle)
Schweikart
München, Kammerspiele/
Werkraumtheater
28. November

Ödön von Horváth
GESCHICHTEN AUS DEM
WIENER WALD
AG (Großmutter)
Kückelmann, Lohner, Tilden,
Singer, Vogel, Rhomberg,
Schönböck
München, Kammerspiele
3. Dezember

1967

Johann Nestroy
EINEN JUX WILL ER SICH
MACHEN
AG (Fräulein Blumenblatt)
Liewehr, Lukan, Meinrad,
Konradi, Stavjanik
Wien, Burgtheater
8. September

1968

Jean Giraudoux
DIE IRRE VON CHAILLOT
AG (Madame Constance)
Seidler, G. Rott, Liewehr,
Bissmeier, Eybner
Wien, Akademietheater
8. September

1969

Oscar Wilde
LADY WINDERMERES FÄCHER
AG (Herzogin von Berwick)
Melichar, Rueprecht,
F. Hoffmann, Ukena,
Sutter, Tellering
Wien, Burgtheater
23. Mai

1971

Arthur Schnitzler/Ernst Lothar
FRÄULEIN ELSE
AG (Tante Emma)
A. Hörbiger, Seidler, Pluhar,
Ehrenfreund, P. Hoffmann,
Nicoletti
Wien, Akademietheater
17. April

1972

Julius Hay
HABEN
AG (Tante Rézi)
Lukan, Haenel, Dubois,
Gottschlich, Seidler, Egg
Wien, Burgtheater
10. Juni

1974

Ödön von Horváth
GESCHICHTEN AUS DEM
WIENER WALD
AG (Großmutter)
Jesserer, Hübsch, Schweiger,
Paryla, Schratt, Liewehr
Wien, Burgtheater
6. März

1975

Hugo von Hofmannsthal
JEDERMANN
AG (Mutter)
Jürgens, Balser, Berger,
Schmid, Fink, Benrath
Salzburg, Domplatz/Festspielhaus (Salzburger Festspiele)
27. Juli

Franz Molnár
LILIOM
AG (Frau Hollunder)
Brenner, Ostermayer, Martini,
Wildner, Stavjanik, N. Paryla
München, Residenztheater
11. Dezember

1976

Anton Tschechow
DREI SCHWESTERN
AG (Anfissa)
Seeböck, Lukan, Orth,
Jesserer, Sowinetz, Wussow,
Hübsch, Melichar
Wien, Akademietheater
16. Juni

Hugo von Hofmannsthal
JEDERMANN
AG (Mutter)
Jürgens, Balser, Berger,
Schmid, Fink, Benrath
Salzburg, Domplatz/Festspielhaus (Salzburger Festspiele)
25. Juli

1977

Hugo von Hofmannsthal
JEDERMANN
AG (Mutter)
Jürgens, Balser, Berger,
Schmid, Fink, Benrath
Salzburg, Domplatz/Festspielhaus (Salzburger Festspiele)
24. Juli

Jean Giraudoux
DIE IRRE (VON CHAILLOT)
AG (Madame Constance)
Gorvin, Frey, Bosse,
Lindinger, Mangold, Lang,
Jusits, Hirsch, Doll, Reiterer
Wien, Theater in der Josefstadt
17. November

1981

Max Frisch
TRIPTYCHON
AG (Greisin)
Bissmeier, Orth, Buczolich
Wien, Akademietheater
1. Februar

Adrienne Gessner: Filmographie

(soweit feststellbar)

Zusammengestellt von Herbert Holba

Erklärung der Abkürzungen: Ö = Österreich, Sz = Schweiz, Li = Liechtenstein, F = Frankreich, I = Italien, TiBRD = Deutscher Verleihtitel, AG = Adrienne Gessner (Rollenbezeichnung in Klammern)

Im angegebenen Jahr fand die jeweilige Uraufführung statt.

1932

DIE GROSSE LIEBE (Ö)
Regie: Otto Ludwig Preminger
AG (Rosa), Hansi Niese, Attila Hörbiger, Hugo Thimig

1936

KATHARINA – DIE LETZTE (Ö)
Regie: Hermann Kosterlitz (= Henry Koster)
AG (Berta, Köchin), Franziska Gaal, Hans Holt, Otto Wallburg

1948

DER ENGEL MIT DER POSAUNE (Ö)
Regie: Karl Hartl
AG (Fürstin Pauline Metternich), Paula Wessely, Attila und Paul Hörbiger, Maria Schell, Oskar Werner, Curd Jürgens, Helene Thimig

NACH DEM STURM (Ö/Sz/Li)
Regie: Gustav Ucicky
AG (Capt. Verginia Jenkins), Marte Harell, Maria Schell

1949

VAGABUNDEN (Ö) (TiBRD: Vagabunden der Liebe)
Regie: Rolf Hansen
AG (Mademoiselle Belet), Paula Wessely, Attila Hörbiger, Elfe Gerhard, Siegfried Breuer, Erik Frey

1951

DER FIDELE BAUER (Ö)
Regie: Georg Marischka
AG (Holefka, Zimmervermieterin), Paul Hörbiger, Heinrich Gretler, Lucie Englisch

1952

FRÜHLINGSSTIMMEN (Ö)
Regie: Hans Thimig
AG (Directrice im Hause Hartmann), Hans Jaray, Paul Hörbiger, Susi Nicoletti, Senta Wengraf

ABENTEUER IN WIEN (Ö/USA) (TiBRD: Gefährliches Abenteuer; TiUSA: Stolen Identy)
Regie: Emile Edwin Reinert
AG (Frau Fraser), Gustav Fröhlich, Franz Lederer, Cornell Borchers

ICH HAB MICH SO AN DICH GEWÖHNT (Ö)
Regie: Eduard von Borsody
AG (Helene Mayer), O. W. Fischer, Robert Lindner, Inge Egger

HANNERL (Ö) (TiBRD: Ich tanze mit Dir in den Himmel hinein)
Regie: Ernst Marischka
AG (Elfie Möller), Hannerl Matz, Adrian Hoven, Paul Hörbiger, Richard Romanowsky, Rudolf Platte

NO TIME FOR FLOWERS (USA)
Regie: Don Siegel
AG (Mama Svoboda), Viveca Lindfors, Paul Hubschmid

1953

DER FELDHERRNHÜGEL (Ö)
Regie: Ernst Marischka
AG (Gräfin Kopsch-Grantignan), Annemarie Düringer, Paul Hörbiger, Susi Nicoletti, Loni Heuser

1954

DER ERSTE KUSS (Ö/BRD)
Regie: Erik Ode
AG (Großmama Ida), Isa und Jutta Günther, Erich Auer, Rudolf Lenz

DIE HEXE (BRD)
Regie: Gustav Ucicky
AG (Freifrau von Schwarzegg), Anita Björk, Karlheinz Böhm

1955

AN DER SCHÖNEN BLAUEN DONAU (Ö)
Regie: Hans Schweikart
AG (Fürstin), Hardy Krüger, Paul Hörbiger

EHESANATORIUM (Ö) (TiBRD: Ja, so ist das mit der Liebe)
Regie: Franz Antel
AG (Frau Lehmann), Christl Mardayn, Hans Moser, Paul Hörbiger, Susi Nicoletti

DIE DEUTSCHMEISTER (Ö)
Regie: Ernst Marischka
AG (Gräfin Burgstetten), Romy Schneider, Hans Moser, Paul Hörbiger, Susi Nicoletti, Gunther Philipp

HOFJAGD IN ISCHL / ZWEI HERZEN UND EIN THRON (Ö/BRD)
Regie: Hanns Schott-Schöbinger
AG (Gräfin Lahousen), Elma Karlowa, Gunther Philipp

ICH DENKE OFT AN PIROSCHKA (BRD)
Regie: Kurt Hoffmann
AG (Ilonka von Csiky), Liselotte Pulver, Gunnar Möller, Rudolf Vogel

1956

KRONPRINZ RUDOLFS LETZTE LIEBE (Ö)
Regie: Rudolf Jugert
AG (Baronin Vetsera), Christiane Hörbiger, Rudolf Prack

DIE GOLDENE BRÜCKE (BRD)
Regie: Paul Verhoeven
AG (Tante Jula), Ruth Leuwerik, Curd Jürgens, Paul Hubschmid

DAS LIEBESLEBEN DES SCHÖNEN FRANZ (Ö)
Regie: Max Nosseck
AG (Ida Sorgmann), Theo Lingen, Walter Müller, Nicole Heesters

ROSMARIE KOMMT AUS WILDWEST (Ö)
Regie: Wolfgang Becker
AG (Berta Braun), Erika Remberg, Gunnar Möller, Oskar Sima

1957

DIE LIEBE FAMILIE (Ö)
Regie: Helmut Weiss
AG (Oma Pollinger), Luise Ullrich, Karl Schönböck, Peter Weck, Ingrid Andree, Doris Kirchner

SALZBURGER GESCHICHTEN (Ö)
Regie: Kurt Hoffmann
AG (Karoline), Marianne Koch, Helmut Lohner, Paul Hubschmid

FAMILIE SCHIMEK (Ö)
Regie: Georg Jacoby
AG (Tante Rosa), Fita Benkhoff, Theo Lingen, Josef Meinrad

EINEN JUX WILL ER SICH MACHEN (Ö)
Regie: Alfred Stöger (Film), Leopold Lindtberg (Bühne)
AG (Fräulein Blumenblatt), Inge Konradi, Josef Meinrad, Tonio Riedl
(Anmerkung: Filmische Aufbereitung einer Inszenierung des Wiener Burgtheaters aus dem Jahre 1956)

1958

MEINE SCHÖNE MAMA (Ö/BRD)
Regie: Paul Martin
AG (Fräulein Greiz), Barbara von Nady, Paul Hubschmid, Nadja Gray

DIE TRAPP-FAMILIE IN AMERIKA (BRD)
Regie: Wolfgang Liebeneiner
AG (Mrs. Hammerfield), Ruth Leuwerik, Hans Holt, Josef Meinrad

AUFERSTEHUNG / RESURREZIONE / RESURRECTION (BRD/I/F)
Regie: Rolf Hansen
AG (Tante Sonja), Myriam Bru, Lea Massari, Horst Buchholz

1959

HERRN JOSEFS LETZTE LIEBE (BRD)
Regie: Hermann Kugelstadt
AG (Auguste Türkheim), Lucie Englisch, Hans Moser

OLYMPIA / A BREATH OF SCANDAL (I/USA)
(TiBRD: Prinzessin Olympia)
Regie: Michael Curtiz
AG (Amelia), Sophia Loren, Maurice Chevalier

1960

ICH HEIRATE HERRN DIREKTOR (Ö)
Regie: Wolfgang Liebeneiner
AG (Luise Stahlmann), Senta Berger, Gustav Knuth

DIE ABENTEUER DES GRAFEN BOBBY (Ö)
Regie: Géza von Cziffra
AG (Gräfin Henriette Ratzeberg), Vivi Bach, Peter Alexander

1961

DAS RIESENRAD / LA GRANDE RUE (BRD/F)
Regie: Géza von Radvanyi
AG (Adele Hill), Maria Schell, O. W. Fischer, Rudolf Forster

1962

WALDRAUSCH (Ö)
Regie: Paul May
AG (Die »Ziebelingen«), Marianne Hold, Paul Hartmann

1963

BEKENNTNISSE EINES MÖBLIERTEN HERRN /
L'IRRESISTIBLE CELIBATAIRE (BRD/F)
Regie: Franz Peter Wirth
AG (Fürstin Mutter), Maria Sebaldt, Karl Michael Vogler

DER MUSTERKNABE (Ö)
Regie: Werner Jacobs
AG (Elisabeth Geyer), Conny Froboess, Peter Alexander, Theo Lingen

1964

DER VERSCHWENDER (Ö)
Regie: Kurt Meisel
AG (Ein altes Weib), Josef Meinrad, Walther Reyer, Boy Gobert

1979

GESCHICHTEN AUS DEM WIENER WALD (Ö/BRD)
Regie: Maximilian Schell
AG (Großmutter), Birgit Doll, Hanno Pöschl, Jane Tilden, Lil Dagover, Helmut Qualtinger, André Heller, Eric Pohlmann, Martha Wallner

Adrienne Gessner: Fernsehrollen

(soweit feststellbar)

Zusammengestellt von Peter Spiegel

Erklärung der Abkürzungen: EA = Erstausstrahlung, R = Regie, Ro = Rolle von Adrienne Gessner, BR = Bildregie (bei Bühnenaufzeichnungen), A = Österreich, CH = Schweiz, D = Bundesrepublik Deutschland

Das angegebene Datum bezeichnet die Erstausstrahlung.

DAS WEITE LAND (A 1960)   7. 6. 1960 (ORF/NWRV Hamburg I.)
von Arthur Schnitzler
R: Ernst Lothar. BR: Theodor Grädler. Mit Attila Hörbiger, Paula Wessely *Ro: Frau Wahl*
Aufzeichnung einer Aufführung des Burgtheaters/Wiener Festwochen

NATHAN DER WEISE (A 1964)   26. 3. 1964 (ORF)
von G. E. Lessing
R: Leopold Lindtberg. BR: Hermann Lanske. Mit Ernst Deutsch, Heinz Woester, Eva Zilcher. *Ro: Daja*

BRIEFE EINES TOTEN DICHTERS (A 1964)   April 1964 (ORF)
von John O. Toole nach dem Roman »The Aspern Papers« von Henry James
R: Rudolph Cartier. Mit Käthe Gold, Sonja Martell, Arbert Lieven. *Ro: Die alte Dame*

DIE TEEPUPPE (D 1964)   10. 7. 1964 (ZDF)
von Alfred Shaughnessy
R: Otto Schenk. Mit Helene Thimig, Sigfrit Steiner, Senta Wengraf, Karl Paryla. *Ro: Sybil Blythe-Waters*

GESCHICHTEN AUS DEM WIENER WALD (D/CH 1964)
8. 10. 1964 (BR I.)
von Ödön von Horváth
R: Michael Kehlmann. Mit Helmut Lohner, Hertha Martin, Rudolf Vogel, Jane Tilden, Rudolf Rhomberg. *Ro: Großmutter*
Nach einer Aufführung des Schauspielhauses Zürich

DIE FLUCHT (A 1966) 20. 11. 1966 (ORF)
von Ernst Waldbrunn/Lida Winiewicz
R: Hermann Kutscher. BR: Otto Anton Eder. Mit Ernst Waldbrunn, Albert Lieven, Paul Hoffmann. *Ro: Frau Hönigschmid*
Nach einer Aufführung des Theaters in der Josefstadt

MADAME LEGROS (D 1968) 23. 10. 1968 (BR III.)
von Heinrich Mann
R: Michael Kehlmann. Mit Elfriede Kuzmany, Dinah Hinz, Walter Rilla, Anneliese Stöckl. *Ro: Marquise de Sarclé*

SICH SELBST DER NÄCHSTE (D 1968) 3. 11. 1968 (SDR I.)
von Leo Lehman
R: Michael Kehlmann. Mit Eva-Katharina Schultz, Alexander Kerst, Bruni Löbel. *Ro: Mutter*
Originalfernsehspiel

SCHWESTER BONAVENTURA (A 1972) 4. 10. 1969 (ORF)
von Charlotte Hastings
R: Hermann Kutscher. Mit Erika Pluhar, Elisabeth Epp, Klaus-Jürgen Wussow, Louise Martini. *Ro: Schwester Josephine*

LILIOM (D 1971) 1. 1. 1971 (SFB I.)
von Franz Molnár
R: Otto Schenk. Mit Helmut Lohner, Gertraud Jesserer, Hilde Krahl, Hans Thimig. *Ro: Frau Hollunder*

HOCHZEIT (D 1972) 10. 5. 1972 (ZDF)
von Elias Canetti
R: Horst Flick. Mit Susi Nicoletti, Heinz Moog, Rudolf Strobl, Louise Martini. *Ro: Frau Gilz*

DEFRAUDANTEN (A 1972) 8. 12. 1972 (ORF)
von Alfred Polgar
R: Helmut Pfandler. Mit Karl Paryla, Rainer Artenfels, Grete Zimmer, Ossy Kolmann. *Ro: Mutter Viteks*

EINEN JUX WILL ER SICH MACHEN
(A/D/SRG 1974) 3. 6. 1974 (ORF/ZDF/SRG)
von Johann Nestroy
R: Karl Paryla. Mit Heinz Petters, Stephan Paryla, Attila Hörbiger, Jane Tilden. *Ro: Fräulein Blumenblatt*

FRÄULEIN ELSE (D/A 1974) 6. 10. 1974 (ORF)
von Ernst Lothar, nach Arthur Schnitzler
R: Ernst Haeusserman. Mit Marianne Nentwich, Curd Jürgens, Susi Nicoletti. *Ro: Stimme der Mutter*

DREI SCHWESTERN (A/CH 1977) 3. 11. 1977 (ORF)
von Anton Tschechow
R: Otto Schenk. BR: Claus Homschak. Mit Herwig Seeböck, Gertraud Jesserer, Kurt Sowinetz, Wolfgang Hübsch. *Ro: Anfissa, Kinderfrau*

MORD AUF RATEN (A 1980) 19. 10. 1980 (BR I./ORF)
von Fritz Eckhardt
Kriminalfilm der Reihe »Tatort«
R: Georg Lhotsky. Mit Fritz Eckhardt, Kurt Jaggberg, Annemarie Düringer, Gusti Wolf. *Ro: Frau Spitz*

Personenregister

Adler, Gusti 157
Albach-Retty, Rosa 110
Ambesser, Axel von 246
Anouilh, Jean 254
Arndt, Professor 23
Ashcroft, Peggy 194
Aslan, Raoul 27–31, 74, 116, 208, 239
Astaire, Fred 167
Astor, Mr. 167
Auernheimer, Raoul 121, 123 f., 127, 143 f.

Baclanova, Olga 143
Bankhead, Tallulah 167
Bard, Maria 67
Barrymore, John B. 153
Bassermann, Albert 48, 95 f., 216
Bassermann, Else 95 f.
Bauer, Grete 75
Baumgartner, Luise 27
Beatrix, Königin der Niederlande 261
Beer, Rudolf 35–39, 44 f., 47–49
Beer-Hofmann, Frau 66
Beer-Hofmann, Richard 60, 134, 175, 215
Benatzky, Ralph 76, 217 f.
Benda, Professor 242 f., 252, 269 f., 280, 286 f., 290 f.
Benning, Achim 109, 255, 280
Bergner, Elisabeth 26
Berliner, Martin 27, 33
Bernstein, Henry 93, 95
Bodanzky, Artur 64
Böhm, Karl 252
Bohnstetten, Betty 111
Boothe, Claire 95
Bourdet, Edouard 148, 215

Brahm, Hans 64
Bramhall, Miss 144
Brando, Marlon 155
Bülow, Adrienne von 29
Bukovics, Camilla von (Tante) 17, 69, 175
Bukovics, Emmerich von 16
Bukovics, Karl von (Großvater) 16 f.
Bukovics, Margarete von (Bukovics, Gretl) (Schwester) 7–13, 15–24, 27, 31, 35, 38, 42 f., 65, 69 f., 79, 111 f., 118, 139, 165 f., 172–174, 179, 185 f., 196–198, 213, 219 f., 224–227, 239, 252, 262–266
Bús-Fekete, Ladislaus 240
Buschbeck, Erhard 94

Carreras, José 200
Caruso, Enrico 18–22, 167
Caspar, Horst 192
Castiglioni, Camillo 51, 55
Cernin, Vera Gräfin 100
Christians, Mady 152, 154–156, 164, 167, 192–194, 198 f.
Chruschtschow, Nikita 259 f.
Chruschtschow, Nina 260
Cocteau, Jean 254
Colette 239
Cook, Donald 141, 143
Cook, Gioia 141
Cornwell, Kathrin 167
Coudenhove-Kalergi, Richard Graf von 105
Crouse, Russel 195
Csokor, Franz Theodor 32
Czepa, Friedl 71

333

Daghofer, Fritz 52
Danegger, Josef 52, 60
Darvas, Lili 52, 62–64, 71, 106, 127, 158, 199, 202
Delius, Fritz 102 f., 183
Dengler 116
Deutsch, Anuschka 284
Deutsch, Ernst 59, 71, 99 f., 129, 199, 216, 221, 284
Dietrich, Marlene 223
Dollfuß, Engelbert 91
Dreyfus, Leopold 116
Druten, John van 152 f. 233
Dumont (Anwalt) 217 f.
Dürfeld, Baronin 178

Eckersberg, Else 52, 56
Edthofer, Anton 17, 96, 195–198, 216
Eerden, Albert van 180, 191
Erhardt, Mr. 177, 191
Erhardt, Mrs. 177
Erös, Margit 266
Ertl, Herbert 215
Essig, Hermann 33

Faber, Erwin 27, 32
Falckenberg, Otto 32 f., 241
Farkas, Karl 25
Fein, Maria 52, 61, 71, 95, 112
Fellner, Ferdinand 37
Feuchtwanger, Lion 32
Figl, Leopold 260
Firner, Walter 112
Fodor, Ladislaus 233
Forstèn, Professor 8
Forster, Rudolf 52, 56
Franken, Rose 132, 136
Franz Ferdinand, Erzherzog von Österreich 23
Franz Joseph, Kaiser von Österreich 16
Freni, Mirella 200

Frey, Erik 95
Friedell, Egon 52
Frisch, Max 254
Fritsch, Dr. 127, 160–162, 186, 202
Fürstenberg, Antoinette Fürstin Schwarzenberg 101
Furtwängler, Wilhelm 185 f.

Galsworthy, John 59, 253
Geiditschka (Kritiker) 37
Geiringer, Anton (Onkel) 36, 42 f., 64, 106, 117
Geiringer, Christine (Mutter) 8–10, 13–15, 17, 19 f., 22–24, 27 f., 36, 40, 47, 55, 58, 64–67, 69–71, 77, 79 f., 110 f.
Geiringer, Gustav (Vater) 8–11, 13–15, 17–20, 23 f., 27, 38, 41, 43, 47, 55, 58, 64–67, 69–71, 77, 79 f., 112 f., 117, 139, 165
Géraldy, Paul 56, 99
Geyer, Siegfried 53, 61
Giraudoux, Jean 254
Goetz, Carl 60
Goetz, Curt 217 f.
Golden, John 142
Goldoni, Carlo 52
Gorbach, Alfons 260
Götz, Hans 36
Gould, Mr. 128
Gregor, Nora 42
Greiner, Leo 33
Grillparzer, Franz 6, 74 f.; 85 f., 192, 252
Gromyko, Andrej 260
Güden, Hilde 261
Guilbert, Yvette 118
Guinness, Alec 167
Gutheil-Schoder, Marie 21
Gutmann-Wodianer, Ida 11–13

Haas, Dolly 129

Müller, Hans (Schwager) 35, 75f., 87, 102, 108–113, 115, 129, 139f., 151, 172, 207 f., 213, 216–219
Mussolini, Benito 91, 106

Nagl (Requisiteur) 60
Nathan, George G. 158
Neher, Caspar 237
Nekola, Tassilo 231
Nestroy, Johann 254
Neugebauer, Alfred 37, 222
Nicoletti, Susi 239, 244 f.
Nielsen, Hans 247
Niese, Hansi 43 f.

Oblo (Astrologe) 155 f.
Olivier, Laurence 152, 167
O'Neill, Eugene 254
Ormandy, Eugene 143

Pallenberg, Max 47
Pamperl, Familie 178, 181
Papier-Paumgartner, Rosa 8
Paryla, Karl 112, 192, 217 f., 233
Pasetti, Leo 33
Paul-Schiff, Thea 116
Paumgartner, Bernhard 8
Pinza, Ezio 163, 203 f.
Pittermann, Bruno 260
Polgar, Alfred 127, 158
Polgar, Lisl 127
Pollak, Therese 213 f., 219, 236
Prawy, Marcel 238
Preminger, Otto Ludwig 81 f., 93, 100, 148 f.
Pritzel, Lotte 32, 241
Proebst, Erika 241, 245, 252
Proebst, Hermann 241, 245, 252
Prudhomme, Sully 116
Puccini, Giacomo 19
Puget, Claude André 131

Puthon, Heinrich Baron 179, 220, 229, 231
Putlitz, Baron 27 f.

Quadflieg, Will 230, 253

Raab, Julius 260
Raimondi, Gianni 200
Reagan, Ronald 160
Reichenberger, Hugo 21
Reinhardt, Edmund 50, 61
Reinhardt, Gottfried 63, 134
Reinhardt, Max 28, 42, 49–61, 63 f., 66 f., 81 f., 84, 93 f., 96, 121, 133 f., 149, 151, 157, 176, 197–199, 216, 235, 247, 256
Reinhardt, Wolfgang 63
Reisner, Professor 222–224, 229–232
Rembrandt 262
Rey, Etienne 199
Ridgwell, Audrey 143
Rismondo, Piero 93
Röbbeling, Hermann 74
Rodgers, Richard 166, 203
Roeder, Eva 218
Rohrer, Fritz 86 f., 89, 102
Rohrer, Margarete 86, 89, 102
Roosevelt, Eleanor 136
Roosevelt, Franklin D. 138, 142, 198, 274
Romanowsky, Richard 60, 235
Romberg, Hermann 52, 56, 59
Rosé, Arnold 11
Rothschild, Clarissa 107, 117, 266
Rott, Adolf 251
Rusk, Dean 260

Salem, Professor 243–246, 280 f., 288, 290 f.
Salten, Felix 54, 82, 85
Saunders, James 34, 254

Schärf, Adolf 259 f.
Schell, Maria 192
Schell, Maximilian 42, 279
Schenk, Otto 34, 278, 290
Schenk, Renée 292
Scherner, Stefanie 280, 287, 291 f.
Schmelnitzky, Wilhelm (Melnitz, William) 129, 131
Schmid, Aglaja 246
Schnabel, Gustav 43
Schnitzler, Arthur 37, 96, 130, 254, 267
Schnitzler, Heinrich 128
Schnitzler, Lilly 128
Scholz, Wilhelm von 29–31
Schönbauer, Professor 110 f.
Schötz, Frau 58
Schratt, Katharina 15 f.
Schulz, Mr. 191
Schuschnigg, Kurt von 100
Schwarz, Dicki 116
Schwarz, Josef 21
Schweikart, Hans 34, 241
Scotti, Antonio 167
Seidel, Annemarie 32 f., 241
Seidel, Ina 32
Selinka, Familie 29, 31
Sereny, Louis Graf 38
Servaes, Dagny 52, 59, 216
Shakespeare, William 47
Shaw, George Bernard 48, 239
Shipley, Mrs. 164
Slezak, Walter 155 f.
Sling 48
Solms, Graf 278
Sophie, Erzherzogin von Österreich 20
Starr, Frances 138, 142
Stefani, Dr. 29
Steinrück, Albert 33, 241
Steinboeck, Rudolf 215
Stoß, Franz 195, 278
Stössel, Ludwig 95

Stratas, Teresa 200
Strauß, Johann 11
Strauss, Richard 167
Streelen, Marita 52
Stresemann, Gustav 133
Strich, Fritz 33
Strindberg, August 43, 94, 253

Tagore, Rabindranath 42, 253
Taylor, Laurette 167
Terwin, Johanna 240
Tetzel, Joan 156 f.
Thaxter, Phyllis 143
Thimig, Hans 71, 99, 101 f., 182, 216
Thimig, Helene 52–54, 56, 61, 66, 192, 196–198, 216, 220
Thimig, Hermann 52, 56, 71, 216
Thimig, Hugo 52, 56, 60, 71
Thompson, Dorothy 128
Tilden, Jane 95, 246 f.
Torberg, Friedrich 128, 163, 168, 204 f.
Torberg, Marietta 128, 169
Treßler, Otto 85
Truax, Carol 144
Tschechow, Anton 254, 279

Urban-Brévillier, Ludwig 13–15
Urban-Brévillier, Viktor 14 f.

Valberg, Robert 101
Valetti, Rosa 99
Vanderbilt, Familie 167
Ventura(-Weiser), Ely 132, 142, 213, 286 f.
Vljeck (Fahrer) 110
Visoko, Ministerialrat 106

Wagner, Erika 56, 129
Wagner, Richard 36
Waldau, Gustav 52–54, 57, 216, 230, 235, 246

Haeusserman, Ernst 5, 131–133, 160, 162, 165, 173–175, 182, 235, 261, 271, 273, 278, 285, 286
Hagen, Hertha von 52
Hacker, Professor 271, 292
Hammerstein, Oscar 203
Hansa, Dr. 182
Hartl, Karl 192
Hartmann, Paul 52, 59, 216
Hayes, Helen 167
Heer, Friedrich 272
Heesters, Nicole 240
Heine, Albert 75
Heller, André 280
Hellman, Lillian 190
Helmer, Hermann 37
Hennings, Fred 247, 262
Herschmann, Professor 78 f., 92, 97, 182
Hilbert, Egon 101, 192
Hilbert, Georg 52
Hindenburg, Paul von 62, 67
Hirschfeld, Kurt 248
Hitler, Adolf 73, 88, 99, 107, 123, 135, 183, 195, 202, 207, 216
Hodenberg, Sylvia von 49
Hofmannsthal, Hugo von 34, 48 f., 52–54, 216, 253
Hohenlohe, Fritz von 107
Hollensteiner, Professor 107
Homolka, Oskar 47, 154, 156–158
Hörbiger, Attila 71, 190, 192, 216, 267
Hörbiger, Paul 192, 216, 235
Horch, Franz 121 f., 124, 202, 205
Hörschelmann, Rolf von 33
Horvath, Anton 66
Horváth, Ödön von 34, 254
Hubschmid, Paul 235
Hurdes, Felix 176

Ibsen, Henrik 37
Isabella, Erzherzogin von Österreich 25

Jacobsen, Grete 26 f., 32
Jannings, Emil 112, 223
Jaray, Hans 71, 86, 127, 163, 195–197, 202, 206, 216, 235, 240
Jarno, Josef 39, 41 f., 52
Jeritza, Maria 10, 201
Jessner, Leopold 47
Jürgens, Curd 192, 235 f., 253, 278

Kadmon, Stella 254
Kalbeck, Paul 56, 95
Kalser, Erwin 241
Karajan, Herbert von 179 f., 199 f.
Karlweis, Micaela 159
Karlweis, Oskar 71, 86, 127–129, 158 f., 199, 202, 216
Kaschmieter, Frau 289, 291
Kaspar, Professor 96 f.
Katzenstein, Professor 224 f.
Kaye, Danny 167, 204
Kelly, Gene 167
Kennedy, Jaqueline 260
Kennedy, John F. 259 f.
Kienast, Lisl 227
Kinsky, Ulrich Graf 216
Kiurina, Berta 10, 21
Klingenberg, Gerhard 272
Kmentt, Waldemar 261
Kočonda, Zeljko Desiderio 29–31, 116
Kohner, Paul 133
König, Kardinal 260
Konradi, Inge 251, 267
Korda, Alexander 192
Kortner, Fritz 47, 52, 56, 128, 241
Kranz, Josef 73
Kraus, Karl 26

Krauß, Werner 180
Kreisky, Bruno 260
Kurz, Selma 10
Kyrle, Frau 259 f.

Ladue, Lawrence K. 177, 180, 190 f.
Lamarr, Hedy 148
Lang, Lotte 71, 95
Lanik (Agent) 27
Lauda, Professor 186–189, 221 f., 252
Lavery, Emmet 96
Lehmann, Else 52
Lehmann, Lotte 10
Leuwerik, Ruth 235 f.
Levine, James 200
Liechtenstein, Gina Fürstin von 208–211
Liechtenstein, Fürst von 210
Liewehr, Fred 192
Lindner, Robert 247 f.
Lindsay, Howard 195
Loos, Peter 215
Lothar, Agathe 46, 57, 72, 76 f., 82–85, 92 f., 97, 163, 179, 184, 265
Lothar, Ernst (Ehemann) 5, 7, 35, 38 f., 45–48, 51, 55, 57, 60–63, 65–67, 70–89, 91–103, 105, 107–113, 115–125, 127–133, 136 f., 139–149, 151, 157 f., 160–169, 171–181, 183–194, 200–208, 211–215, 217–230, 234, 236–242, 244 f., 247, 251–253, 255–257, 259, 261–267, 269–275, 280, 283, 292
Lothar(-Haeusserman), Hansi 46, 57, 72, 76, 78–80, 82–85, 92 f., 96–99, 102, 105, 108, 112 f., 115 f., 118–123, 129, 131–133, 160–163, 182, 184 f.

Lothar, »Pussy« 45 f., 55, 65, 76–79, 83 f., 92
Luithlen, Fräulein 9
Lvovsky, Cäcilie 26

Magda, Anni 38
Mahler-Werfel, Alma 107
Mannaberg, Professor 12
Martens, Valérie von 27
Martin, Mary 203 f.
Marton, Mischka 28
Marx, Joseph 8, 182
Mary, Königin von England 193 f.
Mascal, Madame 131, 133, 140 f., 145, 151
Mayer, Gustl 176, 273, 285 f.
McGuire, Dorothy 142, 164
Medelsky, Lotte 229
Meier-Gunthof, Franz 172 f., 176, 211
Meinrad, Josef 48
Meisel, Kurt 34, 242
Mendelssohn, Eleonore von 61
Menuhin, Yehudi 181
Mertin, Frau 288
Metternich, Pauline Fürstin 12, 25
Mewes, Annie 33
Mik 109, 172, 208, 217–219
Miller, Arthur 195, 254
Moissi, Alexander 48, 230
Molière 254
Molnár, Franz 34, 47, 62, 72, 127, 134 f., 163, 202, 204–206, 252 f., 263
Montherlant, Henry de 251, 254, 274
Moser, Familie 179
Mosheim, Grete 128, 154, 158
Mostestnik, Frau 185 f.
Mozart, Wolfgang Amadeus 204
Mückl, Emma 7 f.
Mühsam, Erich 32

Walter, Bruno 127, 163, 167 f.
Wassermann, Marta 159
Weck, Peter 246–248
Wedekind, Frank 32, 253
Weiser, Peter 287
Welitsch, Ljuba 192
Werfel, Franz 93, 107, 145, 157, 158 f.
Werner, Oskar 192
Wessely, Paula 71, 82, 86, 111, 192, 216, 251, 267
Wiesenthal, Grete 230
Wilde, Oscar 234, 253
Wilder, Thornton 136 f., 195
Wildgans, Anton 130
Wilhelm II. (Deutscher Kaiser) 75
Wilhelm II., König von Württemberg 30 f.
Williams, John 143
Witzmann, Carl 51
Witzmann, Margarete 37
Wohlgemuth, Else 251
Wurzian, Ehepaar 238 f.

Zeffirelli, Franco 199 f.
Zeisel (Theaterdirektor) 101 f.
Zeska, Karl von 41
Zeska, Philipp 41
Zucker, Herr 206 f.
Zuckmayer, Alice 73, 128
Zuckmayer, Carl 128, 198